마녀

주경철 지음

마녀

서구 문명은 왜 마녀를 필요로 했는가

생각의힘

차례

들어가며

마녀사냥은 유럽사에서 가장 이해하기 힘든 현상 중 하나다.

이웃집 아주머니가 알고 보니 오랫동안 악마와 성관계를 맺었고, 그렇게 하여 얻은 마법의 힘으로 사방에 병을 퍼뜨리고 폭풍우를 일으킨 마녀였다고 누군가 주장하면 믿을 수 있겠는가? 또 검은 염소 모양으로 변신하여 밤중에 산으로 날아가 마녀들 모임에서 어린아이를 잡아먹었다는 혐의로 누군가를 기소하여 화형에 처하는 일이 가능하겠는가? 현재 우리의 시각으로 보면 도저히 있을 수 없는 일이다. 그런데 근대 유럽에서 실제 이런 사태가 벌어져서 적어도 수만 명의 사람들, 특히 여성들이 끔찍한 고문 끝에 마녀 판정을 받고 죽음으로 내몰렸다. 도대체 어떻게 이런 일이 일어날 수 있었을까? 이성의 빛, 세계의 진보를 거론하던 그 시기에 유럽 문명의 내부에서 왜 그런 참혹한 일들이 일어난 것일까?

한 가지 사실을 먼저 지적해야 할 것 같다. 흔히 마녀사냥을 중세 현상으로 오해하지만 사실은 근대 초에 정점을 이루었던 사건이다. 르네상스 이후 찬란한 문화의 빛이 되살아나고, 과학혁명과 계몽철학의 결과 세계에 대한 합리적 해석이 가능해졌으며, 조만간 산업혁명의 성과를 바탕으로 유럽이 세계의 패권을 장악하게 될 바로 그 시대에 그와 같은 몽매한 일들이 일어난 것이다. 우리에게 익숙한 근대 유럽의 긍정적인 측면과 마녀사냥은 전혀 별개의 현상인가? 그렇지 않다. 마녀사냥은 유럽 문명 발전의 궤적에서 한때 잠깐 일탈했던 예외적인 사건이 아니라 오히려 문명의 내부에서 필연적으로 자라나온 현상이다. 빛이 있으면 그림자가 있는 법, 근대 유럽에서는 선과 악, 정의와 불의, 신성과 마성 등이 함께 규정되었다. 이런 의미에서 유럽 문명은 마녀를 필요로 했다. 최고의 선을 확립하고 지키기 위해 최악의 존재를 발명해야 했던 것이다. 지극히 엄격한 기준을 세운 후 이를 어기는 세력을 억압하기 위해 권력을 최대한 효율적으로 동원하는 방식으로 진리를 수호하려 한다는 점에서 마녀사냥은 분명 서구 근대성의 측면을 여실히 보여준다.

마녀 현상은 실로 복합적이고 다층적인 측면들을 가지고 있다. 그 이유는 마녀 현상이 장구한 연원을 가지고 복잡한 진화 과정을 거쳐 형성되었기 때문이다. 근대 마녀는 고대와 중세 이래 지속되어 온 '마술magic'과 연관되어 있다. 기독교 이전부터 전해져온, 혹은 기독교와 별개로 존재하는 다양한 종류의 마술이 강고하게 존속해 왔다. 교회와 국가기구는 마술 요소들을 공식적으로 인정하지 않았지만, 그렇다고 그것들을 모두 뿌리 뽑는 것은 불가능한 일이었다. 이 세상에는 알 수 없는 초자연적인 힘, 신비한 존재들이 있고 또 그들과 소통하는 특이한 사람들이 존재한다는 생각은 대개 어느 사회에서나 찾아볼 수 있다. 오랫동안 유럽에서도 그런 태도를 지켜왔다. 점쟁이 혹은 민간 치료사 같은 사람들은 주류 종교의 관점에서 보면 다소간의 위험 요소들이 있지만 일반 민중들의 삶과 긴밀히 연결되어 있으므로 용인하고 넘어가는 수밖에 없었다. 그런데 유럽 사회는 서서히 이런 느슨한 태도를 버리고 특이한 방식으로 대응하기 시작했다. 각종 마술을 '마법witchcraft'이라는 새로운 종류의 카테고리로 파악하고 억압하기 시작했다. 단지 알 수 없는 기이한 힘 정도가 아니라, 기독교에서 말하는 사탄 및 그 수하인 악마들과 연관된 사악한 힘으로 규정한 것이다. 결국 가혹한 고문과 처형이 뒤를 이었다. 초자연적 현상에 대한 이런 대처 방식이야말로 유럽 문명의 가장 특이한 현상 중 하나다.

이런 일들이 벌어진 이유가 무엇일까? 교회가 권위를 제고하기 위해 교리상 혁신을 꾀하는 과정에서 새롭게 적을 규정한 것일까? 국가가 정당성을 확보하고 지배력을 강화하기 위해 신민의 영혼을 장악하려는 계획이었을까? 남성 중심적 가부장 문화와 제도가 자리 잡아가는 과정에서 여성성 자체를 억압하려는 무의식적 공격의 발로였을까? 지방 권력 투쟁 과정에서 벌어진 우연의 결과일까?

역사학은 오래 전부터 마녀 현상을 다양하게 연구해 왔다.(Levack 2013, Introduction) 이미 19세기 후반부터 20세기 초 사이에 빌헬름 졸단Wilhelm Soldan, 쥘 미슐레Jules Michelet 같은 선구적인 연구자들이 이 문제를 천착했고, 요제프 한젠Joseph Hansen과 헨리 찰스 리Henry Charles Lea 같은 학자들이 방대한 자료집을 출간했다. 이 문제를 한층 더 심도 있게 연구하기 시작한 것은 1960년대부터다. 시간이 갈수록 연구 영역이 더 확대되고 심화되어, 현재 마녀사냥은 가장 대표적인 학제간interdisciplinary 연구 영역으로 자리 잡았다. 역사학을 비롯하여 인류학, 민속학, 문학, 사회학, 미술사, 심리학, 종교학 등 여러 분야 전문가들이 협력하고 있다. 각 지방의 자료들을 세밀하게 해석하는 지방사 연구가 증가하고, 중요한 고전 텍스트들의 번역·편집도 늘었다. 매년 전문 연구자들의 논문과 저서들이 출판되고, 최근에는 전문 학술지도 등장했다.[1]

이제는 그 동안의 연구 성과를 바탕으로 마녀사냥의 기본적인 면모를 어느 정도 파악하게 되었다. 우선 희생자 수가 중요한 문제이다. 얼마나 많은 사람이 기소되고 사형에 처해졌을까? 물론 정확한 수치를 구하는 것은 불가능하다. 18세기의 한 법률가는 희생자 수가 900만 명에 이른다고 추산했고, 20세기에도 일부 저자들은 제2차 세계대전 중의 홀로코스트보다 희생자가 더 많다고 주장했지만, 이제 대부분의 연구자들은 그와 같은 엄청난 수치를 곧이곧대로 믿지는 않는다. 현재 교과서적으로 언급되는 추산치는 '1400~1775년 사이 유럽과 아메리카 식민지에서 10만 명 정도가 기소되었고, 그중 5만 명 정도가 처형되었다'는 것이다. 물론 이에 대해서는 반론이 제기될 수 있다. 사료상으로 파악할 수 있는 수치가 그런 정도라면 실제 수치는 적어도 그 두 배는 되리라는 주장도 제기되었다.(Barstow, 22) 그러나 과거 마녀사냥의 폐해를 지적하는 글들이 근거가 부족한 상태에서 희생자 수치를 과도하게 추산한 것은 분명해 보인다.

어느 지역에서 마녀사냥의 광기가 가장 심했을까? 역사상 벌어진 마녀사냥 중 50% 정도는 신성로마제국 영토 내에서 벌어진 것으로 추정된다. 다시 말하면, 오늘날 독일 지역이 가장 큰 비중을 차지했다. 여기에 프랑스, 스위스, 스페인, 잉글랜드, 스코틀랜드, 동유럽이나 스칸디나비아 지역을 더해야 한다. 즉, 유럽 전역에서 벌어졌으나 중요한 중심지들이 따로 존재한다. 왜 어떤 곳에서는 마녀사냥의 광기가 극성을 부리고 왜 어떤 곳에서는 그러지 않았을까? 이 역시 지극히 중요한 문제이지만 답하기는 쉽지 않다. 다만 몇 가지 점들을 거론할 수는 있다. 예컨대 최악의 사태가 벌어진 곳들은 대개 엘방엔, 뷔르츠부르크, 밤베르크 같은 독일의 작은 교회령들이다. 이런 곳에서는 교회와 국가 권력이 특별한 관계를 맺으며 사태가 진행되었으리라 짐작된다. 마녀재판 역시 엄연히 사법 재판이므로 해당 지역의 사법제도와 깊은 관계를 가지고 있다. 대개 중앙 권력이 미약하고 사법제도가 미비한 곳에서 자의적이고 억압적인 사태가 벌어질 공산이 크다.

이처럼 국내외적으로 많은 연구가 이루어졌지만, 그렇다고 수수께끼 같은 마녀사냥 문제가 본질적으로 규명된 것은 아니다. 많은 사실들이 밝혀진 만큼이나 많은 문제들이 새로이 제기되었다. 이 책에서는 기존 연구 성과들을 근거로 마녀 현상이 어떻게 형성되었는지를 전반적으로 개관하고자 한다. 특별히 눈여겨보았던 것은 민중 문화와 엘리트 문화 간의 관계였다. 기본적으로 마녀사냥은 세속 당국과 교회라는 상위 기구가 일반 민중들의 종교적 오류를 바로잡겠다며 가한 억압의 성격을 띤다. 그렇게 본다면 지배 문화가 위로부터 규율을 강제하며 아래의 민중 문화를 공격해 들어간 흐름이라 할 수 있다. 실제 이런 방향으로 마녀 현상을 설명하는 연구들이 많다. 그러나 이는 지나치게 일방적인 견해다.

마녀사냥의 주체가 전적으로 외부 세력만은 아니었다. 마녀재판이 성공하려면 주민들의 도움이 필수적이다. 누군가가 이웃을 마녀로 고발하고 여기에 필요한 증언을 해야 한다. 즉 공동체 내부의 갈등이 전제되어야 한다. 희생자들을 마녀로 몰아 죽음에 이르게 한 것은 결국 이웃이었다! 마을 공동체는 순정하고도 다정한 세계이되 외부 혹은 상층의 힘이 이 공동체를 공격했다는 식의 접근은 지나치게 순진하다. 마녀사냥은 국가와 교회, 마을 공동체 간의 복합적인 관계 속에서 발전해 간 것이다.

이런 사실을 유념하면서 이 책에서는 마녀 개념의 형성에 주목할 것이다. 인류의 구원을 방해하려는 악마의 계획을 수행하고, 그 과정에서 초자연적인 힘으로 많은 사람들에게 위해를 가하는 악마의 하수인이라는 존재는 정말로 특별한 개념이다. 이 마녀 개념이 어떻게 만들어졌으며 어떻게 하여 널리 수용되었는지 파악하는 게 이 책의 문제의식이다. 그렇다고 할 때 이 연구는 차라리 마녀에 대한 '지성사'나 '문화사'에 가깝다. 다만 여기에서 한 가지 주의할 점은 '개념' 형성을 연구한다고 하지만, 그것이 꼭 머릿속의 관념만을 가리키지는 않는다는 점이다. 마녀 개념은 실로 다양한 현실 속에서 생성된 요소들이 일차 정비되고, 그것이 재판 과정에서 적용된 다음 그 결과가 다시 개념에 피드백 되는 복합적인 과정이다. 단순히 재판관들의 태도, 악마론 저술들, 교황 칙령 등을 분석하는 것이 아니라, 그것이 어떤 맥락에서 나왔으며 또 어떻게 적용되었고, 현실 속에서 어떤 변화의 과정을 거쳤는지를 살펴볼 것이다. 그리하여 지성사·문화사는 다시 사회사와 만나게 될 것이다.

마녀 현상을 살펴보는 것은 더 큰 맥락에서 유럽 문명의 특성을 분석하는 일이다. 최고의 선과 정의가 무엇인가 그리고 그것을 구현하는 종교와 국가의 발전은 어떻게 진행되었는가 하는 문제에 대해, 역으로 가장 심각한 악과 불의를 어떻게 규정하고 공격했는가 하는 '네거티브'의 관점에서 접근할 수 있기 때문이다. 유럽은 일견 죄와 참회의 문명이었다. 그 기이한 내면세계를 들여다보고자 한다.

여기에서 한 가지 중요한 문제를 짚고 넘어가야 한다. 용어 문제가 그 것이다. 우선 영어의 'magic'과 'witchcraft'에 해당하는 우리말을 찾아야 한다. magic은 일반적인 초자연적 현상인 반면 witchcraft는 명백하게 악마가 배후에 존재하는 현상이다. 그런데 문제는 이런 구분이 가능한 우리말 단어들을 찾는 게 쉽지 않다는 데 있다. 몇 가지 사전적인 용어 설명의 사례들을 보자.

마법: 마력魔力으로 불가사의한 일을 행하는 술법
마술: 재빠른 손놀림이나 여러 가지 장치, 속임수 따위를 써서 불가사의한 일을 하여 보임. 또는 그런 술법이나 구경거리
요술: 초자연적 능력으로 괴이한 일을 행함. 또는 그런 술법

어느 것을 고르더라도 이 책의 목적에 정확하게 맞지는 않아 보인다. 그러니 용어의 뜻을 미리 약속해 두고 사용하는 수밖에 없다. 이 책에서 '마술'은 magic에 해당하는 용어로, '마법'은 witchcraft에 해당하는 용어로 사용하기로 하자.

영어의 'witch'에 해당하는 우리말 단어를 정하는 것은 더 힘든 문제다. '마녀'라는 우리말은 그 자체로 여성을 가리킨다. 아래에서 살펴보

겠지만 마녀사냥의 광풍이 불 때 분명 남성보다 여성이 훨씬 더 많이 희생되었고, 또 여성성이 마녀와 통한다는 중요한 이론적 주장이 제기되었으며, 결국 마녀는 여자라는 고정 관념이 널리 퍼진 것이 사실이다. 그렇지만 분명 '남자 마녀'도 상당수 존재한다. 따라서 '마녀'라는 말로 모든 대상자를 통칭하면 어색하기 짝이 없다. 이런 난점을 피하기 위해 마녀라는 여성형 단어보다 차라리 마인魔人이라는 중성 단어를 만들어 쓰자는 제안도 있었다(동시에 witchcraft를 '마인술魔人術'로 정하자고도 한다). 이론상 맞는 말이지만 '마녀'와 '마녀사냥', '마녀재판' 같은 용어들이 우리에게 너무나 익숙해서 이를 버린다는 것이 쉽지 않은 형편이다. 이 문제를 해결하는 임시방편으로 이 책에서는 다음과 같이 미리 약속하기로 하자. 굳이 남녀를 구분할 필요가 있을 때 여성은 '마녀', 남성은 '마법사'라고 쓰되, '마녀사냥'이나 '마녀재판'처럼 복합 명사를 만들 때에는 '마녀'라는 말만 쓰기로 한다.

이 글은 원래 '악惡의 연구'라는 공동 연구 프로젝트의 일부로 시작되었다.[2] 그 당시 얻은 약간의 성과들을 조금 더 발전시켜 보고자 하는 생각이 이 책으로 이어졌다. 유럽 문명에서 유독 악의 세력을 상정하고 또 그것을 제거하려는 강박증이 나타난 이유가 무엇일까? 이 난제에 대해 완전한 답을 제시하기에는 턱없이 모자라지만, 지금까지의 연구 성과를 정리하면 약간의 힌트라도 얻을 수 있을 것이다.

이제 어둠의 세계로 발을 들여놓도록 하자.

I

유니우스의 비극

마녀사냥이 가장 극심했던 곳 중 하나는 독일 바이에른 지방의 밤베르크 시다. 이곳에서 벌어진 참혹한 사건 하나를 들여다보자. 희생자는 다름 아니라 이 시의 시장을 역임했던 유니우스라는 인물이다. 생생한 사건의 내막을 들여다봄으로써 마녀사냥의 실체가 얼마나 끔찍하고도 허황한 일이었는지 확인하는 동시에, 앞으로 우리의 연구가 어떤 방향을 취할지 가늠해 볼 수 있을 것이다.

1. 유니우스의 재판

밤베르크 시립 도서관 고문서보관소에는 1628년에 시행된 유명한 마녀 재판 관련 문서가 보존되어 있다.(Kors, no.53) 마법 혐의로 고소된 피고는 놀랍게도 이 시의 시장이었던 요한네스 유니우스Johannes Junius였다. 투박하고 건조한 문체로 기술된 문건은 이렇게 시작된다.

1628년 6월 18일, 밤베르크 시장인 요한네스 유니우스가 마법 혐의로 고문 없는 조사를 받았다. 그는 어떻게 하여 그리고 어떤 방식으로 그와 같은 악에 빠지게 되었는가. 그는 55세이고 베테라우Wetterau의 니더바이지히 Niederwaysich에서 태어났다. 그는 자신이 전적으로 무고하며 그런 범죄에 대해 아무것도 알지 못할 뿐더러, 하느님을 부인한 적이 평생 한 번도 없다고 주장했다. 또 자신은 하느님과 세상사람 앞에서 부당한 취급을 받았으며, 자신이 그런 모임[사바스]에 간 것을 본 사람이 단 한 명이라도 있는지 알고 싶다고 말했다.

마녀재판소는 본격적으로 고문을 통한 조사를 하기 전에 피고를 압박하며 그가 악마가 주관하는 마녀 집회, 즉 사바스에 갔다는 사실을 자백하라고 강요하고 있음을 알 수 있다. 피고는 자신이 부당하게 고발되었으며, 자신이 사바스에 간 것을 본 증인이 있다면 대보라고 맞선다. 그러자 재판소는 차례로 증인들을 불러와 대질시킨다.

게오르크 아담 한Georg Adam Haan 박사와 대면시켰다. 그는 1년 반 전에 [시 청사의] 대회의실에서 열렸던 마녀 집회에서 유니우스를 보았다는 사실을 면전에서 이야기하며, 이는 자기 목숨을 걸고 확실하다고 말했다. 피고는 이 사실을 전적으로 부인했다.

하녀인 호펜스 엘세Hopffens Elsse와 대면시켰다. 그녀 역시 유니우스가 하우프트 언덕의 마녀 집회에 있었으며, 그 전에 우선 미사에 쓰는 제병祭餠을 훼손했다고 말했다. 유니우스는 부인했다. 이에 대해 그의 공모자들이 모두 그에게 불리한 고백을 했다는 사실을 말해 주고 생각할 시간을 주었다.

여러 증인들이 나타나 유니우스가 마녀 집회에 참가한 것을 본 적이 있다고 증언을 한다. 그들 역시 필시 마녀재판에 끌려와서 고문에 못 이겨 자신이 마녀들 모임에 갔다고 자백한 후, 이제 유니우스 시장도 그들과 한패라는 증언을 강요당하고 있음에 틀림없다. 그렇다고 자신이 정말로 마법사라고 자백할 수는 없지 않은가. 그는 버틸 때까지 버티지만, 결국 고문을 피할 수 없게 되었다.

1628년 6월 30일 금요일, 앞서 말한 유니우스에게 다시 고문 없이 자백을 권했으나 계속 자백을 거부하므로 고문을 가하였다. 첫 번째로 엄지손가락 죄는 도구를 사용했다. 그는 구세주 하느님을 결코 부인하지 않았으며 다른 세례를 받지도 않았다고 말하고, 또한 이런 주장에 자기 목숨을 걸 수 있다고 말했다. 그는 엄지손가락을 죄는 데 통증을 느끼지 않았다.

다리 죄는 도구를 사용했다. 그런데도 전혀 아무것도 자백하지 않았다. 자신은 아무것도 모른다고 한다. 신을 부인하지도 않았고 앞으로도 결코 하지 않을 것이며 이런 악덕에 관해 전혀 죄가 없다고 한다. 역시 고통을 느끼지 않았다.

옷을 벗기고 조사했다. 그의 옆구리에 클로버 잎처럼 푸르스름한 점이 있는데 세 번 찔러보았으나 고통을 느끼지 않고 피도 나오지 않았다.

스트라파도를 행했다. 그는 결코 신을 부인한 적이 없으며 신이 그를 버리시지 않을 것이라고 말했다. …

서술은 무심한 듯 이어지지만 그 행간에서 어떤 일이 일어나고 있는지 짐작하고도 남는다. 그들은 순순히 자백하기를 거부하는 피고에게 차례로 더 심한 고문을 가하는 중이다. 우선 엄지손가락을 죄는, 그나마 가장 약한 고문을 가했다. 유니우스는 이 고문을 이겨내고 자백을 거부했다. '다른 세례'를 받았다는 것은 기독교를 부인하고 악마를 새로운 주인으로 모시는 세례를 받았다는 뜻이니, 전적으로 악의 세력으로 넘어갔다는 의미다. 유니우스는 고통을 견뎌내며 이런 혐의를 부인했다. 그런데 문서에는 피고가 '통증을 느끼지 않았다'고 기록한다. 과연 그럴까? 악마와 한편인 마녀·마법사는 고문을 가해도 악마의 도움을 받아 통증을 느끼지 않고 잘 버틴다는 것이 당시 재판관들의 생각이었다. 이야말로 끔찍한 상황이라 하지 않을 수 없다. 고문 끝에 자백하면 그것으로 끝이다. 꼼짝 못하고 마법사로 몰려 결국 화형대에서 불타 죽게 될 것이다. 그렇지만 만일 이를 악물고 고문을 이겨내면 그 자체가 악마의 도움을 받는 증거로 여겨지고, 결국 더 끔찍한 고문을 받게 된다. 과연 다리를 죄는 고문이 뒤를 이었다. 문서에는 이번에도 '역시 고통을 느끼지 않았다'고 서술되어 있다.

짐작할 수 있듯이 마녀재판에서 고문을 가하는 이유는 정말로 피고가 마법사인지 아닌지 알아보고자 하는 목적이 아니라, 그가 마법사라는 것을 확신하고 있는 상태에서 다만 피고의 자백을 끌어내기 위함이다. 두 번째 고문에서도 자백하지 않자 피고의 몸에서 직접 증거를 찾아낸답시고 온몸을 뒤지다가 그의 몸에서 푸르스름한 점을 발견했다. 바늘로 찔러보고는 '고통을 느끼지 않고 피도 나오지 않는다'고 기술하고 이 역시 그가 마법사라는 유력한 증거 중 하나로 삼는다. 소위 '마녀 표식'을 찾아냈다는 주장이다. 마지막으로 스트라파도를 시행했다. 중세와 근대 초에 가장 널리 사용한 고문 기술 중 하나인 스트라파도는 사람의 팔을 뒤로 묶어 공중으로 들어 올렸다가 툭 떨어뜨리고는 중간에 줄을 낚아채는 방식이다. 몇 번 시행하면 대개 어깨 탈구가 일어난다. 당하는 사람이 극심한 고통을 느끼는 것이야 말할 나위도 없다. 이쯤 되면 아무리 의지가 강한 사람이라도 당해낼 재주가 없다.

7월 5일, 앞서 말한 유니우스는 고문 없이 그러나 간곡한 설득으로 자백을 권유하자 자백하려는 기미를 보였다.

1624년에 그는 로트바일Rothweil에서 재판을 하느라 600 플로린이 들었다고 한다. 8월에 프리드리히스브론넨Friedrichsbronnen의 과수원에서 생각에 잠겨 앉아 있었는데, 풀 베는 하녀 모양을 한 여성이 다가와서 왜 그렇게 슬픈 모습으로 앉아있느냐고 물었다. 그는 자신이 낙담하지 않았다고 말했으나 그 여인은 유혹적인 말을 하여 자기 뜻에 따르도록 유도했다. … 그 후 이 젊은 여자는 염소 모양으로 변신하여 우는 소리와 함께 이렇게 말했다. '당신은 이제 누구와 함께 있는지 알겠지. 당신은 내 부하이고 말을 듣지 않으면 네 목을 부러뜨릴 거야.' 그 말에 그는 공포로 몸을 떨었다. 변신한 혼령은 그의 목을 잡고 신을 부인한다는 말을 하라고 요구했다. 그가 '하느님 맙소사, 어림없는 소리' 하고 말하자 그 말의 힘 때문에 혼령이 사라졌다. 그렇지만 곧 더 많은 혼령들과 함께 다시 와서는 그에게 하늘의 신과 모든 천상의 천사를 부인할 것을 끈질기게 요구했고, 그런 가공할 협박에 밀려 그는 다음과 같은 말을 하지 않을 수 없었다. '나는 하늘의 신과 천사를 부인하며 이제부터 악마를 신으로 인정합니다.'

곧 그는 사악한 혼령들에 설득당해 그들의 이름으로 또 다른 세례를 받았다. … 그래서 그의 이름이 크릭스Krix가 되었고, 자기 연인을 빅센Vixen이라 불러야 했다. 그곳에 있던 혼령들은 바알제불의 이름으로 그에게 축하하며, 이제 그들은 모두 다 같은 존재들이라고 말했다. 이 세례식에는 크리스티아나 모어하웁틴Christiana Morhauptin, 젊은 가이절린Geiserlin, 파울 글라저Paul Glaser도 함께 있었다. 이후 그들은 사라졌다.

그의 연인은 그에게 돈을 주기로 약속했고 가끔 마녀 집회에 데리고 갔다. … 그가 사바스에 가려고 하면 언제나 침대 앞에 검은 개 한 마리가 나타나서 그와 함께 가야 한다고 말했다. 그가 개에 올라타면 악마의 이름으로 떠올라 둘이 함께 떠났다.

고문에 못 이겨 한번 자백하자 이제 얼토당토않은 내용을 차례로 다 불고 있는 중이다. 자신이 돈 문제로 고민하다가 악마의 꾐에 빠져서 그들과 한패가 되었으며, 하느님을 버리고 악마의 일원으로 다시 세례를 받아 새로운 이름도 받았을 뿐더러, 악마 '연인'도 생겼다고 자백한 것이다. 그가 마녀 집회에 참가하는 방식은 널리 알려진 대로 동물로 변신한 악마를 타고 날아가는 것으로 되어 있다. 유니우스는 검은 개로 변신한 악마를 타고 날아서 마녀 모임에 참가했다는 자백까지 해야 했다.

이제 유니우스가 다른 무고한 사람을 한패로 호명해야 하는 것은 정해진 순서다. 재판관은 다른 공범은 더 없는지 그를 다그치지만, 처음에는 그가 마구잡이로 다른 사람을 불기를 주저하는 것이 분명하다.

2년 전에 그는 대회의실로 들어가는 방향의 왼쪽에 있었다. 식탁에는 의장, 나이데커Neydeckher 시장, 게오르크 한 박사 등이 앉아 있었다. 그는 눈이 안좋기 때문에 다른 사람들을 알아보지는 못했다.

자신은 눈이 안 좋아서 다른 사람들이 누구인지 알아보지 못했다는 식으로 넘어가려 한 모양이다. 다른 무고한 사람들을 마녀라고 고발하여 끌어들일 수는 없지 않은가. 그러나 재판관들이 이런 정도의 잔꾀에 속아 넘어갈 리가 없다. 그들은 유니우스를 더욱 가혹하게 몰아부쳤다.

그에게 심사숙고할 시간을 더 주었다. 7월 7일, 고백할 일이 더 없는지 알아보기 위해 앞서 말한 유니우스를 다시 조사했다. 그가 고백하기를 약 두 달전, 처형이 있던 다음 날 그는 '검은 십자가'에서 마녀 무도회에 참가했는데이때 바알제불이 직접 나타나 그들 모두 함께 불태워질 거라고 면전에서 말하면서 그곳에 있던 사람들 모두를 비웃고 조롱했다. …
　그의 연인은 그를 유혹한 직후 어린 아들 한스 게오르크를 죽이라고 요구하며 이 목적을 위해 가루를 주었다. 그러나 이 일이 너무 괴로워 그는 아들대신 자신의 갈색 말을 죽였다고 한다. … 그의 연인은 다시 그에게 여러 번나타나 딸을 죽이라고 부추겼는데 그가 이 말을 따르지 않자 그를 때리며 괴롭혔다.

언젠가는 연인의 사주를 받아 자신의 입에서 제병을 꺼내 그녀에게 주었다. …

체포되기 일주일 전에 그가 성 마르틴 교회로 가던 도중에 염소 모양의 악마가 나타나 그가 곧 투옥될 테지만 자신이 풀어줄 테니 걱정하지 말라고 말했다. 이외의 사실에 대해서는 그의 영혼의 구원을 걸고 맹세코 더 이상 모른다고 했다. 그가 말한 내용은 전적으로 진실이며 이에 대해서는 목숨을 걸 수 있다고 말했다.

재판관들은 그가 악마와 한편이라는 몇 가지 추가 사실들을 자백하게 만든 것이다. 아들과 딸을 죽이라는 악마의 명령은 거부했으나, 대신 동물을 희생시켰고 미사에 쓰는 제병을 악마에 넘겨주었다. 신성한 용도에 쓰는 제병을 악마에게 주어 사악한 용도로 사용하도록 한 것은 심각한 대죄大罪로서 그가 완전히 배교했다는 것을 뜻한다. 이런 범죄 행위들을 끄집어낸 데 만족한 재판관들은 조사를 일단락 짓고 다음 단계의 작업으로 넘어갔다.

1628년 8월 6일, 앞서 말한 유니우스에게 그가 자백한 내용을 읽어주자 그는 그 내용을 확인하고 승인했으며, 그에 대해 목숨을 걸 수 있다고 답했다. 그 후 그는 법정에서도 자발적으로 같은 내용을 확인했다.

마녀재판에서 중요한 것은 피고가 자신의 '영혼 내부로부터' 자백하는 것이기 때문에, 고문을 가하여 자백을 이끌어낸 다음에는 그 내용을 정리해서 읽어주고 피고가 자발적으로 인정한다고 승인하는 절차를 밟는다. 참으로 가증스러운 방식으로 형식적 정당성을 확보해두는 것이다.

마녀재판소에서 종교적인 내용에 대한 조사를 마치고 나면 피고를 세속 당국에 넘겨 같은 내용을 확인하는 절차를 밟는다. 교회는 영혼을 구원하는 일을 하지 처벌을 할 수는 없으므로, 파멸에 이른 자를 처형하는 것은 대개 세속 당국의 일이다. 종교 당국과 세속 당국은 이런 식으로 분업을 하고 있었다. 이 문건에는 그런 기록이 없지만 흔히는 마녀재판소가 마녀 혐의를 확인한 피고를 세속 당국에 넘겨 사형에 처하도록 하면서도 형식적으로는 그를 사면해 달라는 인자한 말을 덧붙이기도 한다. 물론 그것은 자신들을 관대한 인간들인 척 포장하려는 위선에 불과하다. 유니우스는 한때 자신이 기관장을 맡았던 곳에서 최종적으로 유죄 판결을 받았고 곧 화형에 처해졌다.

2. 유니우스의 비밀 편지

이상의 문건에서 우리는 마녀재판의 실상을 보았다. 어떤 식으로 피고에게 압박을 가하고 어떻게 차례로 고문을 가하면서 그들이 원하는 내용을 자백하게 만드는지, 또 어떤 증거들을 통해 무고한 사람을 악마의 하수인으로 조작하는지 알 수 있다. 그런데 유니우스의 사례는 마녀재판의 연구에서 다른 어떤 경우와도 비교할 수 없는 특별한 장점이 있다. 유니우스가 몰래 딸에게 쓴 편지가 함께 보존되어 있기 때문이다. 이는 재판관들이 일방적으로 기술한 내용만이 아니라 피고인 입장에서 기술한 내용을 동시에 보면서 비교할 수 있는 절호의 기회다.

유니우스는 7월 24일에 구금 상태에서 자기 딸 베로니카에게 쓴 편지를 감옥 밖으로 몰래 빼돌렸다. 이 편지에서 그는 자기가 자백한 내용이 모두 악독한 고문 때문에 어쩔 수 없이 말한 것임을 분명히 밝혔다. 고문 때문에 손이 거의 마비된 상태에서도 자신의 딸에게만은 결백을 알리고자 힘겹게 써내려간 서신 내용은 안타깝고도 감동적이다.

사랑하는 딸 베로니카야, 평안한 밤을 보내기를 수십만 번 기원한다. 나는 무고한 상태로 감옥에 왔고 무고한 상태로 고문당했고 무고한 상태로 죽어야만 한다. 마법사 혐의로 감옥에 오면 마법사가 되든지 아니면 머릿속에서 뭔가를 만들어내고—하느님께서 용서하시기를—자신이 정말 그 무엇이라고 스스로 생각할 때까지 고문당해야 한다.

내가 어떤 일을 겪었는지 이야기해 주마. 내가 처음 고문당했을 때 브라운 Braun 박사, 쾨첸되르퍼 Kötzendörffer 박사, 그 외에 잘 모르는 박사 두 명이 그 자리에 있었다. 브라운 박사가 나에게 물었다. '친척분, 어떻게 여기에 오셨습니까?' '거짓과 불행 때문이오' 하고 말하니 그는 이렇게 말했다. '들어보세요, 당신은 마법사요. 그 점을 자발적으로 자백할 겁니까? 그렇지 않으면 우리는 증인과 고문 집행인을 불러올 거요.' '나는 마법사가 아니오. 그 점에서 내 양심은 깨끗하오. 천 명의 증인이 있다 하더라도 나는 걱정하지 않으니 그들 말을 들어보고 싶소.' 그러자 의장의 아들과 호펜스 엘세가 들어오더구나. 엘세는 하우프트 언덕에서 내가 마녀 집회에 있는 것을 보았다고 하더구나. … '나는 결코 신을 부정한 적이 없고 앞으로도 하지 않을 거요. 하느님이 나를 그런 위험에서 지켜주시기를. 나는 차라리 내가 겪어야 할 일을 당

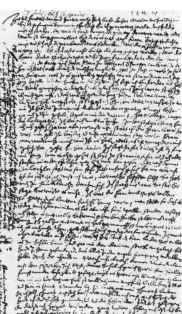

유니우스의 초상과 딸 베로니카에게 보낸 편지

당히 받을 거요.' 그러자, 오, 하느님 자비를, 고문 집행인이 들어와서 내 두 손을 묶은 다음 엄지손가락 죄는 도구를 사용했다. 그러자 손톱을 비롯해 사방에서 피가 나왔고 그래서 4주 동안 손을 사용하지 못했단다. 이 편지에서 그것을 볼 수 있을 게다. … 그 다음 그들은 내 옷을 벗기더니 뒤로 손을 묶고 고문을 가했다. 하늘과 땅이 다 끝나버리는 줄 알았단다. 그들은 8번이나 내 몸을 들어올렸다가 떨어뜨려서 나는 극도의 고통을 겪었다. …

이 일은 6월 30일에 있었는데 하느님의 도움으로 고문을 버텼지. 마침내 고문 집행인이 나를 감방에 데리고 돌아와서는 이렇게 말하더구나. '선생님, 사실이든 아니든 제발 아무거나 자백하세요. 당신은 고문을 견디지 못할 겁니다. 고문을 참아낸다 하더라도 여기에서 빠져나가지 못합니다. 설사 당신이 백작이라 하더라도 그건 불가능합니다. 당신이 마법사라고 말할 때까지 한 가지 고문 다음에 다른 고문이 계속될 겁니다. 그러기 전까지는 그들이 당신을 내보내지 않습니다. 이 재판에서 보듯이 모두 다 똑같습니다.'

극심한 역경 속에서 나는 하루의 시간과 또 신부를 만날 기회를 달라고 부탁했단다. 신부를 만나게 해주지는 않았지만 생각할 시간을 주더구나. 사랑하는 아가야, 내가 어떤 곤경에 처해 있었고 또 현재도 그런 상황에 있다는 것을 알겠지. 나는 이제 마법사라고 이야기해야 하게 되었단다. 전에 결코 그런 적 없었지만 이제 하느님을 부인하게 되었구나. 밤낮으로 고민하다가 한 가지 생각이 떠올랐다. 상담할 신부를 만나지 못하니 내 스스로 무언가 생각하고 말해야 한다. 내가 실제 하지 않은 일들에 대해 우선 말로 이야기하는 게 차라리 낫겠지. 그리고 나중에 신부에게 그 사실을 고백하고, 나를 그렇게 하도록 강요한 사람들이 그 문제에 대해 답하도록 하리라. … 그래서 나는 다음과 같이 거짓으로 자백했단다. 그건 모두 거짓말이야.

[유니우스는 앞의 문서에서 본 바처럼 자신이 거짓으로 자백한 내용을 이 서신에서 자세히 기록했다]

나는 사바스에서 본 사람들을 거명해야 했다. 나는 그들을 모른다고 말했지. '이 늙은 악당아, 고문 집행인을 데리고 올 테다. 말해, 의장이 거기 있었어?' 할 수 없이 그가 거기 있었다고 말했지. '그 외에 또 누구?' 다른 누구도 알아보지 못했다고 말했더니 그가 이렇게 말하더구나. '거리를 차례로 돌아보자. 시장에서부터 시작해서 모든 거리를 차례로 돌아보자.' 그곳에서 몇 명의 이름을 거론해야 했단다. 대로에 도착했는데, 나는 아무도 알아보지 못했다. 그렇지만 그곳에서 또 8명의 이름을 대야 했지. 그리고 칭켄베르트

Zinkenwert에서 한 사람 이름을 더 댔다. 그리고 게오르크토어Georgthor로 향하는 다리에 와서 그 양쪽 모두 살펴보았다. 이번에도 아무도 아는 사람이 없었단다. 성 안에 있는 사람 아무도 모른다고 말했지. 그들은 모든 거리에서 끊임없이 나에게 요구했지만 나는 말할 수도 없고 말하고 싶지도 않았단다. 그러자 그들은 나를 고문 집행인에게 넘겨주어 옷을 벗기고 모든 털을 밀라고 한 다음 고문을 가했다. '이 늙은 악당 놈은 시장에서 한 사람을 알아보았는데, 매일 그와 만났으면서도 이름을 말하려 하지 않는군.' 그들은 디트마이어Dietmayer를 의미했고 그래서 그의 이름을 말해야 했다.

다음에는 내가 행한 범죄들을 말해야 했단다. '저 악당 놈을 일으켜 세워.' 그래서 나는 내 아이들을 죽여야 했지만 그 대신 말 한 마리를 죽였다고 말했지. 그래도 별 도움이 되지는 않았다. 그래서 제병을 훼손했다고 말했다. 이 말을 하니까 그들이 나를 풀어주더구나.

아가야, 이게 내가 자백한 것들이고 그 때문에 나는 죽어야 한단다. 그것들은 순전히 거짓말이고 다 지어낸 것들이야. 그건 내가 당했던 것보다 더 심한 고문을 가할 거라는 위협을 받고 공포 때문에 할 수 없이 말한 내용들이야. 그들은 무엇인가를 자백해야만 고문을 멈추거든. 거기 있으면 반드시 마법사가 되어야 해. 설사 백작이라 하더라도 그곳을 빠져나가지는 못해. …

사랑하는 아가야, 이 편지는 반드시 비밀로 해서 누구도 보지 못하게 해야 한단다. 그렇지 않으면 나는 가장 가혹한 고문을 당할 테고 간수들은 목이 떨어질 거다. 그러니 절대 비밀로 해야 한다. … 사랑하는 아가야, 간수에게 돈을 주어라. [유니우스는 간수들을 매수해서 딸에게 이 편지를 빼돌려 주었던 것이다]… 나는 이 편지를 쓰는 데 며칠이 걸렸다. 내 양 손은 모두 불구가 되었단다. 나는 극심한 고통의 상태에 있다. …

평안한 밤을 보내도록 해라. 네 애비 요한네스 유니우스는 결코 너를 다시 보지 못할 것 같구나.

1628년 7월 24일

편지의 여백에는 다음과 같은 글이 덧붙여져 있다.

사랑하는 아가야, 여섯 명이 동시에 나에게 불리한 증언을 했단다. 의장, 그의 아들, 노이데커, 차너Zaner, 호프마이스터스 우르셸Hoffmaisters Ursel, 호펜스 엘세. 모두 강요에 따른 거짓이야. 그들 모두 처형되기 전에 하느님 이름으로 나에게 용서를 구했지. 그들은 나에 대해 좋게만 생각했었어. 내가 그랬던 것처럼 그들도 그렇게 말하라고 강요당했던 거야.

이 편지 덕분에 우리는 마녀재판의 내밀한 속사정을 훨씬 자세하게 알 수 있다. 짐작했던 대로 악랄하기 그지없는 고문이 계속 가해졌다. 스트라파도를 여덟 번이나 했다는 것은 유례없는 일에 속한다(중죄인이라 하더라도 3번 이상은 안 하는 것으로 알려져 있다). 아마 그의 어깨와 손목 등이 완전히 부서졌을 것이다. 원래의 신문 조서에서 피고가 악마의 도움을 받았던지 아무리 고문을 가해도 고통을 느끼지 않았다고 한 기록은 새빨간 거짓이었던 것이다. 그가 사바스에 간 것을 보았다고 증언한 사람들 역시 모두 고문 때문에 거짓 증언을 했고, 마찬가지로 유니우스 자신도 결국은 무고한 사람들을 한패로 거명하지 않을 수 없었다. 그 과정은 아주 구체적으로 기술되어 있다. 유니우스를 직접 끌고 거리로 돌아다니며 여러 사람들을 마녀로 지목하도록 유도했고, 순순히 말하지 않으면 다시 고문을 가했다. 그 과정에서 한 사람이 여러 명을 거명해야 했고, 그렇게 불려온 사람들이 다시 많은 사람들을 한패라고 거짓 자백했다.

마녀사냥의 광풍이 불면 그 누구도 안심할 수 없었다. 누구든지 마녀·마법사로 몰려 죄를 뒤집어쓰고 죽음으로 내몰릴 수 있었다. 그런 때에는 유니우스의 사례가 잘 보여주듯 사회 상층 인사들이라고 해서 안심할 일이 아니었다. 그 과정은 실로 처참하기 짝이 없다. 유니우스는 육체적 고통과 죽음의 위협에 더해 자신이 거짓으로 하느님을 부인해 사후에 영혼의 구원을 못 받지 않을까 엄청난 고뇌에 빠진 듯하다. 진실과 다른 말을 할 수밖에 없었던 유니우스는 자신의 내면의 이야기를 고해하기 위해 신부를 만나게 해달라고 부탁했지만 재판관으로 봉직하는 '박사님들'은 그것마저 거부했다. 대신 자백의 기미를 보이자 하루 말미를 주었을 뿐이다. 유니우스는 딸에게 자신이 처한 사정을 이야기하는 동시에 자기 영혼의 진실한 고백을 기록으로 남기려 했다. 자신이 할 수 없이 하느님을 부인하게 된 사정을 이런 식으로라도 간접적으로 세상에, 그리고 하느님 앞에 밝히고 싶었던 것 같다.

여기에서 근본적인 의문이 제기된다.

재판관들은 정말로 유니우스가 악마의 하수인으로 사바스에 참여하고 온갖 사악한 일들을 했다고 믿었을까? 아니면 사실은 유니우스 혹은 다른 피고들 대부분이 무고한 사람인 줄 뻔히 알면서도 고문을 가하며 거짓 자백을 얻어내서 참혹하게 처형한 것일까? 현재 우리의 사고방식으로는 유니유스가 악마의 '연인'이 되었으며, 때때로 검은 개로 변신한 악마의 등에 올라타고 밤하늘을 날아가 사바스에 갔다는 이야기는 어불

성설이다. 그런데, 과거 마녀재판의 광기가 휘몰아치던 당시 사람들은 과연 이런 일들을 사실로 믿었단 말인가? 아니라고 할 수는 없다. 재판관들은 자신이 악마의 세력에 대항하여 이 세상에서 하느님의 뜻을 지켜내는 정의로운 싸움을 하고 있다고 철석같이 믿고 있었다. 하느님을 믿는 자가 악마의 존재를 믿는 것은 당연하다. 악마 없는 신이란 그림자 없는 존재처럼 성립하기 힘들다. 그럴진대 악마의 하수인들이 준동하여 이 세상을 엄청난 위험에 빠뜨리려는 시대에 자신들이 악의 세력을 뿌리 뽑아 세상을 지켜내는 신성한 의무를 수행한다고 믿었을 것이다.

그러나 정말로 모든 사람들이 그렇게 믿은 것은 아니라는 사실 또한 확인할 수 있다. 아이러니하게도 고문 집행관의 말에서 그 점을 읽을 수 있다. 재판에 끌려오면 설사 무고한 사람이라 하더라도 꼼짝없이 마녀의 죄를 뒤집어쓰게 된다는 것을 그는 분명하게 인식하고 있고, 또 그 사실을 유니우스에게 말해 주며 차라리 빨리 자백하라고 권한다. 적어도 그는 이 재판이 결코 공평정대하지 않으며, 고문을 통해 허위로 죄를 조작하고 있다는 점을 알고 있다. 그러면서도 그는 이 악랄한 거짓의 무대에서 자신이 맡은 역할을 충실히 수행하는 중이다. 이야말로 설명하기 힘든 모순이 아닐 수 없다. 분명 모든 사람이 마녀사냥의 허구를 있는 그대로 믿지는 않으며 적어도 일부 사람들은 열린 틈새를 통해 또 다른 진실을 보고 있지만, 그럼에도 시대의 거대한 흐름은 정해진 방향대로 도도히 흘러갔다.

3. 정의의 이름으로

교회나 정부 당국의 입장에서 볼 때, 악마의 하수인으로 밝혀진 극악무도한 범죄자를 극형에 처하는 것은 더 이상 정의로울 수 없는 일이다. 추악한 범죄 행위를 한 당사자에게 상응한 처벌을 하는 동시에 주민들이 두 번 다시 그런 행위에 동조하지 못하도록 겁박하기 위해서는 만인이 보는 앞에서 가장 참혹하게 죄인을 처벌할 필요가 있다. 참수형이나 교수형 같은 일반적인 사형 방식과는 다른 극적인 처형 방법이 동원되는 것이 그런 까닭이다. 육신을 아예 불태워 이 세상에 흔적이 남지 않도록 하는 화형, 혹은 더러운 것을 삼켜 깨끗이 정화하는 물에 범죄인을 맡기는 익사형이 대표적이다. 그것은 단순히 목숨을 빼앗는 처벌에 머물지 않고 죄인의 몸을 완벽하게 파괴함으로써 모든 이에게 공포를 심어주도록 연출하는 정치·종교적 의미 가득한 의식儀式이었다.

처형에 앞서 죄인은 대개 자신의 죄상을 고백하는 절차를 밟는다. 마을 주민들이 모두 모인 자리에서, 가족과 친척, 자식들 앞에서, 혹은 미사 때에 교회의 제단 앞에서 무릎을 꿇고 자신이 하느님을 배반했다는 사실을 공개적으로 고백했다. 때로는 종교 축제일이자 대규모 장이 서는 날에 많은 사람이 운집한 가운데 처형이 이루어졌다. 예를 들면 1441년 9월 8일, 브리앙소네 지방에서 성모 탄생 축일이자 연례 정기시定期市가 열리는 이 날에 맞춰 베아트리스 포르-퀴샤Béatrice Faure-Cuchat라는 피고를 익사형에 처했다. 교회와 세속 당국은 때로 협동하고 때로 경쟁하면서 공포의 무대를 만들었다. 교회가 먼저 종교적으로 악마의 하수인이라는 판정을 내리면 세속 당국이 형 집행을 맡아서 했다. 그것이 어떻게 진행되는지 파악하기 위해 1462년 4월 29일에 샤모니 지방에서 4명의 남자와 4명의 여자에 대해 판결을 내리고 형을 집행하는 과정을 보자. (Viallet, 167~172)

여덟 명의 피고인들이 교구 성당에 불려왔다. 도미니칸 수도회 소속 종교재판관인 클로드 뤼프Claude Rup가 설교 후 이들이 유죄라고 선언했고, 이들은 차례로 자신의 죄를 고백했다. 곧 이들을 수도원 뜰로 데리고 가서 그곳에서 세속 당국이 판결을 내렸다. 샤모니 재판소에서 대표로 선정된 자크 볼레Jacques Bollet가 판결문을 읽었다.

그들 중 여섯 명에게 내린 판결문은 이러하다.

…이들은 명백하게 이단과 배교의 죄에 빠졌다. 무엇보다 전능하신 하느님의 신성하고 영원한 권위를 부정했다. 그리고 헛된 형상으로 나타난 지옥의 악마에게 무릎 꿇고 복종의 예를 바쳤는데, 이에 대해서는 피의자들에 대한 재판에서 거론되었으며 종교재판관이 설교에서 공개적으로 밝혔다. 마지막으로 이들은 매년 악마에게 동물들을 희생으로 바쳤다.

이런 이유로 재판관 자크 볼레는 이번 최종 판결문을 통해 다음과 같이 선언하고 명령한다. [여섯 명의 피고인들을] 개별적으로 화형에 처하여 그들의 육신과 영혼이 분리되도록 하고, 사체에서 남은 뼈를 갈아 먼지로 만들어 불로 태운 것 중 아무것도 이 세상에 남지 않도록 한다. 이들의 처형이 큰 공포를 조성하도록 하기 위해 원하는 사람 모두 화형을 참관하여 볼 수 있도록 공개적인 곳에서 그리고 모든 것이 보이는 높은 곳에서 시행한다. 여기에 더하여, 그들의 재산을 모두 압수하여 샤모니의 교회 수장과 세속 영주에게 넘긴다.

다른 두 명에게는 가중 처벌이 내려졌다.

아래에서 거명하는 페로네트Perronette는 앞서 언급한 이단의 죄 외에도 반복적으로 자신의 몸을 지옥의 악마에게 바치고, 몇 명의 남자들과 자연에 반하는 가증스러운 죄를 저질렀으며, 시나고그[유대교 교당]에서 아이들을 먹은 일 외에도 언급하지 않는 게 차라리 나을 여러 범죄행위들을 저질렀으므로, 재판관은 페로네트가 자신이 행한 일들에 합당한 벌을 받도록 다음과 같이 선언하고 명령한다. 모든 것이 보이는 높은 곳에 그녀를 정의의 나무기둥에 단단히 묶은 후 1/20 시간 동안[다시 말해 3분 동안] 빨갛게 달군 쇠 위에 아무런 보호 장치 없이 앉아있도록 하고, 그 시간이 지난 후 나뭇단을 쌓아올려 불을 붙여서 페로네트의 육신이 완전히 불에 타고 영혼이 육체와 분리되도록 할 것이며 뼈를 재로 만들 것이다. 그녀 재산은 압수하여 앞서 거론한 분들께 넘긴다.

아래에서 거명하는 장 그를랑Jean Grelant 역시 이단의 죄 외에 더 비인간적이고 더 가증스러운 죄들을 저질렀고, 특히 그리스도의 몸을 발로 밟는[십자가상을 밟았다는 의미로 보인다] 차마 들어줄 수 없는 극도의 비인간적인 죄를 저질렀으므로 그가 행한 일에 합당한—너무 엄청난 죄라 그가 저지른 일에 합당한 정도라 할 수 없지만 최소한 거기에 근접한—벌을 내리도록 재판관은 다음과 같이 선언하고 명령한다. 그의 옷을 완전히 다 벗긴 다음 그가 그리스도의 몸을 발로 밟은 장소로 끌고 간다. 그곳에서 그의 발을 끊어낸 후, 사람들이 이전에 십자가 표시를 그렸던 그 땅에 피고인이 세 번 키스하도록 한다. 그리고 그가 살아 있던 죽었던 그를 최후의 처형 장소로 끌고 가서 다리를 자른 부분을 기둥에 묶고 불로 완전히 몸을 태운다. 그의 모든 재산은 영주에게 바친다. …

상상만 해도 끔찍한 일들이 정의의 이름으로 거행되고 있다. 온통 미개의 암흑에 둘러싸인 듯한 이 세계는 대체 어떤 곳인가?

앞서 언급한 사례들을 반추해 보자. 악마와 성관계를 맺고 아이를 잡아먹었다는 죄로 페로네트를 빨갛게 달군 쇠 위에 앉게 한 다음 화형에 처한 것은 15세기 프랑스에서 일어난 일이다. 유니우스 시장이 염소로 변한 악마의 꼬임에 빠져 악마의 연인이 되고 개로 변한 악마를 타고 마녀집회에 참석했다는 혐의로 화형에 처해진 것은 17세기 독일에서 일어난 일이다. 말하자면 근대 유럽 세계에서 이런 일들이 벌어진 것이다. 르네상스와 과학혁명의 시기를 거치고 곧 찬란한 계몽주의의 빛이 온 세상을 환히 비춘다고 하는 근대 유럽의 중심 지역들에서 암흑의 사태가 벌어지고 있었다. 빛나는 문명의 이면에 야만의 심연이 숨겨져 있었던 것이다.

4. 마녀의 잠정적 정의

현재 우리의 관점에서는 유니우스나 페로네트, 혹은 장 그를랑이 악마의 하수인이라는 주장은 실로 가당치 않다. 악마와 성교를 하는 '연인'이 되고, 아이를 죽여 만든 고약으로 다른 사람들을 파멸로 이끄는 따위일들은 현대 사회에서는 이미 불가능한 일로 간주된다. 그렇다면 마녀가 날아다니고 재판관은 악마의 계략에 맞서 싸우던 그 시대를 어떻게 이해할 것인가? 다시 묻지만, 도대체 마녀는 어떤 존재인가?

마녀를 완벽하게 정의하는 것은 힘든 일이다. 초시대적인 마녀의 정의 같은 것은 애초에 불가능하며, 그런 시도 자체가 왜곡의 위험을 안고 있다는 견해가 일반적이다. 사실 구체적인 재판 자료들을 보면 경우에 따라 다른 요소들이 강조되고 있음을 알 수 있다. 어느 곳에서는 주로 다른 사람들에게 가하는 사악한 위해maleficia를 거론하지만, 다른 곳에서는 악마와의 계약pact이나 사바스만 강조되는 식이다. 그러므로 우리는 여러 요소들을 취합하여 일종의 이념형으로 마녀의 개념을 구상해 볼 수는 있으나 실제 재판에서 그런 요소들이 다 갖추어진 사례는 거의 없다. 여러 자료에서 거론된 마녀의 특성들을 살펴보면 전반적으로 유사한 측면들을 공유하되 구체적인 양상은 지역과 시대마다 달라서, 말하자면 일종의 '가족 유사성'을 띤 상태라 할 수 있다.

복잡한 문제라고 계속 미룰 수만은 없고 어느 정도 받아들일 만한 가설적인 마녀 개념을 상정해야 할 것 같다. 베링어Wolfgang Behringer는 대체로 15~16세기부터 널리 퍼진 마녀의 특성들 가운데 공통적으로 나타나는 중요한 요소들을 모아 '정교화된 마법elaborate concept of witchcraft' 개념을 이야기했다. 그 중요한 6가지 특성은 다음과 같다.(Behringer 1997, 14)

1. 악마와의 계약(기독교 배교)
2. 악마와 성관계
3. 날아서 이동하는 능력
4. 악마가 주관하는 모임(사바스)에 참석
5. 사악한 위해의 행사
6. 아이 살해

물론 앞서 이야기한 바처럼 이 요소들이 한번에 다 등장하는 경우는 오히려 예외적이며, 이 중 일부 요소들만 나오는 것이 더 일반적이지만, 그렇더라도 우리는 앞으로 이 요소들을 중요한 기준으로 삼고 논의를 해 나갈 것이다.

이제 이런 요소들이 역사적으로 어떤 기원을 가지고 있고, 어떻게 구체화되었으며, 또 현실에서 어떻게 구현되었는지 살펴보자. 그것은 꽤 긴 시간의 (그리고 다소 암울한) 여행이 될 것이다.

II

기독교화와 마술
서기 1000년까지

마녀사냥은 고대적 기원을 가지고 중세에 서서히 발전하여 근대 초에 폭발한 사건이다. 그것은 결코 무無에서 나온 게 아니다. 씨앗이 되는 요소들은 오래전부터 준비되어 있었다. 고대 종교의 흔적, 초기 기독교 전통 그리고 사회에 널리 퍼져 있던 민중 신앙 요소들이 섞이는 가운데 장기간에 걸쳐 마녀 개념이 형성되었다. 이 장에서는 서기 1000년 이전 시기에 기독교와 민중 마술이 어떤 관계에 있었는지 살펴보고자 한다.

1. 로마제국의 기독교화

로마제국 내에서 박해를 받으면서도 점차 교세를 확대해 가던 기독교는 드디어 제국의 공인을 받았고(서기 313년), 더 나아가서 로마제국의 공식 종교가 되었다(서기 392년). '기독교 로마제국Christian Roman Empire'이 성립된 것이다. 교과서적으로는 이렇게 이야기하지만, 사실 '로마제국이 기독교화되었다'는 말이 무엇을 의미하는지 불명확한 부분이 있다. 이와 관련해서 두 가지 고려할 사항이 있다. 첫째, 당시 제국의 주민들 중 실제 어느 정도의 주민들이 기독교를 수용했는가? 광대한 제국 영토의 모든 주민들이 일시에 기독교를 받아들인 것은 아니며, 여전히 기존 종교들이나 민중 신앙을 유지하는 사람들이 매우 많았을 것임에 틀림없다. 둘째, 이 당시 기독교라는 것이 어떤 내용이었는가? 기독교의 정통 교리가 무엇인지를 놓고 오랫동안 이단 논쟁이 지속되었고, 이교異敎 요소들도 기독교 내로 많이 들어갔다. 기독교는 틀과 내용 면에서 아직 형성 중인 종교였다.

최종적으로 제국의 유일한 합법 종교가 되어 다른 신앙 위에 군림하기 전에 기독교는 심한 비난과 탄압을 받았었다. 이 당시의 사정을 말해주는 자료 중 하나로 서기 2~3세기에 활동했던 작가인 마르쿠스 미누키우스 펠릭스Marcus Minucius Felix의 『옥타비우스Octavius』라는 저작을 들 수 있다. 이 책에서 기독교도인 옥타비우스 야누아리우스Octavius Januarius와 이교도인 카이킬리우스Caecilius가 대화를 나누는데, 이때 카이킬리우스는 기독교도들의 야만적 행태를 이렇게 비판한다.[1]

(8장) 타락하고 불법적이고 절망적인 이 파당은 최하층의 쓰레기 같은 부류에서, 또 속기 잘하고 성적 욕망에 잘 휘둘리는 성질 때문에 굴종하는 성향이 강한 여성들 사이에서 신도를 모은다. 이들은 야밤에 모여 엄격한 금욕과 비인간적인 육식肉食을 동시에 하면서 신성모독적인 음모를 꾸민다.

(9장) 분명 이 파당은 근절하거나 제거해야 마땅하다. 그들은 비밀의 표시와 휘장으로 서로 알아보며, 서로 알기도 전에 사랑을 나누곤 한다. 이들은 욕망의 믿음을 공유하며 난잡스럽게도 서로를 형제자매라고 부르고, 실제로 방탕함이 지나쳐 근친상간을 벌이는 일이 없지 않다. … 그들은 당나귀 대가리를 찬양하며, 주교와 사제의 성적 능력을 공경한다. … 잘 알려진 바처럼 젊은 신참자의 입회식은 가증스럽기 짝이 없다. 입회 의식을 치르려는 사람 앞에 아이를 뉘어 놓고 그 위에 음식을 올려놓아 방심한 자들을 속인다. 젊은 신도는 아무런 해가 없는 일인 듯 음식 위를 치도록 강요받아 은밀한 상처를 줌으로써 아이를 살해하게 된다. 오, 공포여, 그들은 게걸스럽게 피를 핥아먹는다. 그리고 팔다리를 열심히 자른다. …

위 인용문이 기독교가 이단과 이교도들을 공격하는 내용이 아니라 당대의 주류 종교가 기독교를 공격하는 것임을 주목하라. 이 글을 통해 우리는 박해받던 시절 기독교가 어떤 혐의를 받았는지 알 수 있다. 나중에 정통의 지위에 오른 후 기독교가 다른 종교와 신앙을 고발할 때 가했던 비판을 과거에 그들 자신이 똑같이 받았던 것이다. 대개 지배적인 종교의 입장에서 볼 때 이단과 이교도들은 밤에 남몰래 이상한 집회를 하며, 악마가 주관하는 그 집회에서는 방탕한 성교, 심지어 근친상간 행위를 하고, 어린아이를 죽이는 만행을 저지르는 것으로 이야기된다. 구성원들은 흔히 하층민 출신이고, 무엇보다 성정이 저열하다고 치부되는 여성들이 다수를 차지한다. 그리고 더 큰 틀에서 보면 이 악마 같은 파당은 세계의 질서, 혹은 우주 자체를 위협하는 근본적으로 사악한 집단으로 비난받는다.

(10장) 그들은 세계 전체, 더 나아가서 모든 별들을 포함한 우주 전체에 불을 지르고 파괴하기를 염원한다. 마치 신성한 자연법칙에 따르는 영원한 질서를 교란하고 모든 자연 요소들의 조합을 파괴하려는 듯하다.

후일 소위 '마녀'들 역시 이와 거의 똑같은 비난을 그대로 뒤집어쓰게 될 것이다.

정통의 지위를 차지한 후 기독교는 스스로를 '렐리기오religio'라 칭하고, 자신 이외의 다른 종교는 '수페르스티티오superstitio'라 불렀다. 앞의 것은 종교 혹은 정교正敎, 뒤의 것은 미신 혹은 사교邪敎라 해석할 수 있을 것이다. 이 두 용어는 원래 로마시대에 통용되던 대척적인 개념이었다. 기독교는 이 구분상에서 사교로부터 정교로 자리바꿈을 한 셈이다. 그러고는 지금까지 자신이 당했던 비난을 다른 집단에게 그대로 돌려주었다.[2]

대개 다른 종교의 신을 악마로 부르는 법이다. 기독교가 정교의 자리를 차지하자 다른 종교와 신앙들은 '악마화'되어 갔다.

2. 기독교와 마술

기독교 교리가 처음부터 정해져 있던 것은 아니다. 로마시대 이래 기독교는 형성 중인 종교였다. 기독교가 모든 유럽인들의 신앙을 완전히 장악한 것도 아니어서 기독교에 포섭되지 않은 방대한 신앙체계가 잔존했다. 자연히 다른 종교와 문화 요소가 기독교 내로 많이 유입되었다. 그리스-로마 문화나 유대교의 마술과 마법이 대표적이다.

초기 기독교는 두 가지 문제에 봉착해 있었다.(Maxwell-Stuarrt, 38) 첫 번째는 정통 교리에서 벗어나는 이설들이 여전히 정리되지 않고 남아 있다는 것이었다. 특히 예수의 본질, 예수와 신과의 관계 등이 핵심 문제였다. '예수는 인간인가 신인가' '신의 능력을 가지고 태어난 것인가' '단순한 예언자인가' '그가 행하는 기적들의 본질은 무엇인가' 같은 질문에 처음부터 명확한 설명이 주어지지 않은 상태였다. 두 번째는 비기독교적인 마술의 도전이었다. 민중들이 볼 때 이 세상은 수많은 신과 혼령, 사악한 마귀 등 초자연적 존재들이 횡행하는 곳이다. 그런 상황에서 예수와 마리아, 또 그 휘하의 성인·성녀들 또한 유사한 성격의 초자연적 존재들로 보였을 것이다. 단적으로 말하면 꽤 힘이 강한 새로운 '귀신'들이 기존 '라인업'에 더해진 것으로 비쳤을 터이다. 이교도들에게는 기독교의 신부나 수도사 등도 자신들에게 익숙한 같은 종류의 마술사였다. 그들 역시 병을 낫게 하고 사악한 악령을 내쫓는 일을 하기 때문이다. 그런 일에 능통한 인물들이 성인으로 추앙받았고, 또 성인들이 죽으면 그들의 성유물聖遺物이 계속 그런 역할을 하지 않는가.[3]

기적적인 치병을 하고 퇴마의식exorcism을 행하는 예수가 대大 마술사로 보이는 게 당연했다. 또 성체성사Eucharist를 비롯한 교회의 여러 의식들은 사악한 영을 내쫓아 신자를 보호하는 의식으로 보일 만했다. 빵과 포도주를 변형시킨 기적을 마스터가 행했고, 후계자들의 모임인 교회가 그것을 재연하는 의식을 한다면 그것이 마술이 아니고 무엇이란 말인가.

사실 초대 교회 사도들도 기적을 일으키고 초자연적 치료를 수행함으로써 무리를 이끌었다.(토마스, 70~71) 신약성경과 교부문학은 이같은 초자연적 활동이 선교와 개종에서 얼마나 중요한 일이었는지 증명한다. 기적을 일으키는 능력은 곧 신성함의 증거였다. 예컨대 앵글로색슨 교회의 이교異敎 반대 투쟁에서 초자연적 권능은 필수불가결한 요소였으며, 선교사들은 기독교 기도문이 이교 주문보다 우월하다는 것을 한목소리로 강조했다.(Bently, 88~93) 13세기에 보라지네의 야곱Jacob di Voragine이 저술한 『황금전설』은 초기 기독교 성인들의 기적적인 위업을 기록한 전기물로, 성인들이 어떻게 미래를 예언했는지, 어떻게 날씨를 다스리고 화재나 홍수를 막았는지, 어떻게 마술을 이용해 무거운 물체를 옮겼는지, 어떻게 환자를 치료했는지를 강조했다.(Voragine) 일반인들로서는 '기독교 마술'이든 그들이 이미 알고 있던 통상의 마술이든 결과적으로 다를 바 하나 없다고 생각했을 수 있다.

상황이 이럴진대, 교회로서는 예수와 사도 성인들의 가르침은 진짜 종교religio이고 이교도의 것은 가짜인 사교superstitio라는 것을 설명해야 했다. 예수는 같은 마술사 중 가장 힘이 강한 존재가 아니라 전혀 다른 종류의 믿음의 대상이라는 점을 설득해야 했는데, 그러기 위해 다른 모든 종교는 허황되고 사악한 믿음, 곧 '악마적인' 믿음이라는 주장을

펼쳤다. 이는 '다이몬'에 대한 해석의 변화로 이해할 수 있다.(Maxwell-Stuarrt, 39)

쉽게 설명하면 기존 신앙의 '다이모네스daimones 혹은 daimon'가 새롭게 발전해 가는 기독교 신학의 틀 안에서 이전과는 다른 지위를 부여받아 기독교적 악마demon로 변했다고 할 수 있다. 과거 이교 신앙에서 다이모네스는 영적 세계와 물질세계를 매개하는 중개자였다. 그리스 세계에서는 인간을 행복하게 하는 '선마善魔, Eu-daimon'와 불행을 꾸미는 '악마惡魔, Kako-daimon'가 있다고 생각했다.[4] 그러나 기독교 세계관에서 다이모네스는 전적으로 사악한 영으로 변모했고, 그런 자격으로 모든 마술의 배경에 있는 위험한 힘의 근원으로 자리매김 되었다. 기독교의 창조관 자체가 심대한 변화를 겪어 신과 사탄이 대립하는 이원론적인 성격이 강해졌다. 이 세계는 선과 악이 대립하는 전쟁터이며, 그 가운데 인간은 어느 편을 취할지 선택할 수 있다는 식이다.

이처럼 종교적으로 선과 악이 정리되자 기독교 시기의 로마제국 정부는 악의 편에 선 마술사들을 억압하는 조치를 취했다. 마술사들은 말썽꾼이나 적으로 치부되었다. 이런 사실을 보여주는 자료 중 하나가 『테오도시우스 법령집Theodosian Code』이다. 서기 438년에 출판된 이 칙령집은 마술사들과 점쟁이들을 만나는 것을 금지했고, 특히 죽은 혼령을 부르는 마술 행위인 네크로만시necromancy를 지극히 위험한 사술邪術로 쳤다(이에 대해서는 아래에서 자세히 다룰 것이다). 타인에게 해를 가하는 술수를 사용한 마술사들은 사형에 처했고, 한번 판결이 내려지면 항소 자체를 봉쇄해 버렸을 뿐 아니라 그 가족들은 상속을 포기해야 했다. 남편이 마술사이면 이혼이 가능하다고 규정했는데, 이는 마술사가 살인범과 같

은 수준의 범죄자임을 의미한다.(Maxwell-Stuarrt, 39)

5세기 중엽 로마제국이 멸망한 이후 이단과 이교, 마술 등은 전적으로 교회의 소관 문제가 되었다. 기독교가 유럽 대륙 전반의 정통 종교가 된 이후에도 마술 행위들이 계속 이어지자 교회 당국은 분노했고, 다양한 금지 조치들을 발하지 않을 수 없었다. 예컨대 여성들이 묘지에서 밤새는 것을 금지했는데, 아마도 이 여성들이 묘지를 파헤치고 죽은 혼령을 부르는 행위를 하지 못하도록 하기 위해서일 것이다. 또 성경에 나오지 않는 천사의 이름을 부르는 것도 금지했는데, 그런 것들이 헤브루나 이집트 전통에서 유래한 마술 행위와 연관이 있기 때문이다. 교회는 탄압과 교화 두 방향으로 대응하며 자신을 정립해 갔다.

3. 아우구스티누스

기독교가 점차 교리를 확립해 가면서 이단과 마술 등에 대해 확고한 입장을 표해야 했다. 이런 발전 과정에서 중요한 역할을 한 인물은 아우구스티누스(354~430년)였다. 그는 매우 영향력이 큰 신학자이며, 그의 『신국』은 가장 중요한 초기 기독교 저작 중 하나다. 그는 이교와 이단, 마술에 대해 어떻게 파악했을까?

『신국』에서 이 문제를 다루는 10장(X: 9~11)과 18장(XVIII: 17~18)을 읽어보도록 하자.

아우구스티누스는 플라톤 학파의 포르피리우스(234~305년경)라는 반反 기독교적 저술을 쓴 철학자를 반박하는데, 요점은 이 철학자가 마술에 대해 모호한 입장을 취한다는 점이다.

사람들은 이것을 주술이라 부르고 더 고약한 이름으로는 마술이라 부르며, 그래도 더 명예로운 이름으로는 신술theurgia이라 부른다.[5] 이교도들도 이 중 어떤 이들은 나쁜 사람으로 여기고 해코지하는 사람maleficus이라 하며 또 어떤 이들은 신술을 갖고 있다는 이유로 칭송할 만하다고 여긴다.(X: 9.1)

포르피리우스마저…. 한편으로는 이런 술수가 인간을 기만하고 그 행위 자체가 해로우며 법으로 금지되었기에 조심해야 한다고 말하는가 하면, 다른 한편으로… 영혼의 부정한 부분을 정화하는 데에 이것이 유익하다고 주장한다.(X: 9.2)

위의 인용문을 해설하면 다음과 같다. 마술에는 선한 측면도 있고 악한 측면도 있다는 것, 말하자면 '흑마술'과 '백마술'이 모두 있을 수 있다는 것이 당대 사람들의 일반적인 태도였는데, 포르피리우스 역시 그런 모호한 태도를 취한다는 것이다. 아우구스티누스가 보기에 초자연적 행위는 사람의 내적 능력이 아니라 악마적 혼령에 의한 것임이 분명하다. 그리고 설령 다른 사람에게 유익한 일을 해주는 것 같더라도 사실은 속이기 위한 술수에 불과하다. 그런데, 포르피리우스는 자신 있게 그런 판단을 하지 않고 있다는 것이다.

그렇다면 사악한 영들, 혹은 악마적인 존재들은 어느 정도로 강한 힘을 발휘하는가? 아우구스티누스가 특히 관심을 두는 문제는 그것들이 인간의 육신을 변화시킬 수 있는가 하는 점이다. 차후에 진행될 마녀 개

넘의 발전과 연관지어 볼 때에 중요한 논점 중 하나가 인간을 다른 동물로 변화시키는 초자연적인 일이 가능하냐 하는 점이다. 당시 널리 알려져 있던 대표적인 이야기는 여자들이 치즈 같은 먹을거리에 뭔가를 묻혀 나그네들에게 먹여 그들을 가축으로 변화시킨 후 짐 나르는 일을 시킨다는 내용이었다. 아풀레이우스도 『황금 당나귀』에서 자신이 그런 일을 겪었다고 썼다.(아풀레이우스) 이것이 실제로 가능한 일일까? 악마와 하수인들은 정말 그런 능력을 가졌을까? 아우구스티누스는 그것이 다만 환상에 불과하다고 단언한다.

> 만약 정령들이 우리가 문제 삼고 있는 저런 짓을 설령 몇 가지 행한다고 하더라도 어떤 자연 본성을 새롭게 창조해내는 것은 아니다. 어디까지나 외형으로만 하는 것이고 참된 하느님에 의해 창조된 바를 변모시켜서, 실상 그렇지 않은 것을 그렇게 보이게 할 따름이다. 그러므로 나는 어떤 명분으로든지 정령들이 술수나 어떤 능력으로 인간의 정신은 물론이요 육체까지 정말 짐승의 지체나 용모로 변모시킬 수 있다고는 절대로 믿지 않겠다. 오직 인간의 환상이라는 것이 있어서 생각을 하거나 꿈을 꾸면서 무수한 종류의 사물들을 떠올리면서 다양해진다.(XVIII: 18.2)

이 인용문에서 보듯, 아우구스티누스는 신체 변형이 실제 일어날 수는 없다고 확언한다. 창조, 혹은 적어도 실체적인 변형은 오직 창조주 하느님만이 할 수 있는 영역이며, 사악한 세력이 할 수 있는 것은 다만 그렇게 보이도록 환상을 불러일으키는 것에 불과하다.[6] 달리 말하면 악마, 정령이 활동하지만 그것들이 인간의 영혼과 육체 모두를 실제로 지

사탄의 도시를 지키는 악마들 (요한 아머바흐, 「아우구스티누스와 신국」, 1489)

배하지는 못한다는 결론이 된다. 여기에서 강조되는 바는 사악한 악마의 세력은 참된 종교인 기독교를 이기지 못한다는 것이다. 육신이 실제로 변하는가 환상에 불과한가 하는 것은 차후 몇 세기 동안 악마 및 마녀와 관련된 매우 중요한 문제이다. 마녀사냥이 한참 벌어지던 시기에는 많은 여성들이 검은 개나 올빼미 같은 동물로 변하여 마녀 집회에 참가했다는 식의 혐의를 받았다. 악마든지 혹은 악마와 계약을 맺은 마녀들이 과연 그런 일을 실제로 행할 수 있는가는 마녀재판에서 핵심적인 사안이 아닐 수 없다. 이런 중대한 문제에서 아우구스티누스 같은 신학자가 실제 육체적인 변화는 불가능하다고 단정적으로 주장한 것은 두고두고 논쟁이 될 만한 일이다.

아우구스티누스의 주장은 악마의 세력이 비록 우리를 유혹하고 속이려 하지만 그것이 '극도로' 위험하지는 않다는 결론에 이른다. 마녀가 정말로 날아다니며 폭풍우를 일으키고, 전염병을 퍼뜨리는 따위의 일을 할 수는 없다. 이런 논변이 지속된다면 이 세상을 총체적으로 위험에 빠뜨리는 악마 세력의 위협 같은 것은 성립할 수 없게 된다.

실제로 마녀사냥이 한참 벌어지던 후대의 저술과 비교해 보면 『신국』은 '악마론' 측면에 그리 큰 중요성을 부여하지 않았다고 할 수 있다. 악마와 사악한 주술을 다루는 이 부분이 『신국』의 전체 틀에서 매우 적은 비중만 차지한다는 사실 자체가 그 점을 말해 준다.

4. 『기독교 교육론』

아우구스티누스가 악마와 마술, 미신에 대해 더 직접적으로 언급한 텍스트는 따로 있다. 그것은 『기독교 교육론De doctriana christiana』이라는 책이다.[7] 395~398년경 시작하여 422년에 완수한 이 작품은 아우구스티누스가 마술에 관해 쓴 가장 중요한 내용을 담고 있다. 특히 이 책의 제2권 20~24장이 주목할 만하다. 이 텍스트를 보면 그가 마술을 어떻게 파악하는지 조금 더 명료하게 알 수 있다.

그는 우선 기독교의 신이 아닌 다른 신, 다시 말해서 악마를 경배하고 그 힘을 이용하는 것이 미신이고 마술이라고 정의를 내린다. 그런데 그가 제시하는 구체적인 사례들은 사실 매우 사소해 보이는 것들이다. 호부護符와 부적, '자연물physica'이라고 부르는 각종 치유 물질이나 치료 책들이 그런 사례들이다. 예컨대 양쪽 귀에 거는 목걸이, 손가락에 끼는 타조 뼈로 만든 반지, 혹은 딸꾹질이 날 때 왼쪽 엄지손가락을 바른 손으로 쥐라고 하는 조언 등이 대표적이다. 그야말로 오늘날 우리가 이야기하는 소소한 '미신'에 불과하여 그리 위협적으로 보이지는 않는다. 아우구스티누스 자신이 그런 초자연적이고 악마적인 힘이라는 것이 우스꽝스러운 수준이라고 놀리듯 거론한다.

두 친구가 팔을 끼고 걸을 때에 돌이나 개 또는 아이가 그 사이에 끼면 어떻게 하라는 아주 어리석은 규칙이 수천 개가 된다. … 어떤 사람은 미신이 심해서 두 사람 사이에 들어온 개를 때리지만, 그랬다가는 벌을 면하지 못한다. 이런 우스운 관습에 붙잡힌 사람을 개가 곧 진짜 의사에게 보내는 때가 많기 때문이다. … 다른 예를 든다면, 자기 집 앞을 지날 때에는 문지방을 밟는 것, 신발을 신을 때에 재채기가 나면 침상으로 돌아가는 것, 길을 가다가 돌에 걸리면 집으로 가는 것, 생쥐가 옷을 물어뜯으면 목전의 피해보다 미래의 재난을 더 근심하는 것 등이 있다.(20.31)

인용문에서 언급한 사례들은 악마가 이면에 숨어서 작동하는 사술邪術이라 하기에는 너무 미미해 보인다. 아우구스티누스는 이런 사술의 위험을 강조하기보다는 차라리 조롱하는 편에 가깝다. 점성술 역시 이런 사술 중 하나로 비판한다.

이런 미신에서 빠뜨릴 수 없는 것은, 생일에 주목한다고 해서 게네틀리아키genethliaci라고 하다가 지금은 보통 마테마티키mathematici라고 부르는 점성가들이다. 이 사람들은 사람이 태어났을 때의 별들의 정확한 위치를 계산해 낼 수 있다. 그러나 그것을 근거로 우리의 행동이나 행동의 결과를 예언하려고 할 때에, 그들은 진리에서 멀리 벗어나며, 무식한 사람들을 가련한 노예 상태에 빠뜨린다. 자유인이 이런 점성가의 집에 들어가서는 돈을 주고 화성이나 금성의 종이 되어 나온다. … (21)

위에서 언급한 사악한 술수들은 그렇다면 전혀 위험하지 않다는 말인가? 그렇지는 않다. 비록 악의 세력들이 진실한 신앙을 눌러 이기지는 못하지만 늘 우리를 유혹하고 속여 그릇된 길로 인도하려 한다. 이런 사악한 일들의 근원은 타락천사들, 곧 악마들이다.(23.34)

우리가 여기에서 주목할 점이 이것이다. 세상의 거의 모든 문화권에는 점술사, 점성술사, 혹은 사주쟁이 같은 존재가 있게 마련이고, 대개는 그런 사람들에 대해 사회가 크게 개의치 않는다. 보통 사람이 잘 알 수 없는 괴이한 힘이 있을 수 있다고 해두면 그만인 것이다. 그런데 중세 기독교는 이들의 이면에 악마가 도사리고 있다고 규정한다. 기독교 이외의 모든 민중 신앙을 철저하게 배척하고 공격하기 시작한 것이다.

> 그리스도인은 이런 미신적인 술수를 완전히 배척하며 기피해야 한다. … 이 모든 지식에 관해서 우리는 귀신들과 교제하게 되는 것을 무서워하며 피해야 한다. 귀신들은 그 두목인 악마와 함께 우리가 고향으로 돌아가는 길을 막으려고 노력할 뿐이다.(20.36)

여기에서 아우구스티누스의 주장의 요체는 이교의 신이 변신하여 악마가 되었다는 것이다. 이교는 '가증스러운 미신'이다. 악마는 일부 사람들을 하수인으로 삼고는 사악한 힘을 행하도록 만든다. "이 모든 징조는 사람들의 마음속에 마귀들과의 사전 결탁과 양해가 있어야만 통용된다"(24.37)는 것이다.

후대의 마녀사냥과 연관지어 생각할 때 아우구스티누스의 악마론의 의미는 이중적이다. 첫째는 악마와 그 하수인의 힘이 이 세상의 일에 대해서는 그리 강하지 않다는 것이다. 그들은 우리를 '실제' 위험에 빠뜨릴 만한 힘을 가지고 있지 않다. 만일 이런 주장이 계속 대세였다면 기독교 사회는 단지 진실한 믿음을 간직하고 유혹에 조심하면 될 뿐, 마녀를 붙잡아 고문하고 화형에 처할 필요가 없었을 것이다. 마녀는 짐승으로 변한 악마의 등에 올라타서 사바스에 참가하고 아이들을 죽여 고약을 만들고 한 해 농사를 완전히 망치거나 전염병을 퍼뜨리는 등의 파괴적인 행위를 할 힘이 애초에 없기 때문이다. 둘째는 이단이나 마술 등에 대해 교리상으로 정리했다는 사실이다. 즉, 비기독교적인 민중 신앙은 명백하게 악마의 힘이 작용하는 사술이다. 그들은 우리의 구원을 방해하고 우리를 지옥의 나락으로 떨어뜨리려 하기 때문에 결코 방치해도 좋은 존재가 아니다. 선량한 사람들이 그들의 유혹에 넘어가 기독교 신앙을 버릴 위험성은 상존한다.

이와 같은 아우구스티누스의 사고가 지배적인 영향을 미쳤다는 점은 당대의 저명한 주교인 아를의 캐자리우스(469/70~542년)의 설교문에서 확인할 수 있다.(Kors, no.2) 캐자리우스의 문제의식은 많은 사람들이 신앙이 흔들려서 이교 신앙으로 되돌아갈지 모른다는 것이었다. 지난 과거의 종교 행위가 '미신'이라는 이름으로 행해지고 있었고, 사람들은 여전히 이런 일들에 매여 있다는 것을 그는 설교를 통해 경고했다.

너희들 중 누구도 마술사, 점쟁이, 예언자와 상담하지 말고, 그 어떤 이유에서든, 어떤 곤란한 문제에 시달리든 그들에게 묻지 마라. 누구도 주술사를 부르지 말라. 만일 누구든지 이런 악행을 저지르면 곧장 세례의 힘을 잃고 그 즉시 이교도가 될 것이다.(1조)

이 설교문에서 고려하는 주된 대상은 점쟁이, 부적 쓰는 사람, 새가 날아가는 것이나 짐승 내장을 보며 점치는 사람들이다. 그런데 이들이 간혹 올바른 예언을 하거나 병을 낫게 하는 일들이 없지 않다. 이를 어떻게 해석할 것인가?

하느님께서는 기독교도들을 시험하기 위해 악마에게 그런 행위를 용인하신다. 그래서 간혹 그런 불경한 치료법에 의해 병이 낫는 경우 사람들은 거기에서 진리를 본듯 착각하고는 후에 그들을 더 믿으려 한다.(3조)

아우구스티누스와 마찬가지로 캐자리우스 역시 사악한 세력이 기독교보다 결코 힘이 강하지 않다는 점을 강조한다. "악마는 당신이나 당신에게 속하는 사람들, 동물들, 혹은 그 외 당신의 아주 작은 것들이라 하더라도 해치지 못한다."(4조) 그렇지만 그들은 속임수를 써서 신도들을 속여 그릇된 길로 인도하려 한다. 과거 이교, 이단, 마술 등이 여전히 강하게 남아 있을 뿐 아니라 자칫 더욱 세력을 확장하여 기독교를 위협할 수도 있다. 그런 움직임은 그대로 방치하면 안 되며 반드시 뿌리 뽑아야 한다. 우리는 하느님의 편이 될 것인가 악마의 편이 될 것인가 선택해야 한다. "우리는 하느님의 컵에서 마시면서 또한 악마의 컵에서 마실 수는 없으며, 하느님의 식탁에 앉으면서 동시에 악마의 식탁에 앉을 수는 없다"(5조)고 저자는 강조한다.

사악한 이단의 근원은 명백하게 악마로 적시되었다. 그것은 곧 기독교의 거울 이미지로서, 다른 신, 다른 천사, 다른 기적을 뜻한다. 마술은 '알 수 없는 어떤 힘을 이용하는 것'에서 '악마의 힘을 빌리는 것'으로 변화해 갔다. 기독교가 자리 잡아 가는 과정은 선을 규정하는 동시에 악의 세력 역시 새롭게 규정해 가는 과정이었다.

5. 『캐논 에피스코피』

서기 10세기경, 차후 마녀사냥 문제에서 두고두고 문제가 되는 중요한 텍스트가 등장했으니, 『캐논 에피스코피』가 그것이다.[8]

　문서의 주된 내용은 "주교들과 주교의 관리들은 악마가 만들어낸 사악한 이단 마술sortilegium, maleficium을 전력을 다해 자신의 주교구에서 뿌리 뽑아야 한다"는 명령이다. 그런데 이 문건에서 소개하는 사악한 마술사들은 아주 특별한 양태를 보인다. 이교의 신이 주관하는 야간 집회에 여성 신도들이 모여드는 것처럼 묘사되어 있다.

　잊지 말아야 할 점은 사탄에 자신을 내맡기고 또 악마들의 허상과 환영에 유혹된 일부 사악한 여인들이 다음과 같이 스스로 믿고 또 그렇게 이야기한다는 것이다. 즉, 그들은 밤에 이교도 여신인 디아나Diana와 함께 짐승을 타고 떼를 지어 그리고 밤의 고요 속에 광대한 땅을 지나 모여들며, 마치 그 여신이 마리아인 양 명령에 따르며 그의 소집에 응한다는 것이다.

　악마의 소환에 응한 사악한 여인들은 야간에 '짐승을 타고' 한곳에 모여들어 집회를 연다. 이는 분명 후대의 사바스와 통하는 요소다. 앞에서 밤베르크 시장 유니우스의 재판 사례에서 보았듯이 마녀들은 밤에 짐승을 타고 한 장소에 모여 집회를 여는 것으로 알려져 있다. 여기에서는 그것을 주관하는 존재가 이교 신인 디아나 여신으로 특정된 점이 특기할 만한 일이다. 그런데 과연 이것이 실제 일어난 일일까? 정말로 많은 여인들이 짐승을 타고 먼 거리를 이동하여 모여드는 것일까? 이 중요한 질문에 대해 이 문건은 다음과 같은 해석을 제시한다.

수많은 사람들이 이런 잘못된 견해에 속아 그런 일들이 사실이라 믿으며, 진실한 신앙에서 멀어진다. 이는 유일하신 하느님 외에도 어떤 신성함과 권능이 있다는 이교의 잘못으로 돌아가는 일이다. 이 때문에 모든 교회의 사제들은 신도들에게 그런 것들은 전적으로 잘못이며, 그런 환영은 신성에 의해서가 아니라 나쁜 영에 의해 불신자의 마음에 부과된 것이라고 가르쳐야 한다. 사탄이 빛의 천사로 모습을 바꾸어 가여운 여인의 마음을 사로잡고 그녀의 불신앙과 의심을 이용해 자신에게 복속하도록 만든 다음, 스스로 여러 다양한 존재로 변신하여 자신이 사로잡은 여인의 마음에 즐겁든지 혹은 괴로운 사물들, 혹은 알려졌든 아니든 여러 인물들을 비쳐줌으로써 그녀를 잘못된 길로 인도한다. 이런 때 사실은 영혼만이 그런 일을 겪는 것인데도 신앙심 없는 사람들은 이런 일들이 정신이 아니라 실제 몸에서 일어난 것이라고 생각한다. … 만물의 창조주가 아닌 다른 어느 존재에 의해 어떤 것이 만들어졌다거나 어떤 피조물이 좋은 방향으로든 나쁜 방향으로든 변형되었다거나 혹은 다른 종으로 바뀌었다고 믿는 자는 누구나 의심의 여지없이 불신자이다.

이 문건은 짐승을 타고 이동한다는 것은 실제 일어난 일이 아니라 환상 속에서만 일어난 일이라고 단호히 규정한다. 다시 말하면 육신이 실제 이동한 적은 없고 사탄이 여성들의 마음을 움직여 마치 그런 일이 일어난 것처럼 믿게 만든 것에 불과하다. 즉 몸이 아니라 '영혼만이' 겪은 일이다. 잘못 판단한 여인들은 그들을 인도하는 것이 악마가 아니라 '빛의 천사'라고 생각한다. 물론 실제 야간 집회에 참여한 것이 아니고 그렇게 착각했을 뿐이라고 해서 죄가 가볍지는 않다. 마음속에서만 일어난 일이라 해도 그것은 악마를 믿고 영혼을 빼앗긴 결과이기 때문이다. 이런 생각을 하는 사람들은 올바른 믿음을 저버리고 이교 신앙으로 되돌아간 배교자들이다.

그렇다면 왜 10세기에 이런 문건이 나왔을까?

이전 시대의 아우구스티누스나 캐자리우스의 문건과 비교했을 때, 이 문건은 유사한 내용에도 불구하고 분위기가 현저히 달라 보인다. 이전 시대에는 기독교에 적대적인 세력이 가하는 위험성을 의식하고는 있다 해도 기본적으로는 그 사악한 세력이 결코 '우리'를 이기지 못한다는 점을 강조하는 데 비해 이 문건은 위험을 느끼는 정도가 훨씬 더 강하다. 기독교 세계 전체가 심대한 위험에 처해 있다는 것이다. 나아가 과거의 이교도 신이 많은 사람들에게 잘못된 믿음을 불러일으켜 진실한 신앙에서 멀어지도록 하고 있으니 교회가 적극 나서서 대응해야 한다고 주장한다.

이는 필경 당대 유럽의 분위기를 반영한다.(Mazel, 66) 10세기까지 유럽 중심부는 바이킹, 이슬람, 마쟈르족 등 강력한 외부 세력의 침략을 받아 큰 충격에 빠졌고, 질서가 근본적으로 흔들렸다. 그 결과 카롤링 제국 체제가 내부적으로 붕괴되고 있었다. 중앙 권력이 약화되자 지방 귀족들 세력이 증대되었고, 이는 정치 측면뿐 아니라 사회와 경제, 종교 모든 면에서 혼란을 초래했다. 카롤링 왕조는 잘 조직된 기독교 공동체이고 이방인을 향한 전도 노력을 기울여온 체제로서, 한마디로 기독교 세계 전반을 아우르는 통합성의 구현체였다. 종교계에서 볼 때 이 체제의 붕괴는 신의 응징이었다. 이런 시대에는 필경 사악한 세력이 등장한다. 그래서 기독교를 허물고 지난 과거의 이교로 돌아가려는 움직임이 강하게 솟아나온다고 보았다. 그 악의 세력에 대한 파악과 대비를 촉구하는 것이 이 문건의 내용이다.

그런데 후대 마녀사냥의 관점으로 좁혀볼 때 대단히 중요한 사항은 악마 연회의 사실성을 부인했다는 점이다. 이 기록을 잘 살펴보면 밤에 육신이 실제로 이동한다고 믿으면 그것이 오히려 이단·이교의 증거가 될 만큼 단호하게 그 사실을 부인한다. 그렇다면 우리가 알고 있는 후대의 마녀재판관의 설명과는 정반대가 된다. 마녀 혐의를 받는 사람들은 악마의 사주를 받아 초자연적인 힘으로 이 세상에 위해를 가하였고 그들 자신이 동물로 변신하여 날아갔다는 이유로 화형에 처해지지 않았던가. 그런데 과거의 중요한 신학 논저와 중요한 교회 법령은 오히려 악마와 마녀가 실제로 사악한 초자연적 행위를 했다고 믿으면 그것이 이단이라고 단죄하려 했다. 그렇다면 악마와 마녀의 관계, 마녀의 속성 등에 대한 해석이 서기 1000년 이후 근본적인 변화를 겪은 게 아닐까? 이후 반기독교 세력에 대한 공포가 극대화되면서 마녀란 헛된 망상 속의 존재가 아니라 실제로 악마적인 힘을 이 세상에 가하는 존재로 변모하게 된다.

Ⅲ

민중 신앙과 마술

기독교의 공식 종교법령집인 『캐논 에피스코피』에 디아나라는 고대 이교 여신이 등장하는 사실을 어떻게 설명할 수 있을까? 디아나 여신의 지휘 아래 밤에 짐승을 타고 떼 지어 돌아다니는 존재들은 과연 무엇일까? 고대 종교의 흔적이 여실히 남아 있는 이와 같은 민중 신앙은 유럽 사회에 어느 정도 확산되어 있었을까?

중세 유럽 사회에서는 로마가톨릭 신앙이 완벽하게 지배적일 것으로 생각하기 쉽지만 실상은 그리 단순하지 않다. 서기 1000년 이후에도 가톨릭에 적극 동조하는 흐름만큼이나 여기에서 이탈 혹은 저항하는 흐름이 매우 강했다.(코르뱅, 163~164) 정통 기독교와는 다른 민중 신앙이 끈질기게 존속하여 사람들의 심성과 생활, 사회와 정치에 강한 영향력을 행사했다. 악마의 하수인으로서 세상을 위협하는 마녀라는 특이한 개념도 이런 배경에서 배태되고 발전해 갔다.

1. 귀신 이야기들

중세 종교문화는 귀신이나 혼령, 요정, 특정 장소에 고착된 영들, 지방마다 특징적인 민속, 디아나·홀다Holda·보탄Wotan 등 지난 시대 신들의 흔적이 혼재된 상태였고, 늑대인간 식의 괴물들도 심심찮게 등장했다. 이런 기이한 존재들은 때로는 치명적일 수도 있고 때로는 단지 귀찮은 수준일 수도 있었다. 민중 신앙에서는 악마도 익숙한 존재이지만 악마론 저자들이 생각하는 만큼 핵심 역할을 하지는 않았다. 악마가 사악한 영들의 위계에서 상위를 차지하는 것은 맞지만, 민중 신앙에서는 여러 사악한 힘들 중 하나에 불과했다. 수도승 라울 글라베르가 만난 악마는 "툭 튀어나온 입에 두꺼운 입술, 휘어진 턱, 염소 수염에 털로 뒤덮인 귀, 개처럼 뾰족한 이빨에… 더러운 옷을 입고 있는 난쟁이" 모습인데, 전혀 공포를 불러 일으키지 않았다.(뮈샹블레, 23~24) 어슬렁거리며 시골 지역을 돌아다니고, 흔히 십자로에서 마주치며, 사람들이 소금으로 내쫓을 수도 있는데다가 때로는 인간들에게 속아 넘어가는 코믹한 모습을 보이기도 한다. '중세 악마'는 이런 수준에 있었던 것이다. 악마가 더 빈번하게 등장하고 더 강력한 힘을 가진 존재로 나타나는 것은 후대의 일이며, 이것은 분명 악마론 저작들의 확산과 관련이 있다.(Bever 2013, 56~57)

이처럼 초자연적이고 불가사의한 힘들이 실제로 물질세계에 영향을 끼친다고 보는 민중 신앙 상태를 스티븐 윌슨Stephen Wilson은 '마술적 세계 magical universe'라 불렀다.(Bever 2013, 51-52) 이에 따르면 말, 의식, 물질 등을 매개로 한 초자연적인 힘이 사람들을 해칠 수 있고, 반대로 선한 목적에 사용되거나 혹은 사악한 힘을 방어하는 방책으로 사용될 수도 있다. 이런 민중 신앙은 우주 전체 혹은 인간의 구원 같은 문제보다는 주로 건강, 생식, 번영 등과 관련된 내용들이기 십상이다. 주의할 점은 이런 종교 요소들이 중세까지 '잔존'했다기보다는 계속 '진화'했으며, 기독교와 서로 영향을 주고받았다는 사실이다.

다양한 민중 신앙 요소들은 민속적인 귀신 이야기들 속에서 찾아볼 수 있다.

기독교 교리에 따르면 죽은 사람의 혼령은 심판을 받아 천국이나 지옥으로 간다. 다만 신교와 달리 가톨릭에서는 그 중간 과정으로 연옥이 따로 존재한다. 즉, 천국으로 갈 정도로 완벽하게 선한 삶을 산 것은 아니지만, 그렇다고 지옥으로 갈 정도의 대죄大罪를 짓지는 않은 사람의 경우, 연옥에 가서 자신의 죄에 합당한 고행을 하여 죄를 지우고 천국으로 갈 수 있다.[1]

기독교의 사후세계와 관련해서 우선 제기되는 문제는 과연 언제 심판이 이루어지느냐는 것이다. 여기에는 두 가지 설명이 있다. 모든 사람이 죽은 다음 바로 심판을 받아 그 자리에서 천국·지옥·연옥 중 한 곳으로 간다고 보는 것을 '소종말론'이라 하고, 죽은 영혼들이 모두 유예 상태로 있다가 종말의 시기에 예수가 이 땅에 재림하여 모든 죽은 자들을 다 깨워 일괄 심판을 한다고 보는 것을 '대종말론'이라 한다. 성경에도 이 두 종류의 심판이 다 거론되어 있다.[2] 중세 교회는 공식적으로는 대종말론을 가르쳤지만, 일반 신도들은 자신의 운명이 저 먼 미래에 가서 결정된다는 막연한 설명보다는 죽은 직후 바로 정해진다고 보는 소종말론에 더 경도되었다. 게다가 연옥의 교리가 여기에 결부되어 사후에라도 자신의 죄를 지우고 천국으로 가고자 하는 열망이 더해졌다. 유럽의 민담 중에 귀신이 이승에 남아 있다가 살아 있는 사람에게 나타나 도움을 요청하는 이야기들이 많은 것이 이와 관련이 있어 보인다. 사실 죽은 혼령이 이 세상을 떠도는 것은 기독교 사후관死後觀과는 거리가 멀다. 이는 민중 문화 요소가 기독교와 결합된 현상일 것이다. 몇 가지 사례들을 보자.

어느 날 한 농부가 밭에서 갑자기 튀어나온 혼령과 맞닥뜨렸다. 혼령이 그의 옷을 발기발기 찢을 정도로 치열하게 레슬링을 한 끝에 그가 가까스로 혼령을 제압했다. 그러자 그 혼령이 말하기를 자신은 원래 이 지방의 수사인데 은 스푼 몇 개를 훔친 까닭에 파문당했으니 그 스푼을 찾아 수도원 원장에게 돌려드리고 용서를 구해 달라는 것이다. 과연 혼령이 말한 곳에 가 보니 은 스푼이 숨겨져 있었다. 농부는 혼령이 부탁한 대로 수도원에 찾아가 용서를 구했다.(Shinners, 41-6)

다른 이야기에는 살아생전 밭가는 일꾼으로 일하던 사람의 혼령이 나온다.

살아 있을 때 이 사람은 자신의 소들만 살찌게 하느라고 남의 밭을 갈 때 깊이 갈지 않고 살살 갈았다가 벌을 받게 되었다. 그는 자신과 같은 죄로 벌을 받고 있는 혼령이 15명 더 있다고 말한다. 그 역시 주인을 찾아가 자신의 죄를 용서해 줄 것을 부탁했다.(Shinners, 41-7)

이처럼 소박하고 단순한 내용의 이야기들이 많지만, 그중 어떤 것은 조금 더 디테일이 풍부해서 민중 신앙의 심층을 잘 보여준다.(Shinners, 41-2)

잉글랜드의 리처드 2세(1367~1400년) 시절, 스노우볼Snowball이라는 재단사가 밤에 말을 타고 집으로 돌아가던 중 오리와 까마귀 형상으로 변하는 혼령을 만나 칼싸움을 벌이다가 부상을 당했다. 혼령은 여러 차례 무서운 형상으로 변하고는, 자신이 어떠어떠한 죄를 지어 파문당했는데 용서받기 위해서는 스무 번 곱하기 아홉 번의 미사가 필요하다고 말했다. 그러고는 자신이 부탁한 것을 다 완수한 후 밤에 홀로 찾아오면 상처를 낫게 하는 방법을 가르쳐주지만, 그렇지 않으면 상처가 덧나서 살이 다 썩어 죽게 되리라고 협박한다. 혼령은 마치 불꽃처럼 보이는데, 그의 입을 통해 내부의 내장들이 보였다. 혼령은 입으로 말하는 게 아니라 내장에서 말을 쥐어짜내는 것 같았다. 스노우볼은 미사를 드려줄 신부 외에 그 누구에게도 비밀을 발설하지 않겠다는 것을 돌에 맹세하고 집으로 돌아갔다.

그는 며칠 앓고 난 후, 그 혼령을 파문했던 사제에게 가서 그의 용서를 구했다. 사제가 보조 사제들과 논의한 결과, 스노우볼이 그들에게 미사를 드리는 비용 5실링을 지불하기로 하고 혼령의 용서를 허락하는 증서를 주기로 했다. 사제들은 이 사실을 공개적으로 이야기하지 말고 그 혼령의 무덤에 가서 증서를 묻으라고 조언했다. 스노우볼은 유명한 참회수사를 찾아가 이것이 충분하고 합법적인 증서인지 확인하고, 요크에 있는 모든 수도원에 부탁하여 필요한 미사를 드린 후 그 증서를 가지고 무덤에 찾아갔다.

스노우볼은 그곳에 큰 원을 그리고 한가운데 십자가를 그렸다. 그는 4복음서를 소지하고 있었고, 원의 네 곳에는 십자가 모양이 되도록 메달을 놓았는데 그 안에는 '나자렛의 예수' 같은 글귀들이 씌어 있다. 잠시 후 혼령이 암염소 모양으로 나타나 '아 아 아!' 소리를 내며 원 주위를 세 번 돌았다. 스노우볼이 혼령을 불러내자conjure 그는 아주 키 크고 야윈 사람 모습으로 나타났다. 스노우볼이 한 일에 만족하냐고 묻자 혼령은 그렇다고 답한다. 그는 파문당한 이후 용서를 받을 때까지 줄곧 다른 두 혼령으로부터 괴롭힘을 당하고 있었는데, 이제 돌아오는 월요일에 30명의 다른 혼령들과 함께 영원한 기쁨의 세계로 간다는 것이다. 그리고 어떠어떠한 곳에 가서 큰 돌을 들어 올리면 그 밑에 사암이 있는데 목욕 후 그 돌로 온몸을 문지르면 병이 낫는다고 가르쳐준다.

스노우볼이 다른 두 혼령에 대해 묻자 이름은 알려주지 않지만 신분에 대해서는 이야기해 준다. 한 명은 살아생전 난폭했던 사람으로 임산부를 살해했는데, 그는 황소 형상을 하고 있지만 눈, 귀, 입이 없어서 그를 불러내도 말을 할 수 없으며, 마지막 심판 때까지 그런 상태로 고통스럽게 지내야 한다. 다른 한 명은 사제 출신인데 뿔피리를 부는 사냥꾼 모습을 하고 있다고 한다.

스노우볼이 자신의 상태는 어떠냐고 묻자, 십자군으로 떠난 친구의 옷과 모자를 훔쳐간 사실을 이야기하며 만일 그것을 돌려주지 않으면 비싼 대가를 치르리라고 말한다. 그 친구가 어디 사는지 모르는 상태라고 하자 혼령은 그 친구가 사는 곳까지 구체적으로 가르쳐 준다. 마지막으로 혼령은 '어떤 곳에 가면 너는 부자가 될 테고 다른 곳으로 가면 가난하게 되리라. 현재 네가 있는 곳에는 원수가 몇 명 있다. 이제 더 이상 너와 함께 있을 시간이 없도다'라고 말한 후 사라진다.

잠시 후 눈과 귀, 입이 없는 황소가 나타나서 마을까지 그를 쫓아오지만 큰 저주를 받은 상태라 말을 하지 못한다(아마도 그 역시 스노우볼에게 도움을 요청하고 싶었겠으나 그러지 못하는 것으로 보인다). 그때 그가 도와주었던 혼령이 다시 나타나 이르기를 잠자는 동안 머리 위에 강력한 부적optima sua scripta을 올려놓고, 최소한 오늘 밤에는 땅만 보고 사람이 피운 불은 절대 보지 말라고 한다. 집에 돌아온 스노우볼은 며칠 아주 심하게 앓다가 회복되었다.

이 이야기는 여러 면에서 기독교 교리와는 큰 차이를 보인다. 예컨대 스노우볼이 땅에 원을 그리는 행위는 분명 다른 문명권에서 유입된 종교의 흔적이다. 이야기 속 귀신은 영적 존재가 아니라 물질적 요소가 매우 강하며, 심지어 육신을 연상시키는 특징도 있다. 예컨대 내장이 비쳐 보이는 정도이다. 그리고 이 세상 사람들에게 육체적 병을 일으킬 수 있는 힘도 가지고 있다. 더 나아가서 이 세상의 여러 일들에 대해 산 사람은 알기 어려운 내밀한 사정들을 속속들이 알고 있다. 아마도 이 점에서 아래에서 설명하는 점복 요소와도 관련이 있어 보인다. 스노우볼 이야기는 민중 신앙이 얼마나 복합적인 요소들을 포함하며 변화해 가는지 보여준다.

민중 세계에서는 죽은 혼령들과 만나는 이야기들이 꽤 널리 퍼져 있었다. 이 가운데 우리 관점에서 특히 흥미로운 것은 '야간에 동물과 함께 이동하는 혼령의 무리'라는 모티브다. 다음 사례를 보자.(Shinners, 41-11)

클리브랜드Cleveland 지방의 어떤 사람이 임신한 부인을 두고 콤포스텔라로 가는 순례 무리에 끼었다. 어느 날 밤, 그가 보초를 설 때 많은 혼령들이 말, 양, 소 같은 동물들을 타고 큰 무리를 이루어 이동하는 장면을 목격했다. 그런데 그 뒤로 아기 하나가 스타킹 안에 들어가서 공중제비를 돌며 지나갔다. 그는 아이를 따로 불러내어 사정을 물어보았다. 그러자 아이는 "당신이 내 아버지고 나는 당신의 아들입니다. 나는 사산死産 상태로 태어나서 세례를 못 받고 이름 없이 묻혔습니다" 하고 말했다. 불쌍히 여긴 그는 아이에게 자기 옷을 입혀 주고 또 삼위일체의 이름으로 아이에게 이름을 지어 주고는 이 모든 일들의 증거로 스타킹을 받았다. 아이는 기뻐하며 두 발로 걸어갔다. 순례를 마치고 돌아온 그가 부인에게 스타킹을 보여 달라고 하니 한 짝만 내놓았다. 그래서 나머지 한 짝을 내보이자 부인이 크게 놀랐다. 산파가 말하기를, 그가 떠난 후 부인이 아이를 낳았는데 곧 죽어 이 아이를 스타킹에 넣어 묻었다는 것이다.[3]

이 괴이한 이야기에서 우리가 특히 주목해 보려는 것은 야간에 많은 혼령들이 동물을 타고 이동한다는 내용이다. 앞에서 보았던 『캐논 에피스코피』에서도 이와 유사한 내용이 들어 있는 것으로 보아("그들은 밤에 이교도 여신인 디아나와 함께 짐승을 타고 떼를 지어 그리고 밤의 고요 속에 광대한 땅을 지나 모여들며…") 이런 사고가 민중 신앙 내에 널리 퍼져 있으리라고 짐작할 수 있다. 이런 사고는 어디에서 유래한 것일까? 그리고 얼마나 퍼져 있었으며, 또 언제까지 유럽 사회에 남아 있었을까?

2. 베난단테

밤에 동물을 타고 영혼들이 이동하는 이야기는 유럽의 민간 신앙에서 흔히 볼 수 있다. 이 문제에 대해 흥미로운 연구를 한 학자로 진즈부르그 Carlo Ginzburg를 들 수 있다. 그는 이것이 기독교 이전의 고대 신앙의 흔적이라고 설명한다. 비너스, 아분디아, 페르치나, 디아나, 사티아 같은 이름으로 불리는 여신들의 인도 아래 죽은 영혼들이 무리를 이루어 밤에 이동하는 이야기는 유럽의 여러 지역에서 다양한 형태로 퍼져 있었다. 진즈부르그는 더 나아가서 이 요소가 유라시아 문명의 성립 초기에 형성되어 장구한 시간 전해져 온 내용이라는 흥미로운 주장을 펼친다. 이와 같은 민간 신앙 요소들은 기독교가 지배적인 종교의 지위를 차지한 이후에도 일부 지역에서 거의 기적적으로 살아 남아 있었다. 진즈부르그의 고전적인 연구 내용을 살펴보자.[4]

16세기 이탈리아의 프리울리 지방의 종교재판 기록에는 아주 특이한 형태의 '마술사'와 관련된 사건들이 많이 나온다. 1575년에 마술사 혐의로 종교재판에 회부되어 조사를 받은 파올로 가스파루토라는 사람의 경우가 그러하다.

어느 마을의 방앗간지기의 아들이 시름시름 앓으며 죽어갔다. 그 방앗간지기는 이웃 마을에 사는 파올로 가스파루토라는 사람이 병을 고치는 능력이 있다는 이야기를 듣고 그를 불렀다. 가스파루토는 마귀 들린 사람을 치료하고 밤이면 마녀나 마귀와 돌아다닌다는 풍문이 돌고 있었다. 병든 아이를 본 가스파루토는 마녀 때문에 병이 든 것이라며 아이를 살릴 수 있는 부적을 주었다.

이 이야기를 접한 마을 사제는 가스파루토가 이단이 아닌가 의심이 들어 그를 만나 설명을 요구했다. 그러자 가스파루토는 자신이 선한 마술사, 곧 베난단테benandante(복수형은 베난단티benandanti)이며, 1년에 몇 번씩 밤에 들판으로 나가서 사악한 마녀들과 싸움을 벌인다는 이야기를 하는 게 아닌가. 이상하게 여긴 사제는 이단 심문관과 주교 대리에게 이 사실을 보고했고, 그리하여 가스파루토는 종교재판소에서 심문을 받게 되었다. 재판 기록에는 그에 대한 심문 내용이 소상하게 적혀 있다. 양측의 질문과 답은 다음과 같다.

문: 누가 당신을 베난단티 부대로 인도했습니까?
답: 신의 천사입니다.
문: 언제 천사가 당신 앞에 나타났습니까?
답: 밤중에 제 집에서 아마도 네 시쯤 잠이 들었을 때였습니다.
문: 어떻게 나타났습니까?
답: 제단에 있는 것처럼 금으로 된 천사가 제 앞에 나타나 저를 불렀고, 제 영혼이 나갔습니다. 그는 제 이름을 부르면서 이렇게 말했습니다. '파올로, 나는 너를 베난단테로 파견하니, 수확물을 위해 싸워야 할 것이다.' 저는 대답했습니다. '가겠습니다. 저는 순종합니다.'
문: 천사는 당신한테 무얼 약속했소? 여자, 음식, 춤 그리고 또 뭐가 있지요?
답: 천사는 제게 아무것도 약속하지 않았습니다. 그렇지만 다른 자들은 춤추고 날뛰었습니다. 우리가 그들과 싸웠기 때문에 저는 그것을 봤습니다.
문: 천사가 당신을 소환했을 때 당신의 영혼은 어디로 갔습니까?
답: 영혼은 육체 안에 있으면 말을 하지 못하기 때문에 몸 밖으로 나왔습니다.

추악한 이미지로 그려진 마녀 (한스 발둥, 「마녀들」, 1508)

문: 영혼이 천사와 말을 하려면 나와야 한다고 말을 한 사람은 누구입니까?

답: 천사가 직접 제게 말했습니다.

문: 이 천사를 몇 번이나 봤습니까?

답: 갈 때마다 봤습니다. 언제나 저와 함께 갔으니까요.

사실 이런 민중 신앙을 믿는 사람은 가스파루토만이 아니어서, 곧 다른 사람들도 종교재판소에 끌려와 심문을 받았다. 이 사람들의 주장에 따르면 자신들은 베난단테라고 불리는데 이는 말하자면 선량한 마술사다. 1년 중 정해진 날 밤에 대장이 나타나 모든 베난단테들을 소집하면 이들은 다 함께 벌판에 나가서 싸워야 한다. 대장이 어떻게 생겼느냐는 질문에 어떤 사람은 금빛 천사의 모습을 하고 있다고도 하고 어떤 사람은 수염난 독일인의 모습을 하고 있다고도 한다. 베난단테들이 밤의 전투 모임에 나간다는 것은 영혼이 몸 밖으로 빠져나와 이동한다는 것을 뜻한다. 이때 몸은 마비 상태에 빠져서 도로 영혼이 들어올 때까지 움직이지 않는다(이때 혹시 누군가가 몸을 뒤집어놓으면 불쌍한 영혼은 몸속으로 들어가지 못하게 되므로 원래 자기 몸이 죽게 되어 있는 날까지 떠돌아다니게 되며, 그러면 이 영혼은 악한 마술사 편으로 돌아선다). 몸 밖으로 나온 영혼은 닭, 고양이, 산토끼 같은 동물을 타고서, 혹은 아예 그들의 영혼이 그런 동물 모습이 되어 정해진 벌판으로 간다. 그곳에서 베난단테들은 마녀들과 한판 싸움을 벌인다. 이때 선량한 마술사인 베난단테는 회향풀을 들고 싸우고, 악한 마술사인 말란단테malandante는 수숫가지를 들고 싸운다.

베난단테들이 싸우는 이유는 수확물을 지키기 위해서라고 한다. 이는 여러 기록에 공통적으로 나오는 핵심 내용이다. 이 싸움의 승패에 따라 그해의 농사가 결정된다. 베난단테들이 이기면 풍년이 들고 지면 흉년이 든다. 다시 말해서 '밤의 전투'는 다름 아닌 풍요제이며, 베난단테들은 생명의 씨앗을 지켜내는 무당인 셈이다.

그렇다면 누가 베난단테가 되는가?

이에 대한 가장 분명한 기준은, 그들이 태어날 때 양막羊膜(태아를 둘러싼 반투명의 얇은 막으로, 그 속에는 양수가 들어 있다)을 두른 채 태어난다는 것이다. 당시 양막이나 태반에는 여러 종류의 미신이 결부되어 있었다. 군인들이 총알에 맞지 않게 하거나 변호사들이 재판에 이기게 만들어 준다고 믿기도 했다. 그러므로 태어날 때 양막을 두르고 태어나면 어머니는 이미 아이의 미래에 대해 예상을 했고, 언젠가 아이에게 베난단테가 되리라는 암시를 해주었음에 틀림없다. 그리하여 어떤 사람은 자기의 양막을 잘 보관하고 심지어 교회에 가지고 가서 신부의 축성을 여러 차례 받아두기도 한다.

당사자들은 과연 이런 내용을 있는 그대로 믿었던 것일까?

재판 기록에 나타난 이 '농민-무당'들의 언사를 보면, 자기 영혼이 여행을 하고 왔다는 사실에 대해 추호도 의심을 품지 않았다. 흥미로운 점은 심지어 재판 결과도 그들이 밤의 전투에 나갔다고 '믿은' 데 대해 처벌한 것이 아니라 그들이 밤의 전투에 '참여한' 데 대해 처벌하였다는 점이다. 그런 걸 보면 재판관 역시 이들의 주장을 받아들이고 있었던 것 같다. 다만 재판관들은 베난단테의 주장대로 이 행위가 선한 마법이 아니라 악마의 마법이라고 보았다는 것이 다를 뿐이다.

한편, 프리울리에서 발견되는 민중 신앙은 농업적 성격만 가진 것이 아니었다. 가스파루토가 병든 아이를 치료할 부적을 만들어준 사실에서도 이 점을 짐작할 수 있다. 재판 기록상에 보이는 다른 혐의자들의 증언을 보면 이들은 죽은 자들과 소통하는 능력도 가지고 있었다. 안나 Anna라는 여인이 재판에서 이야기한 바에 따르면, 죽은 영혼들은 정해진 때에 자기 집으로 돌아와서 이전에 자신이 쓰던 침대에 누워 쉰다고 한다. 보통 사람들의 눈에는 이렇게 저승에서 돌아오는 영혼들이 보이지 않지만 자신에게는 이들이 보이며, 더 나아가서 그들로부터 많은 비밀을 듣는다는 것이다.

죽은 자들을 보는 정도가 아니라 때로는 베난단테의 영혼이 자기 몸에서 빠져 나와서 죽은 자들의 행렬에 가담하기도 한다. 죽은 자들 여럿이 행진해서 마을로 들어오는 때는 11월 1일과 2일 사이의 밤이다. 그들은 아주 긴 줄을 이루어 손에 촛불을 들고 마을을 가로질러 들어와서 자기 집으로 들어간다. 산 사람들은 이들을 맞이하기 위해 맑은 물(죽은 자들은 늘 목마르다)과 음식을 준비해야 하고 그들이 생전에 쓰던 침대를 깨끗이 정리해 놓아야 한다. 베난단테는 이렇게 죽은 영혼과 교류하면서 때로 사람들의 병을 고쳐주기도 하고, 죽은 자들의 억울한 사연을 풀어주기도 하며, 때로는 이승에 남아 있는 가족들에게 죽은 조상의 소식을 들려주기도 한다.

농업적인 무당과 죽은 자를 만나는 무당은 아마도 같은 기원에서 나왔을 것으로 짐작된다. 둘 다 '생명'과 관련이 있기 때문이다. 이들의 세계관에 따르면 우리가 살아가는 이 유한한 세계 너머에 영원한 생명의 세계가 있다. 죽은 영혼들은 모두 그곳으로 '돌아간다'(우리말로도 죽는 것을 '돌아간다'고 하지 않는가). 죽은 자들을 만나는 것은 그곳과 소통할 수 있는 매개자만이 할 수 있는 일이다. 그런데 원리적으로 보면 농사라는 것도 마찬가지이다. 곡물이라는 것도 저세상에서 생명을 받아와서 이곳에 싹 틔우는 일이기 때문이다.

만일 베난단테의 사례가 오직 프리울리 지방에서만 발견된다면 이는 이탈리아의 외진 산골 지방에만 한정된 예외적인 사건이라고 할 수 있을지 모른다. 그런데 진즈부르그는 시공간적으로 완전히 동떨어진 데에서 거의 똑같은 성격의 사례를 발견하여 우리에게 제시한다. 1692년 리보니아의 위르겐스부르크Jürgensburg에서 있었던 늑대인간에 대한 재판이 그것이다.

티스Thiess라는 한 80대 노인이 이상한 혐의를 받고 재판관 앞에 끌려왔다. 이 노인은 자신이 늑대인간이라고 자백했다. 그의 자백 내용은 이러하다.

그는 고인이 된 스카이스탄이라는 농부와 예전에 싸우다가 코가 깨지게 맞은 적이 있다. 그런데 이 스카이스탄은 사실은 사악한 마술사로서 곡식 종자를 훔쳐서 지옥으로 도망가 농사를 망치는 자이다. 그래서 자신을 포함한 여러 늑대인간들이 바다 끝에 있는 지옥으로 찾아가서 스카이스탄과 싸워서 곡물 종자를 찾아와야 했다. 그들 선한 늑대인간들은 쇠채찍을 가지고 싸우고, 악마 편의 마술사들은 말총으로 감싼 빗자루를 가지고 싸운다. 바로 이때 스카이스탄이 자신의 코를 때렸다는 것이다. 지옥으로 가서 싸우는 일은 1년에 세 번, 즉 크리스마스 이전 성 루치아 축일, 성령강림 축일, 성 요한 축일에 일어난다. 늑대인간은 악마가 훔쳐간 가축과 곡식, 과일을 도로 찾아와야 한다. 지난해에는 이 일을 너무 늦게 한 나머지 지옥의 문이 닫히는 바람에 종자를 되찾아오지 못해서 흉년이 들었다. 그러나 올해에는 늑대인간들의 노력 덕분에 물

고기도 많이 잡히고 보리와 호밀 농사도 풍년이 들 것이라고 한다.

재판관들은 이런 자백을 듣고 꽤나 놀란 모양이다. 그래서 늑대인간의 정체에 대해 이것저것 질문을 던졌다. 노인이 대답하기를, 늑대인간은 죽은 후 육신은 땅에 묻히지만 영혼은 천국으로 가며, 사악한 마술사의 영혼은 물론 악마가 거두어 간다. 혹시 늑대인간도 악마를 따르는 것이 아니냐는 질문에 이 노인은 늑대인간은 결코 악마의 하수인이 아니며, '신의 사냥개'로서 악마를 세상 끝까지 추격하여 싸우는 존재이고, 세상의 곡물과 과일을 지킴으로써 인류를 위해 봉사하는 존재라고 단호히 대답한다. 물론 리보니아에는 리보니아의 늑대인간들이 있고 독일에는 독일의 늑대인간, 러시아에는 러시아의 늑대인간들이 존재하며, 이들이 각각 자기 나라에서 농사를 지키고 있다고도 했다.

재판관들은 혹시 이 노인이 악마와 계약을 맺은 것이 아닌가 의심하고 그 방향으로 집요하게 질문을 던졌다. 그러나 이 노인은 끝까지 자신은 신의 사냥개이며 악마의 적으로서 풍년을 지켜내는 일을 한다고 고집스럽게 주장했다. 피고에 대한 최종 판결은 미신을 믿고 우상을 숭배한다는 이유로 채찍질 10대라는 비교적 가벼운 처벌에 그쳤을 뿐, 이단으로 화형에 처하는 식의 사태가 벌어지지는 않았다.

이 이야기는 동유럽의 어느 외딴 지역에 사는 정신이 약간 이상한 노인의 망상의 결과였을까? 그렇게 생각하면 편하겠지만, 문제는 이 늑대인간 노인이 말하는 내용이 한 세기 전 프리울리의 베난단테와 너무나도 유사하다는 것이다. 약간의 디테일들이 다르기는 해도 이야기의 큰 틀과 많은 내용이 놀라울 정도로 같다. 따라서 이것은 이 노인 개인의 창작이 아니라 공통적인 문화의 일부분이라고 해석해야 옳다.

이 두 가지 사례에서 어떤 결론을 내릴 수 있을까? 물론 파편과도 같은 몇 가지 사례들만으로 단정할 수는 없을 것이다. 그렇다 하더라도 시공간적으로 이렇게 멀리 떨어진 두 곳에서 같은 내용이 발견된 것으로 보건대, 이런 농업적인 성격의 민중 신앙이 광범위한 지역에 퍼져 있었다고 해석할 수 있다. 표면적으로 기독교가 유럽을 완전히 지배한 것으로 보이지만, 그 아래로는 이런 고대적인 이교 신앙이 오랫동안 살아 남아 있었음에 틀림없다.

3. 베난단테 신앙에 대한 탄압

베난단테에 대해 교회는 우선 이들이 악마에 홀린 마녀 혹은 마법사라는 의심을 품었다. 베난단테들이 밤에 모여서 춤추고 놀며 싸운다는 점을 두고 전통적으로 전해오는 사바스를 연상하는 것은 어쩌면 당연한 일일 것이다. 프리울리 지방의 교회 역시 베난단테들에 대한 재판에서 바로 이런 의심을 하였다. 앞에서 인용한 재판 기록에서도 재판관이 "천사는 당신한테 무얼 약속했소? 여자, 음식, 춤 그리고 또 뭐가 있지요?" 하는 질문을 하고 있다. 재판관은 이미 베난단테의 모임에서 여자가 나오고 음탕한 일이 이루어졌으리라고 지레 짐작하고 있는 것이다. 이런 맥락에서 베난단테들이 말하는 그 '금빛 천사'가 도대체 어떤 존재인지, 혹시 악마가 아닌지 캐묻지 않을 수 없었다. 재판관들의 질문과 그에 대한 대답은 이런 식으로 계속된다.

문: 천사가 당신 앞에 나타나거나 떠날 때 당신에게 두려움을 줍니까?

답: 그는 결코 우리를 두렵게 하지 않습니다. 다만 우리가 헤어질 때 축도를 해줄 뿐입니다.

문: 이 천사는 찬미받기를 요구합니까?

답: 네, 우리는 교회에서 우리 주 예수를 찬미하듯 그를 찬미합니다. 하지만 많은 천사가 아니라 우리 부대를 이끄는 한 천사만을 찬미합니다.

문: 이 천사가 당신 앞에 나타날 때 앉아있었습니까?

답: 우리는 모두 함께 갔고, 그는 깃발 옆에 서 있었습니다.

문: 이 천사는 아름다운 왕좌에 앉아있는 다른 천사에게 당신을 데려갔습니까?

답: 그는 우리의 부대가 아닙니다. 우리를 그 그릇된 적과 연관시키다니요! 아름다운 왕좌를 가진 자는 마녀들입니다.

문: 그 아름다운 왕좌 옆에서 마녀를 본 적이 있습니까?

답: (그는 손을 내저으면서 대답했다) 아니요, 수도사님, 우리는 싸웠을 뿐입니다.

문: 어느 쪽이 더 아름다운 천사요? 당신들의 천사요, 아니면 아름다운 왕좌에 앉은 천사요?

답: 그런 왕좌를 본 적이 없다고 말씀드리지 않았습니까? 우리 천사는 아름답고 하얀 반면, 그들의 천사는 검은 악마입니다.

재판관들은 베난단테의 모임이 마녀들의 연회일 것으로 단정하고 일종의 유도심문을 하는 중이다. 질문을 하는 사람이 교묘하고도 집요하게 물고 늘어지는 것은 그 모임에 있는 존재('천사들')가 사바스에서 묘사되는 악마가 아니냐는 것이다. 이런 질문에 대해 베난단테들은 아주 강력하게 반발했다. 우선 그들 자신이 교회에 규칙적으로 나가는 신심 깊은 사람들일 뿐더러, 그들이 마녀이기는커녕 바로 그 마녀들과 싸우는 투사라고 주장하는 것이다. 말하자면 베난단테들은 '신앙의 옹호자'로서 공동체의 복지(풍년)를 위해 싸우는 존재이다. 재판관들은 이런 주장을 접하고 꽤나 당황했을 것이다.

그러나 결국은 교회와 국가의 공격적인 대응이 민간 신앙을 눌러 이기는 방향으로 나아갔다. 사실 프리울리의 종교재판 기록은 베난단테 신앙이 세상에 처음 알려진 기록이면서 동시에 그것이 어떻게 최후를 맞이하는지 보여주는 기록이기도 하다. 처음 재판소에 끌려온 사람들은 재판관들에게 자신들의 신앙이 절대로 악마와는 관련이 없으며 오직 농사를 지키는 성격의 것이고, 그것도 하느님과 천사의 도움으로 행하는 것이라고 강변했다. 그러나 아무리 그들이 기독교적인 외피를 둘러쓰려고 해도 그것이 기독교와 무관하다는 것을 교회 인사들과 재판관들이 모를 리 없었다. 이 지방의 재판관들은 피고들을 잔인하게 고문하고 화형에 처하는 식의 야만적인 행위를 하지는 않았지만, 피고들을 윽박지르고 위협했다. 그들이 주장하는 바는 베난단테 신앙이 결국 악마적인 내용이라는 것이다. 감옥에 갇힌 채 위협과 회유를 받은 베난단테들은 조만간 그들의 생각을 바꾸지 않을 수 없었다. 가스파루토 역시 나중에는 이렇게 진술했다.

저는 그 천사의 환영이 실로 저를 유혹하는 악마였다고 믿습니다. 악마가 천사로 둔갑할 수 있다고 당신이 말씀해 주셨기 때문이지요.

베난단테에 대한 '악마화'는 신속하고 철저하게 진행되었다. 가스파루토에 대한 재판 이후 40년이 채 안 되는 1618년에 있었던 마리아 판초나의 재판을 보면 그 성격이 어떻게 변했는지 알 수 있다. 그녀는 그지역에 있는 마녀들에 대해 말하라는 재판관들의 요구에 서슴지 않고대답했다. 그녀에 따르면, 자신은 '비안단티biandanti'(베난단테의 변형)인데, 자신은 검은 고양이로 둔갑하고 알로이시아라는 다른 여자는 흰 고양이로 둔갑하여 벌판으로 달려갔다. 알로이시아는 사람의 피를 빨아먹으며, 특히 어린아이의 피를 즐겨 빨아먹는다. 그들이 달려간 곳에는 수녀원장이라고 불리는 여인이 있어서 밤의 모임을 주도했는데, 바로 이 여자가 악마라는 것이다.

마녀가 되기를 원하는 사람들은 밤에 사바스에 갑니다. 거기에서 그들은 세번 제비를 넘습니다. 하지만 먼저 그들은 악마를 불러내어 스스로를 바칩니다. 그들은 하느님에 대한 신앙을 포기한다고 세 번 선언하고 손에 침을 뱉습니다. 손을 세 번 문지른 뒤 그들은 영적으로 악마에 이끌려 갑니다. 몸은창백하게 죽은 것처럼 남아 있다가 악마가 영혼을 되돌려주면 살아납니다.

재판관들이 원했던 바대로 베난단테를 마녀와 동일시하고, 밤의 전투의식을 교회법학자들이 만들어낸 사바스로 만드는 과정이 완성 단계에들어갔음을 알 수 있다. 얼마나 오랫동안 존속해 왔는지 모를 고대적 농경의식은 단 30~40년 동안에 교회와 국가의 공격을 받아 사라졌다.

유럽의 일부 지역들, 특히 주류 문화의 지배력이 약한 산간 지역이나변방 지역에서는 상당히 늦은 시기까지도 기독교가 농민들의 심성을 완전히 장악하지 못했음에 틀림없다. 물론 표면적으로는 유럽은 기독교가 지배적인 사회였으며, 모든 유럽인들은 스스로 기독교도라고 생각했을 것이다. 그러나 표면적으로 교회를 다니느냐 안 다니느냐가 아니라 농민들이 과연 어느 정도 기독교 교리를 이해하고 또 그것을 따르고 있었느냐 하는 관점에서 보면 기독교는 결코 사람들의 마음을 전적으로 지배하지는 못했다. 농민들은 수없이 많은 '미신'을 좇고 있었다. 미신이란 알고 보면 '과거의 종교'인 경우가 많다. 베난단테처럼 농업을 수호하고 병을 고쳐주는 신앙이 대표적이다. 그리고 어떤 의미에서는 자신의 생계와 직접 연관된 이런 종류의 믿음이 자신의 삶에 더 생생한 의미를 가지는지도 모른다. 기독교의 표피 아래 이런 고대적인 믿음이 면면히 이어져 왔을 터이지만, 결국 교회의 공격을 받아 악마 숭배로 몰리게 되었다.

4. 네크로만시

기독교 세계관과는 거리가 먼 민중 신앙이 근대 초에 이르기까지 매우 오랫동안 남아 있었다는 사실을 확인하였다. 그 가운데 특히 죽은 혼령과 접촉하며 그들의 힘을 빌리는 이야기에 주목하지 않을 수 없다. 마녀라는 특기할 만한 개념이 형성되는 데에 아마도 이 요소가 긴밀히 연관되었을 가능성이 크기 때문이다.

　다시 민담 자료에서 그와 같은 요소들을 살펴보도록 하자. 민담 중에는 혼령이 사람에게 나타나는 게 아니라 누군가가 혼령을 불러내는 이야기들이 있다. 다음 사례를 보자.(Shinners, 38-1)

1280년경, 바젤에 욕망을 탐하는 한 여인이 살고 있었다. 이 여인은 다른 방법으로 자신의 육체적 욕망을 충족시키지 못하자 이웃의 과부를 찾아갔다. 이 여자는 마술사로 알려져 있어서, 악마의 도움을 받아 쉽게 욕망을 충족시켜 주리라 생각했기 때문이다. 마술사는 회반죽 통과 축성된 제단의 받침대 조각, 그리고 처형된 지 사흘 지난 도둑 사체의 정강이뼈를 가지고 반죽을 만들라고 시켰다. 그러면 그녀가 원하는 욕망의 대상을 쉽게 찾을 수 있다는 것이다. 그녀는 모든 재료들을 하나도 빠뜨리지 않고 다 모았다. 그런데 자기 집에서 그런 일을 하기 힘들어 대모에게 집을 빌릴 수 있냐고 물었다. 대모는 주저하다가 할 수 없이 그렇게 하라고 허락했다. 대모의 남편이 잠들자 여인과 대모는 촛불을 켜고 작업을 시작했다. 한참 일하는데 돌연 문이 열렸다. 두 여인은 황급히 문을 닫았다. 잠시 후 다시 문이 열렸고 또 다시 황급히 문을 닫았다. 세 번째 다시 문이 열리더니 이번에는 키 크고 마른 '흑인 ethiops'이 들어왔다. 그는 곧 여인의 머리를 잡아 등 쪽으로 목을 꺾어서 살해했다. 그러는 동안 대모는 공포에 싸여 기절해 있었지만, 흑인은 그녀를 무시했다. 흑인은 사실 악마였다.

이 이야기는 혼령을 불러내는 특별한 방법을 알고 있는 인물의 존재와 함께 제어되지 않는 악령의 위험성을 말해 준다. 이야기의 마지막에 그들이 잘못 불러낸 존재는 죽은 사람의 혼령이 아니라 악마였다는 점을 밝히고 있다.

사실 죽은 사람을 불러내는 기술에는 오랜 전통이 있다. 네크로만시 necromancy라 불리는 방식은 원래 죽은 혼령을 불러내서 산 사람이 알지 못하는 사실을 알아내는 점복술의 일종이었다. 다음 이야기는 이 사실

을 잘 보여준다.(Shinners, 41-102)

엑스터 지방에 땅 파는 인부가 살고 있었다. 그가 기거하는 집에는 아래층에 작은 방들이 여럿 있어서 인부들이 방 하나씩 차지하고 있고, 위층에 작은 방이 하나 있어 여기에 식량이 보관되어 있었다. 이 인부는 배가 고프면 사다리를 타고 몰래 윗방에 숨어들어가 고기를 훔쳐 먹곤 했다. 심지어 사순절 [이 기간 동안에는 육식을 하지 않는 게 관례다] 기간에도 그런 짓을 했다. 어느 날, 식량이 없어진 것을 눈치챈 주인이 인부들을 불러 모으고 누가 이런 일을 저질렀냐고 다그쳤지만 아무도 답하지 않았다. 그러자 화가 난 주인은 네크로만서nigromanticus, 혹은 necromancer[네크로만시를 행하는 사람]를 불러서 누가 범인인지 밝혀내겠다고 말했다. 겁먹은 인부는 수사를 찾아가 비밀리에 자신의 죄를 고해했다. 그러는 동안 주인은 정말로 네크로만서를 찾아갔다. 네크로만서는 작은 아이를 불러다가 손톱에 기름을 붓고 주문을 왼 다음 아이에게 무엇이 보이냐고 물었다.

'머리 깎은 말 사육사가 보여요.'

'그 사람에게 가장 예쁜 모습으로 너에게 나타나라고 해라.'

그러자 아주 멋진 말 모습이 나타났다.

아이는 다음에 어떤 사람이 사다리를 타고 몰래 방으로 들어가서 고기를 썰어가지고 나와 요리를 해서 먹는 모습을 보았고, 그 뒤를 말이 졸졸 따라다녔다.

'그 다음에는 뭐가 보이니?'

'그 사람과 말이 교회로 가고 있어요. 그런데 말은 밖에서 기다리고 있는데, 그 사람은 교회 안에 들어가 무릎을 꿇고 수사에게 말하고 있고 수사가

그 사람 머리에 손을 얹고 있어요.'

'그들은 무엇을 하고 있니?'

'모두 사라져서 이제 아무것도 보이지 않아요.'

이 이야기에 나오는 네크로만서는 원래의 점술사 원형에 가깝다. 이는 고대로부터 전해져 오는 아주 오랜 연원을 가진 기술이었다. 이에 대한 고전적인 설명은 일찍이 7세기에 세비야의 이시도르가 저술한 『어원학 Etymologia』에서 찾을 수 있다.[5] 네크로스nekros는 그리스어로 죽음을 의미하고, 만테이아manteia는 점복占卜의 의미이므로, 네크로만시는 죽은 자를 불러내어 물어보는 것을 가리킨다.[6] 죽은 사람의 영혼을 불러내어 부린다는 점에서 이는 매우 위험한 술법이라 할 수 있다. 원래는 이승의 사람이 알지 못하는 일들을 영혼에게 물어보는 것이었으나, 다른 사람을 해치고 죽이는 사악한 용도에까지 혼령의 힘을 사용하는 것으로 여겨지게 되었다. 이시도르 역시 그와 같은 위험을 제시한다. 마술사 중 '사악한 행위를 하는 자maleficius'들은 천기를 요동시키고, 사람들의 마음을 어지럽히며, 독을 사용하지 않고 오직 주문을 외우는 방법만으로 사람을 살해하는 중죄인들인데, 이들은 주로 죽은 자의 시체와 피를 가지고 다른 사람을 해친다는 것이다. 죽은 영혼을 불러내는 것은 곧 악마와 소통하는 것으로 해석되고, 또 그렇게 얻은 힘으로 지극히 사악한 일을 한다는 점에서 네크로만시 계열의 마술은 후대의 마녀들이 사용하는 마법과 통하는 면이 있다.

민중 신앙과는 다른 고급 마술, 곧 오랜 공부와 수련을 통해 달성하는 박식한 마술이 존재한다는 것을 짐작할 수 있다. 그리고 이는 이시도르가 암시하듯 유대, 페르시아, 이슬람 등 주변 문명권에서 유입된 지식에서 유래했을 가능성이 크다.

네크로만서가 점복에 그치는 게 아니라 그 이상의 사악한 행위를 하는 이야기도 민담에서 찾을 수 있다.(Shinners, 38-4)

떠돌이 학자이며 네크로만서인 발라비우스Walravius는 많은 나라들을 돌아다니다가 알자스 지방의 루파흐Rouffach에 왔다. 그가 어느 식당에 들어갔을 때 그곳 주인인 요한 에피히Johann Epfig가 자신은 악마를 한번도 본 적이 없다고 말했다. 발라비우스는 만일 그가 식사를 제공하면 자신이 악마를 보여주겠다고 말했다. 주인이 식사를 제공하자 발라비우스는 약속대로 그를 황야로 데리고 가서 무서운 형상의 악마를 보여주었다. 에피히는 평소 자신이 담대하다고 생각했지만 그 모습을 보고는 공포에 질려, 집에 돌아온 후 며칠 동안 앓아누웠다.

얼마 후, 호퍼Hoper라는 하인이 발라비우스를 모욕하는 말을 했다. 그러자 그는 때가 되면 끔찍한 복수를 하겠노라고 응수했다. 어느 날, 일을 끝낸 호퍼가 다른 동료들과 함께 마구간에서 불을 피우고 쉬다가 너무 더워서 옷을 다 벗고는 누워 있었다. 이때 곰 발을 한 거인 형상의 악마가 나타나더니, 호퍼를 꽉 껴안아 힘을 못 쓰게 했다. 그는 낑낑대는 소리밖에 내지 못했다. 동료 중 한 명이 이 모습을 보았으나 너무 무서워서 고개를 숙이고 십자가를 그을 뿐이었다. 악마는 배꼽에서 정강이까지 호퍼의 가죽을 벗겼다. 며칠 후 그는 살이 벗겨져 악취를 내며 죽었다. 소년들이 호퍼의 가죽을 막대기에 걸고 시내를 돌아다녔다.

이 이야기에서 보이는 네크로만서는 그야말로 악마적 성격을 지니고 사악한 혼령을 부리는 마법사이다. 그 혼령은 보기에도 무서울 뿐 아니라 사람의 가죽을 벗겨 죽이는 야수성을 드러낸다. 민중 신앙에서도 네크로만시는 분명 인간을 이롭게 하는 요소보다는 인간을 해치는 '흑마술' 성격이 농후해 보인다. necromancy라는 이 단어는 때로 nigromancy 같은 식으로 변형되어 함께 쓰였다. 이 단어는 '검다nigro- 혹은 negro-'는 뜻을 포함하여, 결국 이 술수가 '흑마술'을 지칭하게 되었다. 이런 데에서 알 수 있듯이 네크로만시는 교회와 갈등을 일으키고 비난받을 개연성이 매우 큰 술수였다. 아주 오랜 연원을 가진 고급 이교 마술인 네크로만시는 분명 마녀 개념의 형성과 큰 연관을 가진 것으로 보인다. 베일리Michael Bailey는 네크로만시가 악마화된 마녀 개념이 발전하는 데에 결정적인 요인이었을 것으로 추정한다. 네크로만서의 뒤에 악마가 도사리고 있다는 식으로 정리되면서 '악마의 하수인인 마녀' 개념이 만들어졌고, 그렇게 만들어진 마녀 개념이 역방향으로 일반 민중 마술에 폭넓게 적용되면서 결국 모든 종류의 민중 신앙을 탄압하는 기제로 작용했다는 것이다.(Bailey, 965) 이 과정에 대해서는 아래에서 자세히 살펴볼 것이다.

기독교가 주류 종교가 된 이후에도 고래의 민중 신앙은 매우 광범위하게 퍼져 있었다. 그것은 어쩌면 알 수 없이 먼 과거로부터 이어져온 것일 수도 있고, 이웃 문명에서 들어온 내용일 수도 있고, 때로 엘리트 지식인이 추구하는 비의秘儀가 세속화된 것일 수도 있다. 오랫동안 교회는 이것들을 묵인해 왔으나 결국은 악마의 술수로 간주하고 억압했다. 교회와 국가의 권위가 강화되면서 더욱 심한 탄압이 가해졌다.

IV

권위의 확립과 이단

대권大權과 대죄大罪

민중 문화 내에 이교 신앙과 이단 요소들이 널리 퍼져 있었다는 점을 살펴보았다. 이런 상태가 아무런 변화 없이 계속 유지된 것은 물론 아니다. 세속 권력과 교회는 이런 이질적인 요소들을 억누르고 그들이 원하는 질서를 확립하려 했다.

서기 1000년 이후 유럽 문명은 더 응집성 있게 조직되어 갔는데, 그것은 곧 '권위의 성립' 과정이라 할 수 있다. 국가와 교회가 확고하게 자기 정립을 해 나갔고, 그러한 흐름의 선두에 선 것이 교황청이었다. 소위 '교황혁명'은 장기적으로 유럽 문명을 일신하고 재구성하는 중요한 계기였다. 교황청이 주도하여 실질적으로 세속 권력에서 벗어난 교회 조직이 정비되었다. 역설적으로 이것이 세속 국가가 강화되는 데에 기준이 되고 모범으로 작용했다. 그 결과 양측 모두 단단한 틀을 정비하는 데 성공하였다.

이 과정은 다른 말로 선과 악을 명료하게 규정하는 작업이라 할 수 있다. 신학적·법학적으로 도그마가 만들어져 갔다. 선을 구현하는 공동체를 조직하기 위해서는 우선 무엇이 선이고 무엇이 악인지 확고히 정의되어야 하기 때문이다. 확고한 선의 규정은 곧 악의 재정립을 의미한다. 지고의 권위를 위협하는 악은 악마적인 것으로 규정되었다. 악을 담당하는 주체로서 갈수록 이단과 마술이 부각되었다. 대권 혹은 주권sovereignty을 위협하는 대죄에 대해 성속이 힘을 합쳐 척결한다는 맥락에서 악은 새롭게 규명되었다. 그 과정은 역설적으로 교황과 황제 간 치열한 다툼으로 시작되었다.

1. 카노사와 수도원 개혁 운동

카노사Canossa는 이탈리아 북부의 험준한 산악 지역으로서, 지금은 파괴되었지만 과거에는 탄탄한 성채가 지어져 있었다. 11세기에 이 성의 여자 성주인 토스카나의 마틸다는 교황당 지지자였다. 당시 교황 그레고리오 7세는 황제 하인리히 4세와 격렬한 다툼을 벌이다가 그를 파문했지만, 혹시 무슨 해코지를 당할지 모르는 위험한 상황이 되자 1076년에 이 성으로 피신했다. 그런데 사실은 상대편인 황제 하인리히 4세가 오히려 더 큰 위협을 느끼고 있었다. 그는 교황의 파문과 그에 따른 지지 세력 이탈로 자신이 자칫 파멸할지 모른다고 생각하고, 이를 피하려면 교황의 용서를 구하는 것이 상책이라고 판단했다. 그리하여 1077년 1월, 황제는 엄동설한 맹추위에 겸손한 참회자의 모습으로 이 먼 산골까지 찾아와 3일 동안 맨발로 눈 위에 서서 죄를 고백하며 용서를 구하는 퍼포먼스를 펼쳤다. 교황은 황제를 용서하고 파문을 거두어들였다. 이것이 역사 교과서에 나오는 '카노사의 굴욕'이라 불리는 사건이다. 교황과 황제가 극한 대립을 벌이고, 그러다가 황제가 맨발로 용서를 구하는 희대의 사건이 벌어진 이유는 무엇이며, 그 결과와 의미는 무엇일까?

교과서적 설명에 따르면 카노사 사건의 원인은 서임권 투쟁Investiture Controversy이다.[1] 서임권敍任權이란 주교나 수도원장 같은 교회 고위직을 임명할 수 있는 권리를 뜻한다. 이 권리의 주인이 교황이냐 황제냐, 즉 교회냐 세속 당국이냐를 놓고 다툰 것이 서임권 투쟁이다. 하지만 서임권 투쟁 때문에 카노사 사건이 일어났다는 것은 표면적인 설명일 뿐, 이 사건의 원인과 결과, 의미는 훨씬 더 심층적인 데에 있다. 이 사건은 황제권과 교황권, 곧 국가와 교회가 상호 어떤 관계를 이루며 발전하는가, 더 나아가서 유럽 사회와 정치, 종교의 기본 틀이 어떻게 구성되어야 하는가 같은 중차대한 사항들이 결정되는 유럽 역사의 변곡점이었다.

카노사 사건 이전 시대로부터 이야기를 다시 시작해 보자.

중세 전반기前半期에 서임권은 교황도 황제도 아닌 지방 귀족의 수중에 있었다. 주교나 수도원장은 대개 지방 대귀족 출신이기 십상이었다. 귀족 가문 내에서 장남이 작위와 재산을 차지하면 차남 이하의 형제들은 흔히 교회 고위직에서 커리어를 찾았다. 부유한 대가문이 자신의 영지에 건립한 교회나 수도원은 사실상 자기 가문 부속 종교기관으로서, 다시 말하면 개인 재산이나 다름없었다. 따라서 대토지가 붙어 있는 막대한 재산권을 남의 수중에 넘기지 않고 자기 가문이 온전히 소유하기를 바라는 것은 당연한 일이었다. 이런 상황에서 주교나 수도원장 같은 고위 성직자들은 명목상 종교인이라고 하지만 실제로는 명망 있는 귀족으로서, 결혼도 하고 축첩도 마다하지 않았다. 이런 사람들에게 종교적 이상에 걸맞은 깨끗한 수도 생활을 바란다는 것은 애초에 무리였다. 많은 사람들이 첩을 거느린 부패한 성직자를 비난했지만, 사실 그것은 단순한 개인 비리가 아니라 당시의 정치·종교 상황에서 나온 구조적인 문제였던 것이다.

　이를 개선하려면 성과 속을 엄격히 구분하는 것이 중요했다.(Mazel, 66) 그런 움직임이 10세기 후반 시작된 클뤼니, 플뢰리Fleury, 마르무티에 Marmoutier 같은 수도원 중심의 개혁 운동이었다. 특히 클뤼니 수도원이 주도한 교회의 청정 개혁 운동은 큰 영향을 미쳤다. 이들은 성스러움이란 오직 주교와 사제들처럼 특별한 자격을 갖춘 자들이 주도하는 의식을 통해서만 이루어지는 것임을 명확히 했다. 후일 이런 내용을 정리한 『그라티아누스 법령집Decretum Gratiani』(1140)은 모든 성직자들에게 성행위를 비롯하여 모든 종류의 남녀 간 결합을 엄격히 규제했다. 이렇게 정화된 사람들이 자격을 갖추고 행하는 성체성사만이 진실로 성스러운 의미를 띠며, 이때 제병은 그리스도의 살로, 포도주는 그리스도의 피로 '본질이 변한다'고 주장化體設, transubstantiation했다. 이처럼 속인들의 개입을 완전히 배격한 결과는 '교회의 자유'였다. 이 말은 교회가 세속 권력에서 벗어나 자신들만의 제도와 규칙에 따라 살겠다는 것을 의미했다.

　교회의 자유를 더 확대하겠다는 다음 단계의 움직임을 주도한 인물이 교황 그레고리오 7세였다. 그는 클뤼니 수도원 출신 인사로서 교황이 된 인물이다. 그는 이제 한 차원 높은 수준에서 본격적으로 교회 개혁 운동을 추진했다. 교황을 필두로 한 교회가 이 세상의 질서의 틀을 새롭게 잡아야 한다는 것이 요체였다. 이와 같은 개혁 내용을 정리해서 발표한 문건이 「교황교서Dictatus Papae」(1075)였다.(버만, 267ff) 그레고리오의 설명에 의하면 그는 '자신의 가슴 속을 들여다본 후' 이 문서를 작성했다.[2] 27개의 간명한 명제로 구성된 이 문건은 교황 자신 외에 아무도 대상이 되지 않는 교황의 양심 명령Papal Manifesto이다. '로마가톨릭교회는 하느님에 의해 설립되었다'(제1조), '로마 교황만이 보편적이라고 정당하게 주장할 수 있다'(제2조), '교황만이 주교를 폐위 혹은 복귀시킬 수 있다'(제3조) 등 많은 내용이 교황의 최고 권위와 권력을 나타낸다. 이 전체를 관통하는 원리는 교황의 최상위권 및 무오류성이라 할 수 있다. 이 원칙을 가장 극명하게 표현한 것이 제12조로서 '교황은 황제를 폐위할 수 있다'는 주장이다. 이는 교황이 '그리스도의 대리인'이라는 타이틀을 확고하게 가지고 그 자격으로 세속 문제와 교회 문제를 다루는 '두 개의 검'을 다 가진다는 주장이다.

1075년 12월 그레고리오가 이 내용을 하인리히 4세에게 서한으로 알려준 것은 황제에게 정식으로 도전장을 내민 것과 다름없다.(버만, 261) 황제 및 그가 임명한 주교들이 로마에 복속하라는 명령인 셈이다. 이에 대해 하인리히와 그를 추종하는 26명의 주교가 함께 쓴 답장은 그 도전을 정면으로 반박하는 내용이었다. '찬탈에 의해서가 아니라 신의 성스러운 기름부음을 통해서 된 왕이, 교황이 아니라 거짓된 수도사인 힐데브란트(그레고리오의 속명)에게'라는 답신의 제목부터 그 점을 노골적으로 말해 준다. 이 서한은 다음과 같이 끝난다.

당신이 찬탈한 사도의 자리에서 내려와서 포기하라. 다른 사람이 성 베드로의 보좌에 올라가도록 하라. 나 하인리히는 신의 은총에 의한 왕으로 우리의 모든 주교들과 함께 당신에게 말하노니, 내려가라, 또 내려가라Descende, descende. 모든 시대를 통하여 저주받은 자여.

이제 교황과 황제가 정면으로 맞대결을 펼치는 상황이 벌어졌다. 실제로 양측은 밀라노 주교 자리에 각기 다른 인물을 임명했다. 교황은 즉각 황제를 파문한다고 선언하고 모든 기독교도들은 황제에게 충성하지 말 것을 지시했다. 서임권 투쟁이 본격적으로 벌어진 것이다.

2. 교황혁명

서임권 투쟁의 양상은 앞에서 본 대로 카노사의 굴욕 사건으로 이어진다. 그러나 이 사건은 서임권 문제를 넘어서서 더 본질적인 문제로 발전한다.

황제 하인리히는 처음에 당당하게 교황에 맞서 '당신이나 사퇴하라'는 식의 모욕적인 답신을 날렸지만, 말로 문제가 해결되는 것은 아니다. 오히려 상황이 점차 자신에게 불리하게 돌아갔다. 하인리히의 지배하에 있던 귀족들로서는 그들의 상위 지배자가 교황에게 파문당했다는 것이 결코 나쁜 일이 아니었다. 그에게 저항하는 일이 종교적으로 완전히 합리화되자 일부 귀족들이 반란을 일으켰다. 이런 불온한 분위기가 걷잡을 수 없이 퍼져가는 것을 본 하인리히는 빨리 손을 쓰지 않으면 안 된다고 판단했다. 그리하여 다급하게 카노사의 성주 마틸다에게 교황 면담을 요청했다. 이왕 하려면 완벽한 모양새를 갖추는 것이 좋다고 판단한 그는 말총으로 만든 참회복을 입고 카노사에 가서 추운 겨울에 눈밭에 사흘 동안 맨발로 서서 용서를 빌었다. 그 동안 독일 귀족들은 하인리히를 폐하고 루돌프Rudolf von Rheinfeld라는 인물을 새로운 '독일 왕(황제 직위를 공식 인정받기 전 단계의 직위)'으로 선언했다.

하인리히가 정말로 참회하고 교황에게 복종하려 한 것이 아님은 곧 드러났다. 석고대죄의 연극에 속아 교황이 파문을 거두어들이자 하인리히는 곧장 본색을 드러냈다. 자기 힘을 회복했다고 판단한 그는 그레고리오가 교황이 아니라고 선언하고 클레멘트 3세라는 이름으로 새 교황을 옹립했다. 두 명의 교황과 두 명의 황제가 다투는 지경에 이른 것이다. 이후 상황은 황제에게 유리해져 갔다. 1080년 대립 황제 루돌프가 사망하고 독일 내 상황이 어느 정도 정리되었다고 판단한 하인리히는 세를 몰아 로마로 쳐들어갔다. 1081년의 일이다. 상황은 막장으로 치달았다. 황제와 교황이 군사 대결을 벌이게 된 것이다. 교황은 남부 이탈리아에 주둔 중이던 노르만인들을 불러들였다. 이들이 독일 군인들을 물리친 것까지는 좋았으나 그 과정에서 1085년 로마를 약탈했다. 로마 시민들이 봉기하자 교황은 노르만인들과 함께 남쪽으로 피신하였고, 곧 객지에서 생을 마쳤다.

황제와 교황이 서로 상대를 폐위하고 급기야 전투에까지 이른 이 싸움의 승패는 간단히 말하기 어렵다.(버만, 267ff) 황제가 맨발로 눈밭에 서서 용서를 구할 때까지는 교황이 승리한 듯하지만, 곧 황제가 군사를 이끌고 로마까지 쳐들어가 힘으로 교황을 내치고 결국 교황이 객사하도록 만들어 황제가 최종적으로 승리한 것처럼 보인다. 그렇지만 이후에도 판세는 엎치락뒤치락 하며 누구도 최종적인 승리를 얻지 못하고 다툼이 이어졌다. 장기간의 소모적인 투쟁 끝에 결국 양측이 타협을 모색한 것이 1122년의 보름스 협약이다. 이 협약에 따르면 추기경과 대수도원장은 교회에 의해서만 자유롭게 선출된다고 천명했으니, 이 점은 황제가 양보한 것이다. 한편, 황제는 선거에 출석할 수 있으며 만일 다툼이 있으면 황제가 개입할 권리를 가진다고 했으니 이는 교황이 양보한 것이다. 이런 식으로 양자가 성직 임명 권한을 공유하고 또 양측 모두 거부권을 행사할 수 있다는 식으로 정리되었다.

서임권 투쟁이라는 관점에서 보면 그렇게 끝났다고 할 수 있다. 그러나 이는 표면적인 정리에 불과하며, 이 사건의 심층적인 의미는 훨씬 중대하다. 누가 최상위 권한을 가지느냐의 문제는 이 세상의 틀을 어떻게 짜느냐 하는 훨씬 더 근본적인 문제와 연결되었다. 누가 세계 최상위 권위를 가지는가? 황제 측 주장에 따르면 이 세상에 황제는 단 한 사람이고 다른 누구에 의해서도 심판될 수 없지만, 로마 주교는 여러 주교 중한 명일 뿐이다. 즉, 황제가 최상위 권한을 가진다는 것인데, 이 견해가 당시까지의 전통적 설명이라 할 수 있다. 이에 대해 교황이 새로 주장한 논리는, 황제는 여러 왕들 중 최상위자일 뿐이며 황제 선출은 교황의 확인을 받아야 하고, 바로 그 이유 때문에 폐위될 수도 있다는 것이다. 굳이 따지자면 새로운 해석을 들이밀고 그것을 부분적으로나마 승인받은 교황 측이 이 다툼에서 우위를 점했다고 할 수 있으리라. 그 이유는 다음과 같다.

그레고리오 7세는 「교황교서」에서 자신의 영혼 내부를 들여다보며 심원하게 생각해 보니 교황이 황제를 폐위할 수 있고, 모든 주교는 교황에 의해 임명되는 것이 맞다는 결론에 이르렀노라고 주장했다. 즉, 주교는 교황에만 복종하며 세속의 권위에 복종하지 않는다는 것이다. 이것이 누차 이야기한 대로 교황이 서임권을 되찾아오겠다는 내용이다. 그런데 문제는 아무리 교황이 그렇게 주장한들 그런 내용을 강제할 실제적인 수단이 없으면 아무 소용이 없다는 것이다. 세속 권력이 무력을 가지고 있는데, 이에 대해 어떤 방식으로 권한을 행사할 수 있단 말인가?

이에 대한 답이 '법의 힘'이다.[3] 법은 권위의 원천이자 통제 수단이다. 교황당은 과거 기록들을 샅샅이 뒤져서 교회뿐 아니라 세속에 관한 모든 일에 대해 교황이 최상위권을 차지한다는 근거를 찾았다. 법에 대한 체계적 지식이 그들의 약점을 보완하는 기반이 되었다. 교황은 법의 해석자, 최고의 판관이며 최고의 행정관임을 주장했다. 존엄한 최종 권위를 가진 교황 법정이 '모든 기독교국의 재판정'이며, 교황은 그에게 제기된 모든 소송 사건들에 대해서 재판 관할권을 가지는 '만인의 통상적 재판관'임을 선언하였다. 말하자면 교황이 기독교 세계 전체를 지도한다는 주장이다. 물론 그것은 이론상의 일이지만 결국은 이론이 힘을 가지게 되었다. 이제 교황은 기독교 세계 내의 만사에 개입한다는 주장을 펼쳤다.(Mazel, 66) 교황은 공의회公議會를 소집하여 삶의 기준이 되는 칙령들을 발표했고, 중요 문제가 일어나는 곳에 교황 서한을 보내 의사를 전달했으며, 때로는 직접 방문하여 중요한 결정을 이끌어냈다(예컨대 우르반 2세는 1095~1096년 프랑스 지방을 돌며 십자군 운동 참여를 호소했었다). 특히 라테라노에 소집한 공의회(1123, 1139, 1179, 1215년)가 중요했다. 이는 말하자면 기독교 세계 전체 단위의 총회로서, 이 기회를 이용해 전 유럽에 보편적으로 적용되는 입법권을 행사했다. 예컨대 고리대금업이나 마상시합tournament을 금지하는 조치가 이렇게 해서 나온 사례들이다.

교황과 황제 간 투쟁에서 표면적으로는 그레고리오가 졌으나 최종적으로는 그가 시작한 교황의 이상이 달성된 셈이다. 이제 성직자 독신제가 성립되고 성직 매매는 소멸되었다. 교회 조직은 세속 당국으로부터 벗어나 완전히 새로운 형식의 조직으로 거듭났고, 그 바탕 위에 최고 권위를 주장하게 되었다. 사실상 혁명을 달성한 것이다. 결과적으로 새로운 법을 주축으로 한 '유럽 전체를 통일하는 기독교 공동체', 즉 '보편교회the Church'가 성립되었다. 더구나 교회법은 교회 내부 사항만 규정하는 내규가 아니다. 세례, 교육, 구빈, 혼인, 가족, 이단·마술 금지, 성범죄, 고아·과부·병자·노인의 보호, 그리고 신탁이나 계약 문제 등 민법 사항까지 포함한다. 다시 말해 삶을 포괄적으로 규정하는 틀이 만들어졌다. 교회가 세속 권력에서 떨어져 나온 후 오히려 세상만사를 통제하는 독립적인 교회-국가Kirchenstaat로 격상된 것이다. 말하자면 교황이 이 세상의 최고 권위를 차지한다는 것인데, 이때의 최고 권위sovereignty(후일 '주권'으로 번역된다)라는 말은 원래 '교황 권력의 완전성plenitudo potestatis'을 의미했다.(사사키, 208~209)

이런 변화는 그 다음 단계로 이어진다. 교회의 근본적 발전이 다시 세속 국가의 발전을 가져오는 또 다른 반전을 낳았다. 세속 권력은 교회 공동체의 발전을 모범으로 삼고 좇아갔다. 로마법 연구를 통해 세속 국가의 기본법을 다듬고, 각 개별 국가의 국왕이 자국 내에서는 로마 황제에 속하는 지상권至上權을 가진다는 개념을 만들었다. 세속 정부는 비록 정신적 문제에서 교회에 복종한다 하더라도, 바로 그 점을 근거로 삼아 세속 문제에서는 그들이 하느님의 권위를 대변한다고 주장했다. 말하자면 경계와 구조가 흐릿했던 교회와 국가라는 두 조직이 각각 명료하게 자신의 체제를 확립하였다.

이런 발전이 우리가 주목하는 '힐데브란트(그레고리오 7세)의 개혁'의 실제 의미다. 이때 '개혁Reformatio'은 일반적으로 쓰이는 말뜻과 다르게 이해해야 한다. 현재 우리는 개혁이라는 말을 점진적인 변화 혹은 부분적 수정 정도로 이해하지만, 그레고리오 교황으로 인해 촉발된 이 변화는 실은 엄청난 단절을 의미하여 차라리 '혁명'에 가깝다. 그것은 '세계 전체에 형태를 다시 주는 것Reformatio totius orbis', 요컨대 세계혁명의 의미다.[4] 이를 '교황혁명'이라 칭할 수 있는데, 이는 '근대 세계의 중세적 기원'이라 해석할 수 있을 것이다. 교회와 국가는 이전과는 비교할 수 없는 강력한 응집성을 가진 실체로 발전해 갔다.

3. 대권과 대죄

그레고리오 개혁을 거치며 교회와 세속 국가 모두 심대한 갱신을 경험했다. 최상의 권위가 정립되고 그것을 구현하는 조직이 갖추어져 갔다.

우선 교황은 모든 기독교 신도들이 따라야 하는 기본 규약들을 정했다.(Mazel, 72) 성 문제로부터 의상과 음식에 관한 규정까지 엄격한 규칙이 부과되었다. 이는 위로는 국왕으로부터 아래로는 농민들에 이르기까지 모든 사람을 향한 것이었다. 귀족들은 근친 간 결혼을 하지 말 것이며, 주교들은 화려한 잔치나 사냥 같은 것을 행하지 말 것이며, 수도사들은

'짐승처럼' 아무렇게나 옷 입지 말고 단정하게 할 것이며, 모든 남녀는 난잡한 성생활을 하지 말 것 등을 요구했다. 더 적극적으로는 교회가 원하는 높은 가치를 위해 헌신할 것을 요구했다. 귀족 기사들은 아무 때에나 깡패처럼 칼을 휘두르지 말고 기독교 전사로서 규칙을 지키며 싸우고, 신앙을 지키기 위해 무력을 행사하라는 주문을 받았다. 최선은 십자군에 나가는 것이다. 12세기 초 기베르 드 노장Guibert de Nogent의 표현을 옮기면 같은 편끼리 서로 죽이지 말고 나가서 이방인을 죽이라는 것이다!

이런 태도와 가치를 굳게 간직하게 하려면 그 반대되는 것, 즉 죄의 개념을 확실히 인식시키는 것이 좋다. 바로 이 부분에서 그레고리오 개혁의 중요성을 재확인할 수 있다. 교회가 제시하는 가치를 옹호하는 일은 일부 영웅의 행동만으로 되는 게 아니라 기독교 세계의 모든 사람의 참여와 동의가 필요하다. 그러기 위해 모든 사람들의 신앙을 내면에서부터 강화해야 한다. 최선의 방법은 죄의 인식과 참회의 내면화이다. 심층적인 죄책감을 불러일으켜 스스로 자신의 잘못을 뉘우치고 교회가 가르치는 길로 나아가도록 만드는 것이다. 구체적인 방법은 고해성사의 강화다.

매년 의무적으로 고해성사를 하도록 정한 규정은 1215년 제4차 라테라노 공의회에서 확립되었다.(Shinners, no.2) 이 해에 교황 인노켄티우스 3세(재위 1198~1216년)는 교회가 당면한 주요 문제들을 논의하기 위해 유럽 각지에서 1,200명에 달하는 대주교, 주교, 수도원장, 고위 성직자, 게다가 세속 통치자들까지 로마에 소집했다. 여기서 발표한 칙령들은 중세 가톨릭 목회의 역사에서 분수령이 되었다. 이 공의회에서 모든 기독교도들에게 요구되는 기본적인 종교 의무사항들을 규정하고 주교구와 교구 차원에서 행하는 교회 행정 절차들을 확립했기 때문에, 중세 기독교 교회가 사실상 이때 재정립되었다고 해도 과언이 아니다. 이 중 고해성사를 규정한 것은 교령 21조Omnis utriusque sexus이다.

> 21조. 사리분별의 연령에 도달한[10대 초반을 말한다] 모든 남녀 신자들은 적어도 1년에 한번 자기 교구의 사제에게 진심으로 고해를 하고 그들에게 부과된 고행을 능력껏 최선을 다해 수행해야 하며, 적어도 부활절에는 성체성사를 정중하게 받아야 한다. … 그렇지 않은 자는 평생 교회 출입을 금지당하며 기독교적 매장을 거부당할 것이다.

이 규정은 '교회-국가'의 시민권 관련 규정이나 다름없었다. 교회는 세례증명서와 사망증명서를 발급하는 방식으로 시민을 등록시켰고, 반대로 파문은 시민권을 박탈하는 방식이었다. 신자들은 매년 자기 영혼의 내면을 밝히고 성체성사를 받아 시민권을 갱신해야 했다.

이 규정을 철저히 준수하도록 하기 위한 조치들도 함께 마련되었다. (Shinners, 7) 우선 이 규정 자체를 교회에 자주 내걸어서 그런 사실을 몰랐다고 발뺌하지 못하도록 하라는 내용이 대표적이다. 만일 타당한 근거가 있어서 자기 사제가 아닌 다른 사제에게 자신의 죄를 고해하고 싶다면 먼저 자기 사제에게 허락을 받도록 했다. 이는 지역 사정을 잘 모르는 다른 사제를 악용하여 손쉽게 죄의 고해를 피해가려는 것을 사전 예방하기 위한 조치다. 사제 역시 개인의 고해에 대해 아주 신중하게 듣고 적당한 조언을 해야 하며 무엇보다도 고해의 내용이 외부에 알려지지 않도록 극도로 조심해야 했다. 고해 과정에서 알게 된 죄의 내용을 외부에 밝힌 사제는 사제직을 박탈할 뿐 아니라, 엄격한 규칙이 적용되는 수도원으로 보내 평생 고행을 하도록 조치했다. 이와 같은 규정으로 인해 이번에는 사제들 자신이 신도들의 영혼의 보살핌cura animarum을 더 면밀하게 수행해야 했다. 그 때문에 그 다음 시기에 사제들의 훈련을 위한 교회 법령들과 매뉴얼들이 만들어졌다.

이런 제도적 장치로 사람들의 내면을 통제하여 죄를 피하도록 했다. 그렇다면 어떤 잘못을 피해야 하는가? 인간이 저지르는 잘못 중 어떤 것이 가장 큰 잘못인가?

최고의 가치를 범하는 일이 당연히 최악의 잘못이다. 정통 교리를 따르지 않고 악마를 좇는 이단과 마녀가 최악의 죄인이 될 것이다. 그것은 교회와 국가의 최고 권위majesty를 부인하는 범죄crimen majestis(대역죄)임을 의미한다. 고해를 의무화했을 뿐 아니라, 고해의 기준도 변했다. 일부 역사가들은 13~14세기에 고해에서 7죄종septem peccata capitales(교만, 인색, 질투, 분노, 음욕, 탐욕, 나태) 대신 십계명이 중요해지는 현상을 지적했다. 이 가운데 특히 우상 숭배, 즉 여호와가 아닌 다른 신을 숭배하는 것이 최악의 죄였다.[5] 신자들은 자신의 내면을 들여다보며 이와 같은 죄악에 빠지지 않았는지 살피고, 이와 관련된 사실을 고해를 통해 숨김없이 밝혀야 한다. 군주의 최고 권위 역시 종교적 신성성에 근거해 있기 때문에 마찬가지의 논리가 통용된다. 최고 권위의 준수는 신민들의 완전한 복종이 필수적이다. 다시 말해서 군주에 대한 내적인 존경심이 필수며, 이는 영혼의 복종을 뜻한다. 따라서 이를 해하는 죄 역시 영혼 내부로부터 따질 필요가 있었다. 이 때문에 최고 권위에 대한 죄는 다른 어느 증거보다 자백이 중요했다. 자신의 영혼 내부로부터 죄를 인정해야 하기 때문이다. 국왕권에 대한 문제나 신성한 종교적 권위에 대한 문제나 모두 '마음속의 어두운 측면occulta cordis'이 하나도 없도록 비밀을 털어놓도록 하는 것이 중요하다. 후일 마녀재판에서 자백이 결정적 증거가 되고, 그 때문에 고문을 통한 조사가 빈번해진 것도 이와 관련이 있다.

라테라노 공의회가 결정한 중요 사항들이 한편으로 세례와 고해 등 신자들의 신앙과 생활에 대한 규정인 동시에 알비파와 왈도파 같은 이 단들에 대한 처벌이었다는 사실이 이런 관점에서 보면 실로 의미심장 하다.

4. 이단

교회와 국가가 탄탄하게 조직되고 사람들의 내면의 통제도 강화되는 과 정을 살펴보았다. 그러면 11~12세기 이후 이 두 개의 조직이 정말로 유 럽 사회를 철저하게 통제했을까? 그렇지는 않다. 오히려 어떤 면에서 보면 '위에서' 교회와 국가 조직의 강화라는 구심력 강화 현상이 일어나 는 동시에 '아래에서' 그런 조직에 포함되기를 거부하는 원심력 강화 현 상이 일어나고 있었다. 실제로 그레고리오 개혁 시대에 수많은 이단 운 동이 일어났다.

'이단heresy'이라는 말은 그리스어 'heirein'에서 유래했는데, 그 뜻은 원래 좋은 의미든 나쁜 의미든 '자유로운 선택'을 가리킨다. 그러나 교 회로서는 모든 선택들을 자유롭게 내버려둘 수는 없고, 정통 교리에 맞 는 것만 수용할 수밖에 없다. 결과적으로 이단은 '나쁜 선택'을 했다는 의미가 된다. 결국 교회가 인정하느냐 아니냐가 정통과 이단 여부를 가리는 기준이 된다. 그런데 어느 교리를 강제하기 위해서는 어떤 형태로든 무력이 필요한데, 무력은 대개 국가가 제공하므로, 결국 이단 문제는 국가 권력과도 밀접한 관련을 가진다.(박용진, 157~158)

이단 문제는 여러 면에서 그레고리오 개혁과 깊은 관련을 가진다. 교회의 개혁은 일반 민중들의 종교적 각성을 가져왔고, 이것이 더더욱 기존 교회의 부패 혹은 미진한 개혁에 대한 강한 비판을 초래했다. 민중들의 종교적 열정은 때로 정통 교리에서 벗어나거나 교회의 권위를 부인하는 방향으로 나아갔다. 교회와 국가 기구는 이처럼 순종치 않는 집단을 이단이라는 이름으로 제거하려 했다.

램버트M.D. Lambert의 연구에 의하면 이단 움직임은 10~11세기에 빈번하게 나타났다. 그의 표를 옮기면 아래와 같다.(Lambert, 24)

서유럽의 이단 움직임들(c.970~1100년)

지역	시기	지역	시기
사르디니아	c.970	카스나	1030~1046
샬롱-쉬르-마른	c.1000	라벤나	1030~1046
리에주	1010~1024	베네치아	1030~1046
아키텐	1018	베로나	1030~1046
툴루즈	c.1022	샬롱-쉬르-마른	c.1046~1048
오를레앙	1022	리에주	c.1048~1050
리에주	1025	랭스Rhims	1049
아라스	1025	상부 로렌	1051
몽포르트	c.1028	시스터롱	1060
샤루	1027~1028	느베르	1075

이 중 몇 가지 사례들을 간략히 살펴보자.

1022년 오를레앙에 등장한 이단은 십자가를 조롱하고, 성직자 권위를 인정하지 않았으며, 더 나아가 교회의 성사 전체를 부정했다. 세례는 죄를 사하지 못하며 성체성사는 무용지물이고 성인이나 순교자에 대한 숭배도 무용하다고 주장했다. 더 나아가서 예수가 마리아에게서 태어나지 않았으며, 인간을 위해 수난을 당하지 않았고, 무덤에 묻히지도 않았으며, 부활하지도 않았다고 주장했다. 말하자면 예수의 인성을 부정한 것이다. 동정녀 출생을 부정하는 이유는 "자연 질서에 어긋나는 것은 신의 질서에도 어긋나기 때문"이다. 그들은 이성이나 경험에 맞지 않는 일들을 자신의 눈으로 직접 보지 않으면 못 믿겠다고 주장한다. 성경 구절을 인용하여 이들을 공격하자 그들은 "너희들은 동물 가죽[양피지] 위에 써 놓은 인간이 만들어낸 날조된 이야기를 믿지만, 우리들은 성령이 우리들 가슴에 써놓은 것만 믿는다"고 반박한다.(김동순, 126~127; Lambert, 26)

1077년 캉브레 지방에서 라미르두스Ramihrdus가 주도한 운동도 흥미롭다. 그는 이 지방에 팽배했던 사회적 불만을 동력으로 삼아 많은 추종자들을 모았다. 당시 이 지방에서 일어난 반란들은 주로 임노동 직조공들이 주도했는데, 이들은 막대한 성직록을 받는 성직자와 막강한 권력을 가진 고위 성직자들을 강하게 비판했다. 그의 구체적 가르침은 불명확하지만, 무엇보다도 성직 매매를 행한 부패하고 죄지은 성직자는 성사를 집행할 수 없으며 그들이 집전한 성사는 효력이 없다는 것이었다. (김동순, 128; Lambert, 27)

이와 같은 이단 움직임들은 교회 개혁의 영향으로 민중의 경건운동이 확대된 결과로 보인다. 이 운동은 대개 순결주의, 청빈, 부패한 성직자에 의한 성사 무효 등을 주장했다. 12세기 초반에는 반교권주의가 더욱 맹렬해졌고 갈등은 더욱 급진화했다. 여기에는 분명 도시의 성장으로 인한 사회 갈등이 영향을 미쳤을 것이다.(코르뱅, 210~212)

가장 대표적인 중세 이단으로는 왈도파와 카타르파를 들 수 있다.

왈도의 이야기는 잘 알려져 있다.(Shinners, 44~46) 그는 리옹 시에서 고리대금업으로 큰돈을 번 사람이었다. 그는 어느 날 시장에서 음유시인으로부터 알렉시스 성인 이야기를 듣고 크게 감동받았다. 이 성인은 로마의 부잣집 젊은이였는데, 결혼식 날 자신의 모든 재산을 버리고 시리아로 도망갔다가 몰래 돌아와 아버지가 사는 집 계단 밑에서 심지어 부모도 모르게 숨어 살다가 죽기 직전에 알려졌다는 내용이다. 이는 중세에 매우 인기 있던 이야기였다. 왈도는 음유시인을 집으로 데리고 와서 이야기를 자세히 청해 들은 후, 신학자를 찾아가서 그 내용에 대해 물었는데, 신학자는 그 내용이 마태복음 19장 21절에 관한 것이라고 가르쳐 주었다. 그것은 소유한 부를 모두 버리라는 가르침이었다. 왈도는 이를 문자 그대로 실천했다. 처와 두 딸에게 일부 재산을 물려주고 나머지 재산은 빈민들에게 기부했다. 이렇게 자기 재산을 다 처분하고 스스로는 걸인이 되어 자기 옛 동료에게 찾아가 먹을 것을 구걸했다. 이 사실을 알게 된 부인이 분개하여 주교에게 가서 탄원하자 주교는 그에게 구걸을 금지시켰다.

왈도의 초기 삶을 말해 주는 이 스토리를 보면 12세기경 부와 빈, 그러니까 성속 가치 간의 갈등과 긴장이 고조된다는 것을 알 수 있다. 그를 추종하는 종파는 탐욕스러운 부자들과 교회를 비판했고 자신들의 윤

리성과 순수성을 주장했다. 사실 이들이 애초부터 정통 교리로부터 크게 벗어난 것은 아니었다. 이들은 다른 극단적 이단과는 달리 예수의 육화와 속죄를 부인하지 않았다. 다만 사람이 하는 일보다는 하느님께 순종하는 것이 중요하다는 성경 주장(사도행전 5:29)을 근거로 삼아 교회와 성사를 부정했다. 그리고는 청빈을 주장하며 구걸하고 다니면서 스스로 설교하고 사람들의 고해를 받았다.

왈도파와 달리 카타르파는 교리상으로 훨씬 더 극단적이었다.(박용진, 158ff) 이들의 교리는 이원론을 특징으로 한다. 선한 하느님은 영적인 세계를 창조했고 악마(여기에서 한 걸음 더 나아가면 '악한 신'이 될 수도 있다)는 물질세계를 창조했으므로, 물질로 이루어진 모든 것은 악하다고 보았다. 교회 건물, 성상, 성물, 십자가, 심지어 인간의 육신 역시 물질로 이루어져 있으므로 사악한 것이다. 예수는 육신을 가지고 이 세상에 태어난 것이 아니라 육신의 형상만 가질 뿐이다. 구원은 콘솔라멘툼consolamentum이라고 불리는 의례를 통해 이루어진다. 세례는 물질에 불과한 물로 하는 것이 아니라 사제가 세례받는 자의 머리에 손을 얹고 요한복음 1장을 낭송하는 식으로 수행한다. 세례받은 자는 완덕자完德者, perfecti라고 하는데, 이들은 엄격한 금욕생활을 해야 했다. 고기, 우유, 계란 등 짝짓기에 의해 만들어진 음식을 먹지 않으며, 그들 자신도 성행위를 하지 않았다. 이들은 음식을 먹음으로써 영혼이 불경해지는 것을 막기 위해 스스로 굶어죽는 '엔두라endura'라는 의식을 거행했다.

이들은 기존 교회를 인정하지 않았고, 무엇보다 순결하지 않은 성직자가 행하는 미사를 강하게 비판했으며, 대신 자신들이 신의 계시에 의해 설교할 권리를 받았다고 주장했다. 이렇게 기존 교회 조직과 사제들의 권위를 부정한 것이 교리상의 차이만큼이나 중요한 문제였다. 이단 움직임은 대개 사치스럽고 부패한 교회에 대한 비판 요소가 컸다. 그래서 교리 문제가 사회 변혁의 요소와 얽혀들어가곤 했다.

카타르파는 12세기 이후 일부 지역에서 크게 확산되어 갔다. 특히 프랑스 남부 알비Albi 지방에 널리 확산되어 알비파라고도 불렸다. 카타르파는 사실 인구의 5%가 안 되었으며 왈도파는 그보다 더 적었다. 당대 교회는 남프랑스 전체가 이단에 물든 것처럼 주장했지만 이는 사실이 아니다. 그러나 인구 비중이 문제가 아니었다. 세속 권력과 교회를 전면적으로 부인하는 이런 파당을 그대로 용인할 수는 없는 일이었다. 영적 믿음의 통일성이야말로 지배 체제의 가장 중요한 기반이기 때문이다. 이단의 혁명성은 곧 그들에 대한 가혹한 진압을 초래했다.(코르뱅, 212~213) 교황 인노켄티우스 3세(그가 바로 4차 라테라노 공의회를 소집한 교황이다)는 프랑스 국왕 필립 2세 및 대귀족들의 도움을 받아 소위 '알비 십자군'을 조직하여 카타르파에 대해 무자비한 살상을 가했다.

그렇다고 이단을 완전히 척결할 수는 없었다. 가혹한 공격을 받은 이단들은 산지로 도주하여 소수나마 명맥을 유지했다.[6] 이와 관련하여 브로델의 『지중해』(1부 1장)에서 거론하는 산지山地의 문화·종교적 특징을 참고할 만하다.[7] "저지대의 지배적인 문화는 수평으로는 광범위하고 신속하게 퍼지곤 하지만, 산으로 가면 곧바로 장벽에 막히고 만다. 그 때문에 산지는 탄압받는 세력들의 피신처가 되곤 했다. 16세기에 어느 곳에서나 산지는 해안 지역의 지배적 종교에 거의 영향을 받지 않았다. 산지의 특징은 차이와 지체다." 사부아와 나폴리 왕국의 아펜니노 산지에는 왈도파가 살았고, "카타르파는 산지의 양치기들에게만 남은 소수파가 되었다."

특히 산지의 이단은 주류 문화에 공포심을 주기에 충분했다.

광범위하게 퍼진 '악마'의 위협은 과거 유럽 주민들을 공포 속에 몰아넣었는데, 특히 원초적인 고립으로 인해 후진 상태에 머물렀던 고지대에서 이 현상이 가장 심했다. 마술사, 마법, 원시적인 마술, 흑미사 같은 것들은 고대 문화의 무의식적인 발현일 텐데, 서구 문명은 여기에서 완전히 벗어나지 못했다. 산지는 이런 일탈 문화가 선호하는 피난처였다. 그런 것들은 먼 과거에서 발원했지만 르네상스와 종교개혁 이후에도 유지되었다. 16세기 말에 독일에서 멀리 밀라노와 피에몬테의 알프스까지, 혁명적이고 '악마적인' 효소들로 부글거리는 마시프 상트랄에서 치유의 전사들이 존재하는 피레네까지, 프랑슈콩테에서 바스크 지방까지 수많은 '마술' 산들이 존재했다.

왈도파와 카타르파 같은 이단은 아주 소수지만 산지에 살아 남은 것이 분명하다. 이들은 계속 정통 교회의 의심의 대상이었다. 후일 악마의 사주를 받는 마녀 및 마법사라는 개념이 형성되는 데에 산지에 남은 이단 잔류파는 매우 중요한 영향을 미치게 된다.

그중 특히 중요한 지역으로 많은 역사가들은 알프스 산지를 거론한다. 알프스 지방은 13세기 말 이래 종교재판소가 추적하는 이단자들의 은신처였다. 특히 중요한 고리가 되는 것이 왈도파이다. 세속 당국과 이단재판소는 왈도파를 이단으로 고소하고 이들을 추적하기 시작했다. 화형을 간신히 피해 달아난 왈도파 신자들은 피에몬테와 도피네 계곡 지역 혹은 프리부르 지역으로 피해 비밀리에 살아갔다. 이 지역 주민들은 이들의 신앙을 이해하지 못했으며, 그 결과 이들을 점차 마법사 혹은 마녀로 간주했다. 또한 이 추적 과정에서 왈도파 외에 다른 '악마 숭배 집단'도 발견되었다. 흔히 그러듯 성적 난교, 아이 살해의 혐의가 뒤따랐다. 이 지역에서 가혹한 추적과 박해가 이루어지리라는 것은 능히 짐작할 수 있다. 이처럼 주류 문화의 엘리트들에게는 산악 지역과 계곡 지역은 통제하기 힘든 불안한 곳이었다. 산지山地가 제공하는 가공할 상상이 사바스 현상을 만들어낸 것이다.

5. 교황청의 대응: 라마의 소리

각지에서 정통 가톨릭교회의 가르침에서 벗어나 자신의 해석을 주장하는 움직임들이 끊이지 않았다. 신비주의자들도 영향력을 강화해 갔는데, 이는 설사 교리 면으로 크게 이상할 것은 없다고 해도 교회 조직을 침식하는 효과가 있었다. 또 기독교와는 분명 내용이 다른 민중 신앙이 여전히 많은 농촌 공동체에 강고하게 남아 있었다. 그뿐 아니라 지식인층 내에서도 기독교 교리에 어긋나는 비술秘術에 대한 탐구 경향이 생겨났다. 이런 다양한 원심력에 대해 교황청은 큰 위협을 느끼지 않을 수 없었다.

　이 시대에 교황청에서 마녀 집회 개념을 수용하기 시작하는 것도 이런 분위기와 무관치 않다. 정통 교리와 다른 신앙을 악마와 내통하는 위험한 마술사 집단으로 규정하려 하고, 민중 신앙의 야간 집회 모임을 악마적인 사바스로 받아들였다. 교황 그레고리우스 9세(재위 1227~1241년)의 이름으로 반포한 '라마의 소리Vox in Rama'는 교황청이 사바스 개념을

받아들이기 시작했다는 점에서 지극히 중요한 문건이다.(Kors, no.18)

이 문건은 마인츠 주교, 힐데스하임Hildesheim의 주교, 그리고 마르부르크의 콘라트라는 사제 등 3인에게 보낸 편지 형식의 글이다. 서한의 초두에 교회에 들이닥친 슬픈 사태에 대한 비탄을 표한 후 구체적으로 이단의 문제를 거론한다. 교황이 묘사하는 이단 현상은 아마도 콘라트가 해당 지역 현장에서 파악하여 보고한 내용으로 보인다. 다음 인용문은 여러 면에서 매우 흥미로운 내용을 담고 있다.

신참자가 받아들여져 이 저주받은 파벌에 처음 들어오면 개구리 모양의 형상이 등장한다. 어떤 자들은 그의 뒷부분에, 또 어떤 자들은 그의 입에 키스를 한다. 그들은 이 짐승의 혀와 침을 자기 입에 받는다. 이 짐승은 때로는 오리나 거위만 하며, 때로는 화덕만하다. 신참자가 앞으로 나오면 안색이 놀라울 정도로 창백한데다가 눈이 아주 까맣고 너무 수척하여 뼈 위에 가죽만 살짝 걸쳐 있는 듯한 인물이 그를 맞이한다. 신참자가 그에게 키스하면 얼음처럼 차갑다고 느끼는데, 그 후 곧바로 그의 마음에서 가톨릭 신앙이 사라지게 된다. 그들이 둘러앉아 식사를 하고 나서 일어나면 어떤 조각상에서 개만한 검은 고양이가 꼬리를 올린 채 뒷걸음쳐서 온다. 우선 신참자가, 그 다음에 마스터가, 그 후 완전한 신자들이 고양이의 뒷부분에 키스한다. …

촛불을 끄고 구역질나는 음란행위를 하는데, 이때에는 낯선 이들이든 친족이든 상관하지 않는다. 더구나 만일 남자의 수가 여자 수보다 많으면 그들의 수치스러운 열정에 굴복하여 욕정에 불타오른 남자들끼리 타락한 행위를 한다. 마찬가지로 여자들 역시 그들의 자연스러운 기능을 바꾸어 비난받아 마땅한 일들을 그들 간에 한다. 이런 가공할 죄악이 끝나고 촛불을 다시

켜고 모두 자기 자리로 돌아가면 이 집단의 한쪽 어두운 구석에서 한 사람이 나타나는데, 그의 사타구니에서 위로 태양보다 더 강한 빛이 나온다. 그의 아랫도리는 고양이처럼 털이 북슬거리는데 그에게서 나오는 빛이 모든 곳을 비춘다. 마스터가 신참자의 옷에서 무엇인가를 끄집어내서 빛나는 그 존재에게 '나에게 주어진 이것을 당신에게 드립니다' 하고 말하면 빛나는 존재는 '너는 나에게 잘 봉사했으니 나 역시 너를 지킬 것이다' 하고 응답한다. 그 말을 마치고 그것은 사라진다. 이들은 매년 부활절에 사제로부터 주님의 살을 받아 입에 넣고 집에까지 가져오지만, 주님을 경멸하는 뜻으로 그것을 변소에 뱉어버린다. 또 이들은 하늘에 계신 주님을 그들의 더러운 입으로 모독하며 그들의 광기에 빠져 이렇게 말한다. 주님은 정의에 어긋나게도 폭력적으로 또 속임수를 써서 루시퍼를 이 세상에 추락시켰다. 이 불쌍한 자들은 루시퍼를 믿으며, 그가 하늘나라를 만들었고, 또 우리 주님이 추락하면 루시퍼의 영광으로 다시 하늘나라로 간다고 믿으며, 그와 함께 영원한 행복을 누릴 것으로 믿는다. 그들은 주님께 기쁘지 않은 행동을 찬미하고 주님이 싫어하는 일들을 한다.

이 문건에서 묘사한 내용은 분명 사바스를 연상시킨다. 사바스가 명료하게 규정되고 일반화되는 것은 15세기 이후지만, 13세기의 이 문건에서 그 원초적 형태를 뚜렷하게 확인할 수 있다. 악마가 주관하는 집회에 신참자를 끌어들이고, 그들 간에 반기독교적인 의식을 행하며, 난잡한 성행위를 할 뿐 아니라 루시퍼에게 충성을 바치겠다고 다짐하는 것이다.

교황청에서 사바스 현상을 공식적으로 언급한 것은 이 문건이 처음

「마녀들의 사바스」 (프란시스코 고야, 1798)

이다. 여기에서 중요한 점은 사악한 마법을 개인적으로 행하는 것이 아니라 파당을 이루며 행한다는 것이다. 그들의 집회를 주관하고 집행하는 것은 악마와 그 하수인들이다. 이들이 행하는 일들을 잘 보면 일종의 반反미사를 드린다는 것을 알 수 있다. 즉, 사바스는 '악마를 숭배하는 사악한 종교집단이 행하는 의례'이다. 정통 기독교와 '다른' 정도가 아니라 '정반대' 교리를 따르며, 하느님이 아닌 루시퍼를 주님으로 받든다고 지적한다.

이제 교황청이 사바스의 존재를 거론하고 그것을 척결해야 한다고 주장하고 나섰다. 최고의 권위를 가진 기관에서 최악의 죄를 규정한 것이다. 이 문서 내용이 아직 교회법에 들어가지는 않았지만 교황청이 사바스를 공식적으로 거론했다는 것은 대단히 중요한 사실이다. 물론 이런 문건은 일방적으로 비방하는 입장에서 작성한 것이므로 과연 당사자들이 정말로 루시퍼를 신과 동급으로 파악하는 과격한 이원론 교리를 주장했는지는 알 수 없다. 아마도 성체성사를 부정하는 경향, 말하자면 반反성직자주의의 움직임을 띠는 강고한 파당을 고발하는 가운데 이들을 악마숭배자로 몰아갔을 가능성이 크다. 문제는 이런 식의 비난, 곧 이 세상에 악마가 심대한 영향을 미치려 하며 그를 좇는 사악한 인간들이 모여 파당을 이루고 있다는 개념이 널리 퍼지기 시작했다는 사실이다. 민간 신앙의 마녀가 정식으로 악마의 숭배자이자 하수인으로 '업그레이드'되기 시작한 것이다.

마녀 개념의 도약

유럽사에서 14~15세기는 위기의 시대다. 이 시대에는 전쟁·기근·질병이 동시에 터져 중세 유럽 문명이 좌초할 뻔한 상황에 빠졌다. 백년전쟁과 페스트의 발병 그리고 대기근으로 인해 인구가 격감하고 농업이 황폐화하여 농민들이 생존 위기에 몰렸고, 사회 체제가 흔들렸다.(Bois)

　정신문명 역시 이런 위기에서 벗어날 수 없었다. 무엇보다 가톨릭교회 자체가 위기의 구원자이기는커녕 위기를 악화시키는 요인, 더 나아가서 위기의 근원이기 십상이었다. 우선 교황청이 로마가 아닌 아비뇽으로 옮겨져 프랑스라는 강력한 세속 국가의 지배하에 일종의 포로 상태였던 소위 '바빌론 유수幽囚'(1309~1377년), 그에 뒤이어 아비뇽과 로마에 각각 교황청이 들어서서 서로 상대방을 파문하는 '대분열Schisma'(1378~1417년)

이라는 최악의 사태가 이어졌다.

이런 상황에서 기존 질서를 맹렬히 비판하는 움직임과 이에 맞서 교회와 세속 정치 권위를 다시 지켜내려는 움직임이 함께 일어났다. 이 흐름 중 한 갈래로 이단·이교에 대한 공격이 강화되었다. 이단에 대한 크나큰 두려움이 마녀에 대한 공격으로 변질되었고, 이 과정에서 마녀 개념이 혁신되었다.

1. 교황청의 공포

변화의 진원지는 크나큰 공포에 싸여 있던 교황청이었다.

교황청이 느끼는 위험한 요소들은 여러 방면에서 나왔는데, 그중 한 갈래는 지식인 계층에서 유래했다.(Bailey, 964~966) 13세기부터 점성술이나 연금술처럼 학자들이 주도하는 박식한 마술이 유행했다. 그 내용은 대개 아랍과 헤브루 기원의 마술 체계에서 기원한 것으로서 라틴어 책으로 전수되었는데, 형식적으로는 교회 의식과 유사했다. 교회 당국도 처음에는 이런 연구 행위를 굳이 들추어내며 억압하지는 않았다. 오히려 교황들도 생명의 영약elixir of life을 찾으려는 목적으로 이런 연구들을 옹호하기도 했다. 그러나 14세기에 들어 반전이 일어났다. 박식한 고급 마술을 사악한 목적으로 악용하려는 사례들이 몇 차례 발각되었기 때문이다. 특히 1317년에 카오르 주교인 위그 제로Hugh Gérraud가 당시 선출된 교황 요한 22세(재위 1316~1334년, 아비뇽 교황)의 목숨을 노린 행위가 대표적이다. 교황은 그와 같은 악마적인 마술에 대해 큰 공포를 느

끼고, 이런 종류의 마술이 하급 사제들에까지 확대되는 것을 저지하려 했다.(Iribarren, 58)

1320년 교황 요한 22세는 마녀 자체를 문제 삼아 조사를 하는 종교재판소를 최초로 허락했고, '흑마술black magic'을 이단 범죄와 동일시하는 내용의 교리를 정비했다. 교황은 10명의 저명한 신학자들과 교회법학자들에게 흑마술과 혼령을 불러내는 행위가 이단인지 조사하라고 지시했다. 사악한 목적으로 도상image에 세례를 하는 행위, 사악한 의도로 그리스도의 몸(성체)을 받은 행위, 다른 사람에게 자기 의사를 강요하려는 목적으로 악마를 불러내고 희생을 바치는 행위 등이 이단인지 단순한 마술인지 가리라는 것이었다. 조사단은 이 모두를 이단 행위로 규정했다. 이런 일들은 모두 가톨릭 성사 혹은 의식들(세례, 축성된 성체, 경배, 기도)을 마법 용도로 오용하는 대역죄crimen majestis 판정을 받았다.(Iribarren, 38)

마술과 이단에 대한 해석에서 과거와 질적으로 다른 변화가 일어나고 있었다.(Iribarren, 40) 기존의 해석은 이단이란 신앙의 오류로서 잘못된 오성의 선택이고, 흑마술과 이교 제의는 일종의 미신 행위로서 실제 효력이 없는 환상에 불과하다고 판단했었다. 그런데 이제 하느님이 은총을 하사하는 성사 의식을 악마가 도용하여 사악한 목적으로 그 힘을 실행할 수 있다고 해석하게 된 것이다. 이 세상을 창조하거나 변형시키는 힘은 여전히 창조주 하느님만 가질 뿐이며 악마가 그런 힘을 본래적으로 가지지는 않지만, 사악한 방식으로 초자연적인 힘을 빼돌리는 것은 가능하다. 따라서 악마의 도움을 받는 마녀 역시 이 세상에 실제적인 해악을 끼치는 것으로 파악하게 되었다. 마녀 개념의 신학적 기초는 이렇게 준비되어 갔다.

악마의 힘이 작동되는 방식을 언급한 중요한 문건은 1326년에 나온 교황칙서Super illius specula이다.

이름만 기독교 신자인 많은 사람들이… 악마에게 희생을 드리고 악마를 숭배하며 마술적인 목적을 위해 도상, 반지, 거울 혹은 작은 유리병 등을 이용하며 그들을 악마와 결부시킨다. 이들은 악마에게 간구하여 응답을 받고, 그들의 가장 사악한 욕망을 충족시키기 위해 악마에게 도움을 청한다. 가장 수치스러운 일을 위해 스스로 가장 수치스러운 방식으로 굴종하면서 이들은 죽음의 세력과 동맹을 맺고 지옥과 계약을 맺는다. … 누구라도 그러한 비틀린 도그마들을 가르치거나 배워서는 안 되며, 나아가 더 흉악한 일로서 그 어떤 목적과 그 어떤 방식으로든 그것을 사용해서는 안 된다고 경고하는 바이다.
(Kors, no.21)

여기에서 주목해 보아야 할 요소가 "도상image, 반지, 거울, 작은 유리병" 같은 도구들이다. 이것들은 민중 마술에 등장하는 풀, 과일, 끈 같은 물건들과는 본질적으로 다른 정교한 마술 도구들이다. 말하자면 이 칙서에서 경고하는 것은 학자들이 연마하는 고급 마술이다. 이들은 '이름만 기독교 신자'일 뿐 실제로는 악마를 숭배하고 사악한 힘을 전수받는 자들이라고 비난받는다. 그러니 이들에게서 배우거나 그것을 다른 사람들에게 가르치거나, 혹은 그런 술수들을 사용하지 말아야 하며, 이를 위반하면 파문을 당할 것이라고 경고하는 것이다.

비난의 대상은 분명 학자층이다. 학자들은 오랜 노력을 통해 악마의 힘에 접근할 수 있는 계약 방식을 터득했다는 것이다. 중요한 요소는

'악마와의 계약pact'이다.

사실 악마와의 계약이라는 발상은 오래전부터 존재해왔던 것으로서 고대적 기원이 있다. 성경에서도 그런 내용을 찾을 수 있다.[1] 또 카타르 파와 왈도파를 비난할 때에도 악마 계약이라는 혐의를 적용했었다. 이처럼 악마와의 계약이라는 요소가 이전에 없었던 것은 아니지만, 중요한 변화는 이전부터 내려오던 요소들이 중세 말 근대 초에 새로운 의미를 부여받고 일반화되었다는 점이다. 악마 계약이 막연한 신화적 이야기가 아니라 이 세상에 실재하는 현상, 현재 우리를 위협하는 즉각적인 문제를 설명하는 개념 틀로 받아들여진 것이다.

2. 지침서들

악마와 계약을 맺어 초자연적인 힘을 휘둘러 사악한 일을 도모하는 자들이 존재한다는 사실을 교황청이 인정했다면, 그 다음 단계는 이에 대한 철저한 대비를 하는 일이다.

1320년대 이후 마술 문제를 다루는 지침서들이 여러 종류 출판되었다. 예컨대 우골리노 잔키니Ugolino Zanchini(1340년 사망)는 로마법과 교회법에 근거하여 마술과 예언을 판정하는 책을 출판했다. 마술의 문제들을 법적으로 처리하는 지침서의 출판은 중요한 의미를 가진다. 이제 마술 문제는 그대로 방치할 것이 아니라 교회와 세속 당국이 나서서 처리하고 처벌해야만 하는 대상이 되었음을 의미한다. 그렇기 때문에 이론과 실무 측면에서 따라야 하는 매뉴얼들이 필요해졌다.

이런 지침서들이 중점적으로 다루는 악의 대상은 어떤 것들이었을까?

베르나르 기Bernard Gui(1262~1331년)의 사례를 보자. 그는 툴루즈에서 1307년부터 1320년대까지 약 20년 동안 종교재판관으로 일했고, 그 경험을 살려 말년에 『종교재판 실무Practica inquisitions』라는 영향력이 매우 큰 책을 집필했다(1321~1324년 사이로 추정).(Bailey, 967~970) 그런데 이 책에서 그가 다루는 대상 가운데 마술 관련 내용은 우선 비중이 매우 작았고, 또 그 내용도 심각한 것이 아니었다. 그가 소환하는 마술사들은 주문을 통해 병을 치료하거나 유실물을 찾아주거나 기묘한 방법으로 사랑과 회임을 도와주는 일을 한 사람들이다. 즉, 그가 직면했던 마술의 실상은 인류의 구원을 총체적으로 부정하는 악마적 술수, 라틴어나 아랍어로 전수되는 고급 비의秘儀 같은 것과는 무관한 소박한 민중 마술이었다. 말하자면 준비한 그물은 엄청난 악마적 마법을 포획하려는 것인데, 실제 그물 안에 들어가는 것들은 미신과 큰 차이가 없는 전통적인 마술들이었다. 그럼에도 이런 사람들이 모두 악마의 동조자로 분류되었다. 말하자면 지침서의 내용이 현실을 규정한 셈이다.

이 시대에 출판된 특히 중요한 지침서 중 하나인 니콜라스 에이머릭 Nicholas Eymerich의 『종교재판 지침Directorium inquisitorium』(1376)의 내용을 살펴보자.(Bailey, 971~972; Kors, no. 22)

이 책에서 제기한 중요한 문제는 마술사와 점쟁이가 이단인가 아닌가 하는 것이다(질문 42번). 예컨대 손금을 보는 수상가chiromancy는 과거에는 교회가 따로 나서서 기소하고 처벌하는 대상으로 삼지 않았다. 그런데 이제 에이머릭은 새삼 이런 사람을 그대로 방치할 것인가 아니면 재판 대상으로 삼고 처벌할 것인가를 묻는다. 그는 이들을 두 부류로 나누어 거론한다. 첫 번째는 그야말로 단순히 손금을 보고 자연의 영향을 읽어내는 사람이다. 사실 이렇게 보는 것이 전통적인 견해일 것이다. 그런데 에이머릭은 두 번째로 다른 종류의 수상가들이 있다고 주장한다. 그들은 단순한 수상가가 아니라 악마 숭배자로서 특이한 능력을 발휘하는 부류라는 것이다. 그런 사람들은 악마를 신이나 성인과 동급으로 공경하는 자로서, 명백한 이단에 속한다.

다음 질문에서는 악마를 불러내는 자들이 어떤 존재인지 상세히 구분한다(질문 43번). 이에 따르면 악마를 불러내는 부류는 세 가지가 있다.

첫 번째 부류는 악마에게 라트리아latria(신에게 드리는 공경)의 봉헌을 한다. 이들은 악마에게 희생을 바치거나 찬미, 기도, 헌신과 복종을 약속하고, 찬가를 부르거나 무릎 꿇고 부복하며, 흰색 혹은 검은색 복장을 한다. 또 악마를 위해 정결을 지키고 금욕하거나 자기 살을 베는 행위lacerate를 한다. 초, 향, 아로마, 향신료를 태우고 동물이나 새를 희생물로 드리며 그 피를 받아 치료제로 쓴다. 이들은 오직 신에게만 드려야 하는 공경을 악마에게 하는 자들이다.

두 번째 부류는 악마에게 둘리아dulia(성인에게 드리는 공경)를 바친다. 그들은 성인들을 부르며 기도를 하는 중간에 악마의 이름을 삽입한다. 혹은 밀랍으로 이미지를 만들고 그 앞에 절을 한다. 이는 악마를 성인의 반열에 집어넣는 일이며, 신에게 드리는 기도의 중재자로 만드는 일이다. 원래 이런 기도들은 악마가 아니라 오직 마리아와 성인들에게만 바쳐야 한다.[2]

세 번째 부류는 라트리아나 둘리아를 바치지는 않지만 제3의 방법을 사용한다. 즉, 땅 위에 원을 그리고 그 안에 아이를 두고 또 거울, 칼, 단지 등을 두고 아이의 손에 점술necromancy 책을 쥐게 한 다음 그것을 읽고 악마를 불러내는 식이다.

이들을 어떻게 처리할 것인가?

악마에게 라트리아를 바치는 자들은 일반 마술사가 아니라 이단, 곧 하느님 대신 악마에게 의탁하는 마법사로 취급된다. 만일 그들이 그 신앙을 철회 혹은 포기하면 '참회한 이단'으로서 종신형으로 감형되지만, 그들이 중지하지 않든가 혹은 한번 믿음을 포기한 후 재범을 한 경우 세속 당국에 넘겨 극형에 처한다. 둘리아를 바친 사람들 역시 결과적으로 악마에게 라트리아를 바친 것과 같은 범죄인이다. "성인이 둘리아를 통해 경배 받으면 그 성인을 통해 신은 라트리아의 영예로 경배를 받는 것"이기 때문이다. 둘리아를 바치는 것은 마음속 깊이 악마가 성인보다도 더 높다고 인정하고 그런 신성한 존재로 떠받드는 것이다. 그러므로 이 역시 앞의 경우와 마찬가지로 처벌한다.

그런데 앞의 두 경우와 달리 마술 원을 그리는 식의 술법을 사용하는 세 번째 행위에 대해서는 명료한 설명이 제시되지 않는다. 그러나 전반적인 문맥으로 볼 때 이 역시 용서를 받기 힘든 행위로 간주되었음에 틀림없다. 그것은 사실 네크로만시에 해당하는 행위이다. 이 엘리트 마술 행위는 죽은 혼령을 불러내는 것으로 되어 있으나, 이제 그 행위는 악마를 불러내는 것으로 해석된다.

이상의 논의는 매우 중요한 함의를 가지고 있다.

우선 이 문서는 단순한 마술 행위, 심지어는 손금을 보는 정도의 단순한 행위까지 악마의 힘이 개재된 것으로 몰아가고 있다. 그런데 악마와 한패이며 그래서 악마의 사악한 힘을 이용한다는 것을 어떻게 증명할 것인가? 악마가 주관하는 집회에 참석했다는 것을 입증한다면 가장 확실할 것이다. 그러나 피고인이 동물로 변신하여 야밤에 날아서 이동한다는 사실을 증명할 수는 없다. 그런데 이 문서에서처럼 과거에 악마와 '계약'을 맺었다고 주장하면 그런 입증의 부담을 없앨 수 있다. 실제 악마에게 희생을 드리는 따위의 모습을 직접 본다는 것은 있을 수 없는 일이니만큼 그런 것을 '상정'하고 이단 판정을 내리게 되었다. 그런 맥락에서 우선 악마 숭배와 표면상 비슷해 보이는 네크로만시를 악마에 대한 경배 행위의 한 종류로 해석했지만, 이제 그 범위는 훨씬 더 넓어질 수 있다. 모든 민중 마술 역시 같은 종류의 것으로서 그 이면에 악마와의 계약, 악마 숭배를 통한 사악한 권능의 획득을 주장할 수 있게 되었다. 그 결과 민중 마술을 행하는 사람들은 가련한 희생자나 속은 자가 아니라 적극적으로 악마를 불러내서 악마적 힘을 행사한 범죄자가 되었다. (Bailey, 976)

3. 카이틀러 사례

악마와 계약을 맺은 마녀 혹은 마술사를 추적하여 법정에 세워 처벌하는 일이 실제로 일어났을까? 이 시대에는 아직 마녀사냥의 광풍이 본격적으로 몰아치지는 않았지만 적어도 초기 형태가 등장한 것은 분명하다. 아일랜드에서 일어난 카이틀러 사례가 대표적이다.(Shinners, 42)

　　1324년 아일랜드의 킬케니Kilkenny 지역에서 앨리스 카이틀러라는 부인과 아들 윌리엄 아웃로William Outlaw, 그 외에 10명(남자 3명, 여자 7명)에 대한 조사가 이루어졌다. 이것이 조직화된 흑마술 집단에 대한 이 나라 최초의 조사 사례다.

사건은 이러하다. 킬케니 시 출신 앨리스가 부유한 은행가 윌리엄 아웃로 1세와 결혼했고, 남편 사후 세 번 더 결혼했다. 이 지역의 많은 사람들은 앨리스 및 그녀의 아들 아웃로 2세와 돈 문제로 얽혀 있었으며, 이 가문 사람들을 수전노로 보았다. 그래서 아웃로는 우선 고리대금 혐의로 기소되었다. 여기에 복잡한 유산 문제가 얽혔다. 세 번의 결혼으로 얻은 배다른 자식들이 자신들이 받아야 할 정당한 유산을 받지 못했고 이 유산을 앨리스와 아웃로가 가로챘다고 주장했다. 문제는 이들이 앨리스 모자를 마녀로 고발했다는 점이다. 가정 내 문제, 사회 갈등이 돌연 이단과 마녀 문제로 전환된 것이다. 열렬한 프란체스코파 수사였고 오소리Ossory(킬케니를 중심으로 한 지역의 과거 이름)의 주교이며 요한 22세의 피보호자였던 리처드 르드레드Richard Ledrede가 이 사건을 맡게 되자, 그는 이단을 척결해야 한다는 굳은 신념을 가지고 아웃로를 심판했다.

재판 기록의 중요한 내용을 요약하면 다음과 같다.

첫째, 킬케니에 이단 마법사들이 창궐한다는 것을 확인하였으며, 앨리스 카이틀러 부인과 그의 아들 윌리엄 아웃로 및 그 외 여러 사람들이 다양한 이단 행위를 하고 있음을 발견했다. 이들은 기독교 신앙을 버렸다.

둘째, 악마에게 희생을 드리기 위해 살아 있는 생물들의 사지를 자르고 네거리에 두었다. 지옥에서 온 악마는 '사술邪術의 아들Artis Filium'이라 불리는 자이다.

셋째, 이들은 악마로부터 조언과 답을 받았다.

넷째, 이들은 야간 집회conventiculi에서 교회의 사법권과 힘을 빼앗았다. 이들은 파문 판결을 맹렬히 비난하고, '피 피 피 아멘fi, fi, fi, Amen' 하는 소리와 함께 촛불을 끄는 식으로 파문을 시행한 사람들을 저주했다.

다섯째, 이들은 악마에게 희생을 바쳤다. 닭의 내장, 더러운 벌레들, 약초, 죽은 사람들의 손발톱과 머리카락, 세례 못 받고 죽은 아이의 뇌와 기저귀 같은 것들을 모아 참수된 사형수의 해골에 넣고 참나무 불에 끓여 가루, 기름, 연고, 초를 만들었는데, 이것으로 누군가를 사랑 혹은 증오하게 하거나, 사람을 살해하든지 병에 걸리게 하는 등의 행위를 했다.

여섯째, 앨리스가 남편들을 죽이고 또 사람들을 얼빠지게 만들어 양식을 흐리게 만들어놓고 모든 재산을 가로챘다.

일곱째, 앨리스는 악마를 인큐버스incubus로 맞아 육체관계를 맺었다. 인큐버스는 때로는 고양이, 때로는 흑인Ethiops 형상으로 나타난다. 그리고 키 큰 녀석 둘이 따라오는데 한 놈은 손에 쇠막대를 들고 있다.

재판 도중 앨리스가 도주하자 주교는 궐석재판을 열어 그녀에게 마녀 및 재범 이단 혐의로 유죄를 선고했다. 그리고 선고일에 시내에 불을 피우고 마술과 관련된 모든 물건들을 태웠다. 아들 아웃로는 이단을 도운 죄를 인정하고 고해와 성지순례를 약속했으며, 또 성당 지붕을 새로 해주기로 약속했다.

가련한 희생양이 되어 가장 가혹한 처벌을 받은 사람은 앨리스를 도운 하녀 페트리닐라Petrinilla of Meath였다. 그녀는 참회의 의미로 6번 채찍질을 당하고, 앨리스의 지시에 의해 믿음을 저버리고 악마 숭배를 한 여러 사실들을 공중 앞에서 인정했다. 그녀는 특히 앨리스의 사주로 악마와 상담하고 그의 대답을 받았으며, 또한 그녀가 앨리스와 그녀의 친구 (곧 악마) 사이의 중개인 역할을 하겠다는 계약을 맺었다고 말했다. 또 악마가 대낮에 앨리스 앞에 나타났으며 앨리스가 악마와 육체관계를 맺는 것을 보았다고 말했다. 그런데 그녀는 "고해성사를 제안받았으나 모든 사람 앞에서 직설적으로 그것을 거부했으며, 그녀의 가증스러운 범죄가 밝혀졌으므로 수많은 군중들 앞에서 적절한 절차를 밟아 화형에 처해졌다." 그녀는 아일랜드에서 화형당한 최초의 마녀다.

이 사건의 이면에는 가문 내부 혹은 사회적 갈등이 중요한 배경으로 작용하지만, 그런 갈등이 마녀사냥의 형태로 발현되었다. 재판을 주도한 인물이 다름 아닌 교황 요한 22세의 피보호자라는 점이 특히 고려할 요인이다. 교황청에서 준비된 마녀 억압 지침이 개인적인 관계를 통해 전달되었을 가능성이 크다. 공동체 내부의 갈등이 외부에서 전해진 마녀 개념을 빌려 처리된 카이틀러 사례는 장차 폭발하게 될 마녀사냥의 초기 현상 중 하나로서 의미가 크다.

4. 전환점

15세기에 들어 마녀 개념은 결정적인 도약을 했다. 무엇보다 마녀들이 악마 숭배를 하는 야간 집회, 곧 사바스의 스테레오타입이 본격적으로 퍼져서, 이제 마녀를 거론할 때 가장 특징적인 현상이 되었다. 이후 대부분의 사람들은 마녀라고 하면 곧장 밤에 빗자루를 타고 날아서 한곳에 모여 춤추고 방탕한 성교를 벌이며 아이를 잡아먹는 모습을 연상한다.

마법사·마녀들은 홀로 사악한 행위를 하는 게 아니라 이처럼 파당을 이루는 것으로 그려지기 시작한다.

1430년경, 스위스 루체른의 연대기 작가인 한스 프륀트Hans Fründ 는 1428년 이래 발레Valais 지역에서 행해진 마녀사냥에 대해 언급했다. (Broedel 2013) 그의 글은 서구 세계에서 오랫동안 떠돌던 사바스에 대해 명확하게 기술한 최초의 사례에 속한다. 이 기록에 의하면 악마는 비밀 모임에서 기독교 신앙에 반대되는 교리를 가르친다. 즉, 신을 부정하라고 명령하고 그 대가로 부와 권력을 약속한다는 것이다. 또 악마는 그들에게 의자를 타고 하늘을 나는 법, 포도주가 가득한 지하실을 찾아가는 법, 또 사람들 눈에 안 보이게 변신한 후 다른 사람들이나 곡물에 저주를 퍼붓는 법도 가르친다. 이들은 심지어 자기 자신의 아이들을 죽여서 잡아먹는다고도 한다. 당시 생겨난 지 얼마 안 되는 이 집단의 목적은 사회 질서를 무너뜨리고 권력을 잡는 것으로 기술되었다. 약 700명 정도의 신도 가운데 200명 이상이 잡혀 화형당했다고 프륀트는 이야기한다. 스위스에서 집단적인 마녀재판 현상이 시작되었으며, '이단'을 악마화하면서 추동력을 얻었음을 알 수 있다. 이런 점을 놓고 볼 때 알프스는 근대 마녀사냥의 선구 지역이라 할 만하다.[3](Broedel 2013, 34; 38)

이런 식의 사바스는 분명 '새로운 개념'이었다. 과거에도 이를 연상시키는 여러 요소들은 찾을 수 있었으나, 이처럼 명료하게 규정된 것은 15세기 초의 일이다. 그것은 어떻게 등장하게 되었을까?[4]

지난 시대의 연구자 한젠Joseph Hansen은 '집단개념Kollektivbegriff'이라는 설명을 제시했다. 즉 배운 사람들 머릿속에 이단과 마술이 혼용되었다는 것이다. 여기서 핵심은 악마 계약이며, 여기에 여러 다른 전통에서 유래한 비행飛行, 동물로의 변신, 악마와의 섹스 등의 요소들이 더해졌다고 보았다. 이런 방식의 이해는 19세기 독일 지성계의 영향으로 보인다. 이는 '일관된 단일 형식'이 있다고 상정하는 것이다. 즉, 하나의 만능키 같은 개념이 만들어졌고, 이것이 유럽 전역에 걸쳐 작동했다는 설명이다.

그러나 실상은 다르다. 그런 개념은 특정 상황에서는 당연히 안 맞게 마련이다. 이제 연구자들은 단일 개념이 아니라 시공간에 따라 다른 '다수의 신화들multiple mythologies'이 존재한다고 본다. 이탈리아 마녀와 프랑스 마녀, 스위스 마녀는 서로 다르다는 것이다. 사실 사바스에 대한 기술은 결코 동일하지 않다. 유럽 전역에 걸쳐 발견되는 사바스에 대한 기록은 대체로 유사하면서도 구체적인 측면들은 각기 다르다. 어떤 곳에서는 마녀들의 댄스나 음주가무 정도가 강조되는 데에 그치지만, 어떤 곳에서는 악마 숭배와 식인 요소가 부각된다. 어떤 경우에는 날아서 오는 요소가 빠지고, 또 어떤 경우에는 변신 요소를 찾아볼 수 없다. 그런 요소들이 한번에 다 만들어진 게 아니라 상이한 지역에서 아주 오랜 시간에 걸쳐 구성되었기 때문이다.

사바스를 구성하는 특징적인 요소로 지목되는 '비행'이라는 요소를 예로 들어보자.

사람이 악마적인 힘을 빌어 날아갈 수 있을까? 현재 우리는 인간이 스스로 날아갈 수 있다는 생각을 전혀 하지 않는다. 정말로 누군가가 밤에 날아간다면 그야말로 기적이 아닐 수 없다. 워낙 있을 수 없는 일이기 때문에 민중 신앙에서는 그런 내용이 보인다 하더라도 박식한 저술가들은 대개 이 점을 부정하곤 했다.

물론 과거에도 마녀의 비행을 주장한 예외적인 사례가 없지 않았다.

일찍이 1115년에 기베르 드 노장은 『자서전Monodiae』에서 수아송의 이단들을 설명하며 이들의 사악한 능력 중 하나로 비행 가능성을 거론한 적이 있다.[5] 또 캉탱프레의 토마Thomas of Cantimpré(1201~1272년)는 어느 귀족 소녀가 매일 밤 정해진 때에 악마에 의해 날아가는데, 수도사 오빠가 꼭 잡고 막으려 해도 막을 수 없었다고 설명한다. 그러나 이런 것들은 예외에 속한다. 고립된 한두 사례가 아니라 이런 내용들이 빈번하게 보이기 시작하고 무엇보다 교회 당국에서 공식적으로 그 개념을 수용하느냐가 중요하다.

15세기 중엽에 와서도 마녀들의 비행을 주장하기는 분명 쉬운 일이 아니었던 것 같다. 그래서 일부 저술가들은 이와 관련하여 특이한 설명을 제시했다. 예컨대 1460년경 조르단스Jordanes of Bergamo는 사악한 영이 마녀의 체액을 뇌로 올라가게 하는데, 이것이 온갖 상상을 만들어내서 마녀가 기이한 마법을 부리며 날아 이동한다는 것으로 착각하게 된다는 의학적 설명을 했다.(Maxwell-Stuarrt, 43) 알퐁소 드 스피나 Alphonso de Spina 역시 기이한 설명을 제시한다. 악마가 마녀들의 환상을 이끌어 이동시킨다는 것이다. 이때 몸은 안 보이고, 다만 환상으로만 그곳에 가서 악행을 벌이며, 이 일이 끝난 후 악마가 환상과 몸을 다시 결합시킨다. 결국은 몸은 움직이지 않고 영혼만 움직인다는 설명이다.(Broedel 2013, 45) 이는 마녀 혐의자의 잘못을 거론하면서도 실제 비행은 부인하는 어정쩡한 주장이라 할 수 있다. 여기에서 한 걸음 더 나아가서 실제로 육체가 날아가서 사바스에 참석하고 악마와 실제로 육체적 성관계를 해야 본격적인 마녀가 된다. 15세기 이후 사바스 개념이 자리 잡아 가는 동시에 점차 더 많은 사람들이 마녀가 날아다닌다는 사실을 수용하게 되었다.

이처럼 하나의 완결된 마녀 상이라는 것은 없고 각각의 저자들이 자신의 학식과 경험에서 만들어낸 상이한 마녀 상들이 존재했다.(Scribner, 43) 마녀 개념이 이렇게 서로 다르다는 점 자체에 대해서는 여러 저자들이 크게 괘념치 않았다. 그들은 심층에서는 같은 문제를 다룬다고 생각하고 있었던 것이다. 하지만 마녀 개념은 15세기 전반기에 결정적으로 전환된다. 이 즈음 마녀들이 스스로 변신하든 혹은 날아서든 야간 집회에 모인다는 생각이 형성된 것이다. 1450년경 유럽 각지에 날아다니는 마녀 그림들이 등장하는 것이 이를 증언한다.[6](Broedel 2013, 43)

이후에 나온 여러 저술이나 판결에서도 디테일들은 다를 수 있지만, 마녀들이 개별적으로 존재하는 게 아니라 (날아서 오든 걸어서 오든) 한곳에 모인다는 사실이 중요하다. 왜 마녀들이 모이는가? 그것을 강조하는 이유가 무엇인가? 그것은 비밀 회합을 하는 하나의 종파를 형성한다는 의미다. 즉, 예수를 따르는 정상적인 신앙을 가진 게 아니라 악마를 숭배하는 무리가 만들어진 것이다. 이들은 기독교 세계를 전복하려는 사악한 모임이다. 이렇게 사바스 개념을 적용하면 혐의자들에게는 더욱 사악한 죄가 적용되고, 또 고문을 통해 다른 혐의자들의 이름을 불게 하여 효율적으로 마녀사냥을 행할 수 있다는 장점이 있다.

1409년 교황 알렉산더 5세는 아비뇽, 아를 등지의 이단 재판관인 푸제롱에게 다음과 같은 서한을 보냈다.

당신의 사법 관할권 경계 내에서 일부 기독교도들과 믿을 수 없는 유대인들이 기독교 신앙의 관점에서 볼 때 대단히 불온한 새로운 파당을 만들었다고 들었다. 그들은 흔히 숨겨진 교의들을 가르친다. … 이들은 마법사, 점술사,

악마를 부르는 자, 마법사, 혼령 부르는 자, 미신 옹호자, 징조 읽는 자, 그 외에 금지된 술수들을 쓰는 자들이다.(Kors, no.25)

그리고 결론적으로 이런 자들을 척결하기 위해 교회 당국만이 아니라 세속 당국과 협력하라고 주문한다. 이 서한은 마법사들이 '새로운 파당'을 이루고 있다고 서술하고 있다. 재판관은 끌려온 사람이 사악한 행위를 혼자 한 게 아니라고 보고, 인류 전체의 파괴를 목표로 하는 사탄의 음모에 연루된 다른 사람들을 찾으려 했다.

날아다니는 마녀들

그로부터 20여 년 후에 교황 에우게니우스 4세(재위 1431~1447년)가 '긴급한 위험'에 대처하기 위한 조치를 취한다고 선언했다. 이 교황은 바젤 공의회와 대립하고, 특히 이 공의회가 선출한 대립교황 펠릭스 5세(재위 1439~1449년)와 투쟁한 인물이다. 당시는 보헤미아에서 얀 후스가 시작한 교회 개혁운동이 걷잡을 수 없는 갈등으로 비화했고, 로마 자체도 봉기로 몸살을 앓던 때다. 세상에 교황이 둘이고 그들이 서로 상대를 공격하는 비통한 상황에 직면하여 근본적 개혁을 요구하는 정화운동이 거세게 일어났다. 이런 상황에서 교황은 자신의 진실한 신앙을 옹호하고 동시에 적들의 사악함을 공격하기 위해 마녀 문제를 꺼내들었다. 그는 대립교황이 자신의 근거지인 사부아 공령에서 스트레굴레Stregule, 스트레고노스Stregonos, 혹은 왈도파Waldeses, Vaudois라 불리는 사람들을 용인하여 그 지방에 이런 사악한 부류가 넘쳐난다고 강력하게 비난했다. 그가 말하는 '왈도파'는 과거에 이단 판정을 받았던 왈도파만 가리키는 게 아니라 새로운 종류의 마녀를 아울러 지칭한다. 이런 식의 주장을 담아 1437년 그는 '이단적인 타락에 대하여 모든 종교재판관들에게 보내는 서한'을 작성했다.

암흑의 왕자가 나타나서 그리스도의 보혈로 인도되었던 많은 사람들을 타락과 지옥 추락으로 이끌고 있다는 지극히 쓰라린 소식을 접했다. 어둠의 왕자는 간악한 기술로 마법을 걸어 가공할 유혹과 환상을 통해 그들을 자신의 종파의 일원으로 만들었다. 그들은 악마에게 희생을 바치고, 찬미하고, 악마의 응답을 구하고, 악마를 경배하며, 문서 혹은 다른 방법으로 악마와 계약을 맺어 이를 통해 하나의 말, 접촉, 또는 사인으로 그들이 원하는 어떤 종류의 사악한 행동이나 마법을 수행하며 또한 그들이 원하는 그 어떤 곳으로든 이동할 수 있다. 그들은 병을 고치고, 기후 불순을 일으키며, 다른 사악한 행동에 관한 계약을 맺는다. … 마법을 행하면서 이들은 세례, 미사, 그 외의 성사 도구들을 쓰는 데 두려움이 없다. 그들은 밀랍이나 다른 물질로 이미지[우상]를 만들고 악마를 불러 세례를 하거나 혹은 세례를 받도록 만든다. 때로 그들은 구세주께서 매달렸던 성십자가를 역으로 만든다. 신성한 기적들을 존중하지 않고 십자가 표상 혹은 다른 십자가 상징들에 대해 더러운 수단을 써서 다양한 짓을 가한다.(Kors, no.26)

에우게니우스의 서한은 마법을 행하는 자들을 체포하여 종교재판에 회부해서 교회법으로 재판하되 필요하면 세속 당국의 도움으로 처벌하라는 명령이다. 이 서한에 따르면, 그들은 악마daimones와 계약을 맺어 사악한 당파를 이루고 있으며, 계약의 장소가 곧 사바스이다.(Maxwell-Stuarrt, 40) 종교 갈등 상황에서 악마주의의 틀이 자리 잡아 가는 것이다.

4년 후 다시 대립교황 펠릭스 5세를 비판하는 글에도 같은 내용이 나온다.(Broedel 2013, 32) 이때에도 역시 '악마와 계약을 맺은 새로운 종파'를 비난하며 이들을 '왈도파'라고 칭했다. 사실 이들이 그 옛날의 왈도파가 아니라는 것은 스스로도 잘 알고 있었을 것이다. 그런데도 굳이 왈도파라고 칭하는 까닭은 마녀가 개별적 존재가 아니라 집단적으로 활동하는 존재라는 점을 강조하기 위해서이다. 목표로 하는 실제 대상은 '마녀'인데, 이들의 속성이 과거로부터 잘 알려진 '이단 집단'이라는 점을 결부시키는 것이다.

15세기 중엽이면 악마적 행위인 마술은 이단과 완전히 동화되었다. 이런 개념을 근거로 삼아 많은 고소 고발이 이루어졌다. 피에레트 파라비라는 연구자는 이렇게 정리한다.

『캐논 에피스코피』에서 말한 야간 비행의 환상과 현실 간의 차이가 사라졌다. 마술을 거는 사람들, 병 고치는 사람들 같은 다양한 부류가 이제 비난받아 마땅한 하나의 카테고리로 가차 없이 합쳐졌다. 그 결과 모든 종류의 마술사들은 결국 악마의 종파로 파악되었다. … 이때 거론되는 요소들은 사실 새로운 게 없다. 이 모든 것들은 이교적인 지중해 세계와 북부 독일 전통을 결합하는 복합적인 지적·심리적 유산이 분명하다. 새로운 게 있다면 이 요소들을 묶고 결합하여 환상적이면서도 응집성 있는 하나의 시스템으로 만드는 것이다.(Paravy, 121~124)

원래 사바스는 엘리트 집단 내부의 개념이었다. 악마론을 읽을 수 있는 사람, 법학 논리에 익숙한 사람들이 만들어낸 것으로서, 민중층에는 낯선 개념이었다. 죽은 혼령들의 행진 같은 민속학적인 내용에는 없는 악마 계약이라는 요소가 덧붙여져 있기 때문이다. 그러므로 사바스라는 프레임으로 민중 마술사들을 재판한다는 것은 현실을 개념에 맞추어 강압하고, 거기에서 어긋난 사실들을 모아 이론을 재조정하는 과정이었다. 말하자면 이론들을 계속 현실에 맞게 수정해 나갔고, 그것을 다시 현실에 적용했다.

그 결과 지난 시대 일상의 마술과는 차원이 다른 악마적인 파당이 '발명'되었다. 악의 구현체인 이들은 기독교와 다른 정도가 아니라 완전히 반대로 뒤집어 만든 교리를 체현한다. '적'은 모든 면에서 우리의 역상逆像이다. 그들의 집회를 주관하는 주체는 '검은 빛의 천사' 혹은 '염소 형상'이며, '일종의 미사'를 드리는데 물론 그 내용은 기독교의 내용과 정반대이다. 또 이러한 신성 대 악마성의 대조가 곧 남성성 대 여성성의 대조 성격을 점차 강하게 띄게 될 것이다. 이 점에 대해서는 다음 장들에서 자세히 검토할 것이다.

교회와 국가가 나서서 악을 징벌하는 이 현상은 암흑의 과정이며 무지몽매한 광기의 과정이었을까? '광기'에 찬 이미지이긴 하지만 진리를 추구하고 그것을 어기는 힘에 대해 아주 엄격한 기준을 세우고 철저하게 목표를 향해 효율적으로 권력을 행사한다는 점에서 또 다른 의미의 근대성의 한 측면을 읽을 수 있다. 다음 장에서는 이 시대의 마녀사냥 매뉴얼 중 가장 탄탄한 내용을 보이는 요한네스 니더의 저술을 분석함으로써 그런 점을 살펴보도록 하겠다.

VI

『개미 나라』

지금까지 살펴본 중요한 내용은 교회에서 큰 위협으로 간주하지 않던 민중 신앙의 마술사가 악마의 하수인이라는 지극히 위험한 마녀·마법사로 이행하는 과정이었다. 이 과정에서 특히 15세기에 단절과 도약이 이루어졌다. 이 시기에 마녀 개념이 비약적으로 변화하고 그와 동시에 실제로 그 개념에 근거한 마녀 체포와 심문도 확대된 것으로 보인다. 1400년 이후 특히 알프스 서부 지방을 중심으로 사악한 마술 행위 maleficium에 대한 재판이 많이 벌어졌고,(Kieckheffer 2013a, 26) 여기에 참여했던 교회 인사들 혹은 교회법학자들이나 신학자들, 종교재판관들이 이를 정리한 책들을 썼다. 이처럼 개념화와 실천이 상호 강화되었다. 최근 연구는 특히 1430년대에 주목하고 있다. 이 무렵 중요한 논저들이 동시에 등장하는 것으로 볼 때 이 시기에 마녀 개념이 사실상 완성되어 텍스트에 담겨진 것으로 보인다.

그 가운데 요한네스 니더Johannes Nider의 『개미 나라Formicarius』는 '정교화된 마녀 개념'의 정립 과정에서 결정적 역할을 했다. 흔히 다음 장에서 분석할 『말레우스 말레피카룸』을 마녀사냥의 가장 중요한 고전이며 악마론의 정점이라고 이야기하는데, 실제로 『개미 나라』의 많은 내용들이 그 책에 전재되어 있다는 사실을 염두에 둘 필요가 있다. 따라서 악마와 마녀, 마녀사냥 같은 개념이 결정적으로 형성되는 과정을 파악하기 위해서는 『개미 나라』의 텍스트를 분석하고 또 그 내용이 어떻게 형성되었는지 추적하는 것이 중요하다.

1. 1430년대의 도약

1430년대에 많은 악마론 저작들이 동시에 나타났다는 것은 실로 주목할 만한 일이다. 이 텍스트들은 동일한 큰 흐름을 다른 각도에서 반영하고 있다.

1437년에 저자가 알려지지 않은 『카타르 일당의 오류Errorres Gazariorum』라는 책이 출판되었다.(Kors, no.28) 이때 카타르는 과거의 이단이 아니라 마녀를 가리킨다. 아마도 사부아에서 활동했던 재판관이 이 책을 쓴 것으로 보인다.

이 책의 특이한 점은 우선 마녀 집회의 장소를 시나고그(유대인 회당)로 묘사한다는 점이다. 이곳에서 악마는 여러 모양으로 나타나지만, 가장 흔한 것은 검은 고양이의 모습이다. 고양이는 신참자에게 앞으로 계속 그에게 충성을 다할 것인지를 묻는다. 그러면 신참자는 7가지 서약을 한다. 1) 마스터에게 앞으로 계속 충성을 다한다. 2) 이 모임에 참여한다. 3) 죽을 때까지 이 비밀을 누설하지 않는다. 4) 가능한 모든 3살 이하 어린이들을 죽여서 시나고그로 가져 온다. 5) 명령이 떨어지면 곧바로 시나고그로 달려온다. 6) 사악한 행위들sortilegia, maleficia을 통해 부부 간 결합을 막는다. 7) 이 모임에 해를 가하는 모든 사람에 대해 복수한다.

이런 서약을 한 다음 신참자는 악마의 항문이나 엉덩이에 키스한다. 이렇게 신참 의식이 끝나면 어린아이를 죽여 그것으로 식사를 한다. 식사 후에 촛불을 끄고 악마가 '메슬레Mestlet' 하고 외치면 모두 음란한 정사를 벌이는데, 남자와 여자가, 남자와 남자가, 때로는 아버지와 딸이, 아들이 어머니와, 오누이 간에 성관계를 한다. 그 후 다시 먹고 마신 다음 집으로 간다. 이때 죽은 아이의 살에 뱀, 두꺼비, 도마뱀, 거미 같은 것들을 첨가하여 만든 고약을 나누어 주는데, 이것을 다른 사람이 만지면 바로 죽거나 심한 병을 앓게 된다. 또 아이의 내장으로 만든 가루로도 사람을 죽일 수 있는데, 특히 이것을 흐린 날 공중에 뿌려 많은 사람들을 해친다.

문건에는 자신의 아들딸을 죽여 잡아먹었다는 요한나 바칸다Johanna Vacanda라는 사람의 예가 나온다. 로렌초 성인(큰 석쇠에 구워서 죽이는 식의 순교를 당한 성인)의 날에 화형당할 때 그녀는 외손자를 죽여 다른 여인과 함께 먹었다는 사실도 공중 앞에서 고백했다. 그리고 재판에서 이미 그 여자의 이름을 댔다고 한다. 이 글에서는 정형화된 사바스의 모습이 거의 완벽하게 드러나 있다. 이는 단순히 지식인이나 종교인의 상상 속 이미지에 그치는 게 아니라, 그것을 가지고 혐의자를 체포하고 또 (아마도 고문을 통한 조사를 통해) 연관된 사람의 이름을 불게 만들었음을 알 수 있다. 마녀사냥이 시작된 것이다.

같은 시기에 출판된 클로드 톨로상Claude Tholosan의 『마술사들과 마법사들의 오류Ut magorum et maleficiorum errores』 역시 중요한 자료다.(Kors, no.29) 피에레트 파라비가 발굴하여 1979년에 발표한 이 자료는 최근에 발견된 가장 놀라운 기록으로 평가된다. 무엇보다 저자가 종교계 인사가 아니라 세속 관리라는 점이 특징이다. 그는 도피네의 브리앙소네Briançonnais에서 판사로 일하며 100건 정도 마녀재판을 했으며, 그 자료를 이용해 1436~1437년에 이 글을 쓴 것으로 보인다. 도피네 지방에서는 1500년까지 대체로 360건의 재판이 거행되었는데, 이 중 71%(268건)가 1425~1450년에 집중되어 있다. 사부아, 서부 스위스와 함께 초기 마녀사냥 중심지역이었던 이 지역에서 톨로상은 가장 활동적이었던 판사에 속했다.

전반적인 내용은 앞의 것과 크게 다르지는 않다.

톨로상은 마녀들을 그들만의 특별한 믿음 체계를 가진 종파로 파악한다는 점에서 시대의 큰 흐름과 일치한다. 대개 목요일과 일요일에 마녀 집회가 열린다. 집회 장소 한 가운데 통을 놓으면 악마가 거기에 오줌을 누는데 이것을 마시고 악마에게 절을 함으로써 기독교를 부인하며, 하느님에 대한 신앙을 완전히 포기한다고 선언한다. 그런 다음 특이하게도 그들은 벌거벗은 엉덩이를 하늘로 향하여 하늘을 조롱하고 땅에 십자가를 그린 다음 침을 뱉고 발로 밟는 행위를 한다. 그리고 악마에게 키스하고 그들의 첫 아이를 제물로 바치는데, 이 아이를 죽여 가루로 만든다.

주목할 사항은 마녀들의 몸이 실제 변신하여 사바스에 간 것이 아니라 밤에 꿈속에서 이동한다고 본다는 점이다. 마녀들이 실제 자기 몸이 이동했다고 믿는 것은 환상에 불과하다는 것이다. 마녀의 비행이 정말로 가능한지 여부는 여전히 의견의 일치를 보지 못한 상태였다.(Broedel 2003, 77) 물론 몸이 직접 이동하지 않았다고 해서 죄가 가벼운 것은 아니며, 악마를 추종한 것은 형식을 떠나 지극히 위험한 죄다. 톨로상은 이런 자들을 사형에 처하느냐 마느냐에 대해 논하면서 그 자신은 사형에 찬성한다고 밝히고 있다.

그는 신학자가 아니고 다만 사명감을 가진 법관일 뿐이었다. 악과 싸우고 악의 궁전을 부수는 신성한 사명감을 가지고 있되, 그것을 주관하는 가장 중요한 주체로서 국왕을 내세운 것이 다를 뿐이다. 그에게 군주는 신의 정의의 담지자이며, 국가의 정의는 모든 지방 영주의 정의를 넘는다. 어떤 사람의 사악한 혐의가 접수되면 곧 그의 관료들이 활동을 시작하는데, 먼저 교회 법정으로 데리고 가서 신학적 판별을 받은 후 다시 세속 법정으로 끌고 온다. 이처럼 국가의 우위를 주장하는 시각에서 마녀 문제에 적극 개입하고 또 악마론을 썼다는 것은 매우 중요한 의미를 띤다.

다수의 매뉴얼들이 준비되고 출판되고 또 확산되는 데에는 아마도 바젤 공의회(1431~1439년)가 중요한 계기였을 것으로 보인다.(Blécourt, 92) 이때까지 이미 오랜 기간 대분열 문제를 놓고 격론이 벌어졌었고(1378~1417년), 여기에 새로운 '종파' 문제가 심각하게 제기되었다. 이런 문제들에 대한 긴급한 논의를 위해 전 유럽의 종교 대표들이 스위스에 모여들었다. 이 참가자들 간 대화에서 자연히 악마적인 파당들에 대한 논의가 풍부하게 이루어졌을 것이다. 더구나 이곳은 과거 이단의 잔존 세력이 강했고, 여기에서 이단과 마녀가 혼동되며 악마화되는 움직임이 시작되었다. 아마도 이때 민중적인 견해와 신학자들의 견해가 교환되며 사바스 개념이 만들어져 전 유럽에 퍼진 것 같다. 그리고 이런 정보들이 정리되어 매뉴얼들에 들어갔을 것으로 보인다.

2. 『개미 나라』

1430년대에 출판된 여러 악마론 저작 가운데 가장 중요한 텍스트로는 요한네스 니더(1380/85~1438년)의 『개미 나라』를 들 수 있다.

그는 남부 슈바벤 지역에서 태어나 1402년경 도미니칸 수도회에 들어갔다. 빈 대학과 쾰른 대학에서 공부한 후 콘스탄츠 공의회에 참여했으며(1415~1418년), 1426~1429년에 뉘른베르크의 도미니칸 수도원 원장이 되었다. 개혁파의 열렬한 지지하에 그는 1429~1436년에 바젤 수도원 원장이 되었다. 1431~1434년 이곳에서 개최된 바젤 공의회에서 중요한 역할을 수행한 후, 아마도 1435년에 빈 대학에 돌아가 다음 해에 신학부 학장이 된 것으로 보인다.

그는 여러 저서를 집필했으나 가장 유명한 것이 『개미 나라』이다. 제목은 성경(잠언 6:6 '게으른 자여 개미에게로 가서 그 하는 것을 보고 지혜를 얻으라')에서 유래한 것으로서, 개미 나라를 인간 세계의 모델로 비유한 것이다. 이 책은 모두 5권으로 이루어졌는데, 그중 마지막 제5권에서 악마와 마녀에 관해 본격적으로 논구한다. 그래서 이 책을 흔히 '악마론의 효시'라고 한다. 이 책은 '게으른 학생Piguer'이 질문을 제기하면 도미니칸 '신학자Theologus'가 그에 대해 응답하는 형식으로 구성되어 있다. '게으르다'는 것은 '신앙에 게을러서' 의심이 많다는 것을 뜻하며, 그래서 텍스트에서는 그가 중요한 문제에 대해 질문을 던지는 역할을 맡고 있다. 한편 이런 의문에 대해 답을 하는 '신학자'는 필자인 니더 자신으로 보인다.

이 책에서 그리고 있는 초자연적 마술의 세계는 어떤 성격인가? 이를 알아보기 위해 우선 책의 초반에 나오는 이야기 하나를 보자.(Nider, 1.20)

보헤미아 왕국의 신앙 문제를 논의하기 위해 많은 대주교와 주교 및 신학자들이 뉘른베르크에서 제국의회에 참석했다. 그때 세속 인사들을 물리고 난 자리에서 마인츠 대주교가 어느 기사의 이야기를 했다. 어느 날 밤, 한 기사가 군대를 이끌고 숲을 가로질러 행군 중이었다. 숲 끝에는 벌판이 있는데, 혹시 적군과 마주칠까 두려워하여 수하 중 한 명을 미리 보내 염탐케 했다. 과연 벌판을 가로질러 한 무리의 기사들이 말을 타고 가는 것을 보았다. 그들이 아군인지 적군인지 불확실하므로 무리가 지나가게 내버려 둔 다음에 맨 뒤에 가는 후위에 들이닥쳐 아군 여부를 확인하고자 했다. 무리의 주력부대가 지나고 난 후 기사 일행은 숲에서 뛰쳐나와 후위의 군인 한 명을 기습하여 붙잡았다. 그런데 잡고 보니 그는 전날 죽은 취사병이 아닌가! 그의 설명에 의하면 이 무리는 죽은 귀족 군인들의 혼령으로서, 말을 타고 예루살렘으로 간다는 것이다. 그런데 취사병은 자신이 탄 말 외에 다른 말 한 마리를 끌고 가고 있었다. 이 말은 그 기사를 위해 준비한 것이며, 그는 살아 있는 채 예루살렘에 갔다가 돌아올 수 있다고 한다. 실제로 기사는 그 말을 타고 예루살렘에 갔다가 다음날 같은 장소로 귀환했다. 그때 죽은 취사병은 그에게 '이 모든 것이 단지 헛된 망상에 불과한 것이라고 믿지 않도록' 두 가지 물건을 그에게 주었다. 하나는 더러워지면 불에 집어넣어 빠는 살라만 더 타월이고, 다른 하나는 그것으로 찌르면 사람이 독에 감염되어 죽는 칼이었다.

대주교가 전 유럽에서 모인 종교인들을 대상으로 죽은 혼령들 무리가 동물을 타고 밤에 이동하는 민중 신앙 이야기를 했다는 데에 주목할 필요가 있다. 우리는 이와 같은 종류의 민담이 널리 퍼져 있었으며, 교회에서는 '밤에 이동하는 혼령들'을 대개 악마를 추종하는 사악한 무리로 규정하였다고 설명한 바 있다. 그렇지만 니더는 악한 사람뿐 아니라 선한 사람들 눈에도 이런 혼령들이 보일 수 있다고 하면서, 이 혼령들이 반드시 악마들은 아니라고 설명한다.(Nider, 1.21) 그렇다 해도 여기에는 분명 기독교 교리와 어긋나는 부분이 있다. 죽은 사람의 혼령이 사후 거처를 떠날 수 있느냐고 묻는 '게으른 자'의 질문이 그 점을 지적한 것이다. 이에 대해 '신학자'는 '신의 용인'을 받아 가끔 혼령이 거처를 떠나 사람들에게 현현할 수 있는데, 그 이유는 산 사람들에게 교훈을 주고 겁을 주려는 것, 혹은 연옥에 갇힌 혼령이 그들을 위해 기도를 해 달라는 부탁을 하기 위해서라고 설명한다. 물론 저자는 죽은 사람의 혼령이 실제 나타나는 수도 있고 허망한 망상의 결과일 수도 있으니 조심하라는 신중한 당부를 잊지 않는다.

여기에서 우리는 먼저 『개미 나라』를 비롯한 이 시대의 악마론 저서에 여전히 많은 민중 신앙 요소들이 들어 있다는 점에 주목해야 한다. 예컨대 이 책에 나오는 악마는 흔히 야수 혹은 벌레 이미지이다. 스트라스부르에서 두 자매에 들러붙은 악마는 가끔 뱀 소리를 내며 괴롭히고, 교회 가는 길에 이들을 세게 밀어 넘어뜨리려 하는가 하면, 거대한 파리 모양으로 나타나서 동생의 귀 근처에서 돌거나 등 위로 기어 다닌다. 저자가 두 자매를 위해 퇴마의식을 행할 때 그녀 몸 안의 악마를 분명히 보았다고도 말한다. 육체성을 띤 이런 악마는 중세 민중 신앙의 면모를 강하게 띠고 있다.(Nider, 2.06)

사람에게 큰 위해를 가하는 악마와 그에 동조하는 마녀·마법사들에 대해서는 이 책의 3장과 4장에서 본격적으로 설명한다. 니더는 베른의 페터라는 인물을 비롯한 재판관과 신학자들에게서 들은 정보들을 제시한다.[1]

그중 중요한 사례로는 로잔 교구의 볼팅엔Boltingen 시에 살았던 스테들린Stedelin이라는 유명한 마법사를 들 수 있다.(Nider, 3.11~12) 그는 어느 부부가 사는 집에 마법을 써서 부인의 뱃속에 있는 아이를 7명이나 계속 죽였고, 양의 태아를 죽여서 7년 동안 새끼양이 태어나지 않도록 만들었다. 어떻게 그런 일을 했냐고 물으니 그 집 문턱 아래 특정 종류의 도마뱀을 숨겨두어 그렇게 했는데, 만일 이것을 치우면 그 집안의 생명력이 되살아난다고 설명한다. 그러나 도마뱀을 갈아서 뿌렸기 때문에 흔적을 찾기 힘들었다. 그래서 그곳의 흙을 모두 파서 버리자 바로 다음 해 여인과 가축들 모두 임신이 가능해졌다. 스테들린은 고문 끝에 화형에 처해졌다.

스테들린의 스승에 관한 이야기도 있다.(Nider, 4.08~09) 스카비우스 Scavius(영어의 'scab'과 통하는 말로, '딱지'를 가리키니 아마도 피부병을 앓은 흔적이 있는 사람이었던 것 같다)라 불리는 인물은 사악한 술수를 잘 썼다. 그는 만일 자기가 원하면 생쥐로 변신하여 원수의 손에서 벗어날 수 있다고 공공연히 자랑했으며, 실제 그런 식으로 여러 차례 위기를 모면했지만 드디어 종말을 맞았다. 어느 날 목욕탕에서 방심하는 새에 적들의 공격을 받아 죽임을 당했다고 한다. 그는 호포Hoppo라는 제자를 두었으며, 호포의 제자가 바로 앞서 언급한 스테들린이다. 호포와 스테들린은 이웃 밭에서 거름·마초·밀의 1/3을 옮겨가기, 우박·돌풍·번개를 일으키기, 걷는 아이 물에 빠뜨리기, 사람과 동물의 생식력 뺏기, 재산과 신체에 위해를 가하기, 말이 미친 듯 뛰게 만들기, 체포 직전에 엄청난 악취 풍기기, 그를 체포하려는 사람들 손과 심장 흔들어 놓기, 유실물 찾아내기 같은 행위에 더해 살인까지 저질렀다.

『개미 나라』에서는 이와 같은 사악한 마법 행위들이 많이 거론된다. 그런 것들은 어떤 성격을 띠고 있을까? 얼핏 보면 다 똑같아 보이지만, 세밀하게 분석해 보면 두 종류로 나눌 수 있다.

비교를 위해 지금까지 거론한 스테들린 일당의 마법 행위들을 A 카테고리라 하고, 페터가 거론한 다른 사례들을 B 카테고리라고 하자.

첫 번째 다른 사례(B1)는 로잔의 마녀들 이야기이다.(Nider, 3.13) 이 마녀들은 자신이 낳은 신생아들까지 삶아 먹었다고 한다. 이들은 어느 '집회'에 가서 남자 모습을 한 악마에게 기독교를 부인하고, 영성체를 하지 않을 것이며 교회에 몰래 숨어 십자가를 밟을 것을 약속했다.

두 번째 사례(B2)는 베른에서 13명의 아이들이 죽은 사건이다.(Nider, 3.13) 페터가 마녀 한 명을 잡아 심문하니 이렇게 답했다.

우리는 세례받지 않은 아이, 혹은 세례를 받았다 하더라도 성호나 기도 등으로 보호받지 못하는 아이들을 염탐한다. 그리고 우리의 의식을 통해 요람 안에 있거나 혹은 부모 옆에 있는 이 아이들을 죽이고는, 마치 아이들이 부모 몸에 깔려죽었든지 아니면 다른 자연스러운 방법으로 죽은 것처럼 위장한다. 그리고 무덤에서 이 아이들의 사체를 꺼내와 큰 솥에 삶고 뼈를 발라내면 살은 먹거나 거의 마실 수 있을 정도로 변한다. 이 중 단단한 부분으로 고약을 만들어 우리의 의례 혹은 변신에 사용한다. 연한 부분은 작은 병에 넣어 두는데, 이것을 누군가 마신 후 우리가 의식을 거행하면 그는 바로 우리 분파의 일원이 된다.

세 번째 사례(B3)는 또 다른 젊은 마술사에 관련된 사건이다.(Nider, 3.15~16) 그는 부인과 함께 체포되었는데, 부인은 끝내 회개를 거부했으나 그 자신은 비록 화형에 처해졌지만 설득 끝에 자기 죄를 고해하여 완전한 용서를 받고 다음과 같이 사실을 밝혔다. "일요일에 성수를 정화하는 의식을 하기 전에, (장래 악마 모임에 가입하려는) 입회자가 교회 안에 미리 들어가 예수, 세례, 보편교회 등을 모두 부인한다. 그러고는 '작은 주님magistro'에 경배하고 앞의 것(앞의 사례에서 언급된 아이를 죽여 만든 물질)을 많이 마신다. 그러면 몸 안에 우리 분파의 술수와 의식의 이미지가 생겨나는 것을 느낀다. 나와 마누라는 이런 식으로 유혹에 넘어갔다."

A와 B 사례들을 면밀히 비교해 보면 사건의 성격이 다르다는 것을 알 수 있다.

A에서 제시한 스테들린의 사례들은 악행의 정도가 심한 것으로 묘사

되긴 하지만 사실 그 성격은 우리가 통상 알고 있는 민중 마술에 속한다. 여기에는 악마가 주관하는 집회에 간다든지 신앙을 완전히 저버리는 배교 행위 같은 요소들이 없다. 그리고 마술을 배우는 방식은 사바스에 입회하는 게 아니라 스승에게서 전수받는 식이다.

이에 비해 B의 사례들은 악마 숭배와 사바스 요소가 뚜렷하다. 남자 모습을 한 악마가 나타나서 기독교를 부인하는 배교를 지시하고(B1), 아이를 죽여 고약을 만든다는 전형적인 마녀 이미지가 등장하며(B2), 사바스 입회에 관한 자세한 서술이 보인다(B3).

A와 B 계열 모두 악마의 힘을 등에 업은 사악한 마법사·마녀로 취급 당해 화형에 처해지지만, 사실 A는 본질적으로 민중 신앙과 성격이 같다. 그러나 저자인 니더 자신도 이런 구분을 섬세하게 하지 않고 있는데, 이는 이 시기에 이르면 민중 신앙이 악마적 마법이라는 틀 내로 편입되는 과정이 많이 진척되었다는 방증이다.

앞 장에서 설명했듯이, 민중 마술이 악마적인 마법으로 취급되게 된 것은 죽은 영혼을 불러내는 네크로만시와 같은 고급 마술에 대한 두려움과 그에 대한 격렬한 공격에서 연유된 것 같다. 이 책에도 그런 사실을 적시하는 부분이 있다. 4장 도입부에서 '게으른 자'가 네크로만서와 마술사가 다른지 묻자 '신학자'는 사실상 같은 존재라고 답한다.(Nider, 4.4~5) 네크로만서는 미신적인 의식을 통해 땅에서 죽은 자를 불러와 비밀을 밝히도록 하는 자를 말하며, 이는 성경에도 나오는 일이라고 이야기한다. 더 나아가서 악마와 계약을 통해 미래를 예언하거나 잃어버린 물건을 찾으며, 사악한 힘으로 이웃에게 해악을 끼치지만 흔히 이들 자신이 악마에게 해를 입는다고 설명한다. 네크로만서는 죽은 혼령을 불러 점복을 하는 자로부터 어느덧 죽은 혼령의 힘을 이용해 훨씬 더 사악한 행위를 하는 자로 변모했다. 이렇게 하여 악마의 힘을 빌려 사악한 일을 하는 마녀 개념이 형성되는 이론적 길을 터준 것이다. 다시 정리하자면, 민중 마술과 네크로만시 류의 박학한 엘리트 마술이 따로 존재했는데, 교회와 국가기구가 엘리트 마술을 악마적인 마법으로 규정하고 이를 적용하는 과정에서 민중 마술들도 함께 악마적인 술수로 혼동되어 탄압받게 되었다. 그리고 이런 개념이 이단 잔존 세력을 척결하려는 움직임과 결부되며 더욱 강화된 것이다.

마녀·마법사들은 구체적으로 어떻게 악마의 힘을 사용한다는 걸까? 다시 스테들린의 사례를 보자.(Nider, 4.22) 당국이 그를 취조하여 우박, 벼락, 돌풍을 어떻게 일으키는지 묻자 그는 이렇게 설명한다.

밭에 나가 어떤 말을 하면서 모든 악마의 주±에게 빌어 악마들 중 한 명을 보내 특정한 사람을 해치게 해달라고 부탁한다. 그렇게 한 놈이 오면 우리는 십자로에서 검은 닭을 희생으로 바치며 하늘 높이 던진다. 악마가 그것을 잡으면 곧 바람, 우박, 폭풍을 일으킨다. 그러나 늘 원하는 정확한 곳이 아니라 하느님이 원래 정한 곳에서 일어난다.

마녀가 검은 닭을 하늘에 던지는 식의 상징적 행위를 하면 이를 파악한 악마가 사악한 힘을 행사한다는 설명이다. 마녀와 마법사는 악마와 이미 완전히 한편이기 때문에 그것이 가능하다. 과거의 네크로만시에서는 죽은 혼령을 불러오기 위해 매우 복잡한 의식을 행해야 하지만 마녀는 그럴 필요가 없으며, 매우 단순한 상징적 동작만으로 악마를 끌어들인다. 그것이 가능한 이유는 악마 숭배 등을 내용으로 하는 '계약'을 통해 이미 악마와 통하는 자가 되어 있기 때문이다.

그런데 바람, 우박, 폭풍을 일으키도록 할 수는 있지만 다만 "늘 원하는 정확한 곳이 아니라 하느님이 원래 정한 곳에서 일어난다"는 마지막 부분은 무슨 의미일까? 마녀가 상징적 행위를 통해 악마의 힘을 이 세상에 풀어놓지만, 그렇다고 악마가 우주의 주인이어서 그런 일을 하는 것은 아니며, 오직 하느님의 힘을 사악하게 빼돌려 사용할 뿐이다. 그렇다면 하느님은 악마나 마녀의 사악한 행위를 모르고 있든지 혹은 알면서도 막지 못하는 것일까? 그럴 수는 없다. 하느님은 전지전능하기 때문이다. 그렇다면 결국 마녀가 행하는 사악한 행위는 하느님이 일어나도록 '허락'한 결과이다. 왜 그런 사악한 일들이 일어나도록 하느님이 허락했단 말인가? 이는 아주 중요한 문제로서 소위 '신의 용인divine permission'이라는 논증을 통해 설명할 수 있다. 이에 대해서는 다음 장에서 『말레우스』를 분석하며 설명할 것이다. 다만 여기에서 지적할 점은 이 짧은 문단에서도 그런 내용이 전제되어 있다는 사실이다. 마녀의 요청과 악마의 행위로 벼락이나 돌풍 같은 사악한 일들이 일어나지만 그렇다고 정말로 이들이 그런 사건을 주재하는 게 아니라 오직 하느님이 정한 한도 내에서만 일어난다는 것을 말하기 위해 "하느님이 정한 곳에서" 일어난다고 쓴 것이다.

3. 반反여성성

마녀사냥의 중요한 문제 중 하나는 여성 희생자의 비중이 대단히 크다는 점이다. 흔히 마녀사냥 현상이 여성에 대한 공격이라는 분석을 많이 한다. 그런데 과연 그 주장이 맞는지, 만일 그것이 사실이라면 언제부터, 또 왜 그런 경향이 생겨났는지 따져보아야 한다. 『개미 나라』는 마성을 띤 여성이라는 편견이 15세기 초반에 만들어지는 과정을 보여줌으로써 이 문제의 해결에 실마리를 제공한다.

니더는 여성성의 문제를 성적인 측면에서 접근하고 있다. 그가 보기에 여성은 욕망에 휘둘리는 약한 사람들이다.(Nider, 5.04~05) 달리 표현하면 유혹에 굴복한 사람들은 '여성적인' 반면 신에게 선택된 사람들은 '남성적이다.' 더 일반적으로 말해서 사랑의 욕망은 악마적인 현상에 속한다. 사랑은 어디까지나 종교적 의미에서만 긍정적이었을 뿐, 남녀 간의 사랑, 특히 육체석 사랑은 결코 좋은 의미가 아니었으며, 심지어 '악마적'이라고 비난받았다. 악마는 상상력, 판타지, 그리고 생식력에 힘을 가하여 여성을 사랑의 포로로 만든다. 악마는 어떤 방식으로 힘을 가하는가? 저자는 피에르 드 라 팔뤼Pierre de La Palud의 설명을 전한다. 첫째, 악마가 사랑하는 사람들 중간에 끼어들어 직접 혹은 간접적으로 서로 가까이 하지 못하게 만든다. 둘째, 사랑이 불타오르게 하거나 식혀버릴 수 있다. 셋째, 상상력에 영향을 미쳐 여인을 아주 못나 보이게 만든다. 넷째, 생식기의 힘을 줄여버릴 수 있다. 다섯째, (표현이 매우 돌아가는 방식이지만 결과적으로 말하고자 하는 바는) 정액이 성기로 내려가지 못하게 하거나 혹은 거기에서 방출되지 못하게 운동을 방해할 수 있다.(Nider,

5.13~14) 그러므로 "마술사가 콩이나 닭의 성기 같은 것으로 장난칠 때 이 물건들 자체가 가진 힘이라고 믿으면 안 된다." 이 뒤에 숨어 있는 악마의 힘이 작용하는 것이다.(Nider, 5.15) 그러나 성스러운 삶을 사는 인물, 덕을 가지고 저항하는 사람은 악마라 하더라도 공격할 수 없다. 그러므로 덕성스러운 삶을 살기 위해서는 여성적인 욕망을 다스려야 하는데, 그럴 때 신과 천사의 도움을 받을 수 있다. 니더는 몇 가지 흥미로운 사례들을 제시한다.(Nider, 6.18~20)

세레누스 수도원장은 순결을 지키고자 신에게 갈구했다. 순결의 욕망이 몸에까지 확장되게 해달라고 기도하자 "마침내 환상 속에 한 천사가 나타나 마치 배를 가르는 듯하더니 내장 가운데에서 불타는 종양을 하나 꺼내 멀리 던지고, 원래처럼 내장을 도로 제자리에 놓았다." 말하자면 욕망이라는 종양을 제거하는 영적인 수술을 받은 것이다. 또 엘리아라는 수사는 35세에 300명의 수녀들을 인도하는 일을 맡게 되다 보니 성적 유혹에 시달렸다. 그는 황야로 도망가 "주여, 저를 죽이시던지 아니면 해방시켜 주세요" 하고 기도했다. 그날 밤 꿈에 천사 셋이 나타나 만일 그가 해방되면 원래 하고자 했던 일을 제대로 잘 하겠느냐고 묻고 그러겠다는 다짐을 받은 후 그를 정신적으로 거세시켜 주었다. 그는 면도칼로 고환을 자르는 느낌을 받았다. 그리하여 도망친 지 닷새째 되던 날 안심하고 귀환한 후 40년 동안 아무런 욕망의 불꽃을 느껴본 적이 없다고 한다. 이처럼 여성 때문에 남성이 성적 욕망에 빠지는데 그 뒤에는 대개 악마가 숨어 있다는 점, 다른 한편 덕성스러운 남성이 신과 천사의 도움을 받아 욕망을 이겨낸다는 점이 강조된다.

니더의 논지는 극도의 반여성적 진술들로 이어진다. '여성은 우정의적, 피할 수 없는 고통, 필요악, 자연스러운 유혹, 탐스러운 불운, 집안의 위험, 매혹적인 재앙, 예쁜 색으로 칠해진 악의 현실'이다. '여성의 눈물에는 두 종류가 있는데, 하나는 진정한 고통의 눈물, 다른 하나는 계교의 눈물'이다. '홀로 생각하는 여성은 나쁜 생각을 하는 중이다.' 그러니 '여성과는 결혼하지 않는 게 나으며' 차라리 '사자나 용과 함께 사는 것이 여자와 함께 사는 것보다 낫다.' 그는 결론을 이렇게 맺는다. '여성의 모든 악덕의 기본은 그들의 본성에서 비롯되었다.'(Nider, 8.21) 충격적일 정도로 솔직하게 반여성성을 드러내는 이 내용은 후일 『말레우스』에서 다시 반복된다. 악의 대변인인 마녀가 대개 여성일 수밖에 없다는 논리는 이런 식으로 만들어져 갔다.

여성의 본성이 사악하고 악마에 속기 쉽다는 것이 결국 여성이 악마의 하수인이 되는 근거로 작용한다. 이전에 극히 위험한 마술인 네크로만시를 수행하던 사람은 주로 '남자'이고 '학자'들이었다. 그런데 여성의 본성이 악마와 통한다는 사실이 성립되면 악마와 소통하기 위해 네크로만서처럼 복잡다기한 의식을 치르지 않아도 된다. 여성은 본성적으로 악마에게 굴종하는 존재이므로, 사전에 악마와 통하여 쉽게 계약을 맺는다. 이제 악마적인 힘을 이 세상에 풀어놓는 존재는 남성보다는 주로 여성이며, 학자가 아닌 평범한 사람들로 변모했다. 더 나아가서 악마와 계약을 맺은 여성들이 네크로만서보다 오히려 더 강력하고 사악한 존재가 된다. 이들은 아이를 살해하고 기독교 신앙을 버리고 악마 숭배를 하면서 자신의 영육을 완전히 악마에게 바친 존재이기 때문이다.

여성은 악마의 희생자로부터 적극적인 동조자로 변모했다. 이는 최근 연구 결과에서 확인할 수 있다. 1350년 이전 악마적인 사악한 행위

maleficium에 대한 재판 대상자 중 70%가 남성이고 30%가 여성이었는데, 14세기 후반에는 남성 대 여성 비율이 42% 대 58%가 되었다. 이후 여성 비율은 갈수록 늘어나 15세기에 60~70%, 그리고 16~17세기로 가면 80%로 변한다. 마녀사냥이 본격화되었을 때에는 악마의 하수인으로는 여성이 대다수가 되었다.(Bailey, 86~87) 사실 여성성이 악마와 소통하기 쉽다는 주장이 이전에 없던 것은 아니다. 아퀴나스는 아리스토텔레스를 근거로 하여 저열한 여성성이 악마 계약으로 통한다고 정식화했다.[2] 이런 고전적 전거가 이제는 명료한 사실인 것처럼 굳어지고, 실천의 지침이 되기에 이르렀다는 것이 중요하다.

여성들이 악마와 결합하며 사악한 일을 하는 점에 대해 논한 후 여성들이 어떻게 그렇게까지 뻔뻔스러울 수 있느냐는 '게으른 자'의 질문이 이어진다. 그러자 '신학자'는 너처럼 순진한 자들은 놀라지만 사실 현명한 사람 눈에는 이런 일은 명료하다고 말한다. 그리고 한계를 넘으면 지극히 좋거나 지극히 나쁜 것이 세 가지가 있으니 그것이 혀, 성직자, 여자라고 말한다. 이것들은 선한 영이 인도하면 탁월한 것이 되지만 사악한 영이 인도하면 최악이 된다는 것이다.(Nider, 8.13~14)

4. 마녀와 성녀: 잔다르크 사례

선한 영이 인도하는 여성은 누구이며 악한 영이 인도하는 여성은 누구인가?

여성 중 최고의 존재는 마리아이고, 성녀들이 그 뒤를 따른다. 반면 최악의 존재란 물론 악마의 하수인인 마녀다. 여성은 성녀가 될 수도 있고 마녀가 될 수도 있다. 니더의 시대는 성녀와 마녀가 혼동되던 시기이며, 성인전과 동시에 악마론이 생산되는 때였다. 바꿔 말하면 선악이 다시 정의되고 새롭게 구분되기 시작하던 때였다. 그럴 때 성인 혹은 성녀로 추앙받는 존재가 과연 정말로 신과 천사가 인도하는 것인지 혹은 위장한 악마의 하수인인지 재검토하게 되었다. 그 이전 시대인 12~13세기에 등장했던 살아 있는 성녀들에 대한 평가가 뒤집어지는 일들도 벌어졌다. 예수와의 합일을 강조하는 신비주의자들은 합리적 인식을 거부하고 신과 직접 소통을 추구하며, 거식拒食, 환희, 성흔 등을 강조했다. 이들은 무엇보다 몸 자체에 성스러움을 상징하는 표시가 나타난다고 이야기했다.[3] 그러나 이제 이런 현상들이 의심의 대상이 되었다. 인간의 몸에 나타나는 신성함의 상징이 진실한 것인가? 후대에 '또 다른 예수alter Christus'로 추앙받게 되는 프란체스코 성인도 이 시기에는 의심의 대상이 되었다. 그는 1224년 9월부터 스티그미툼(성흔, 십자가에서 예수가 겪은 고난과 유사한 흔적, 곧 두 손, 두 발, 옆구리에 생긴 상처 흔적)을 받기 시작했는데, 이에 대해 수십 년 동안 의문이 제기되었다. 하물며 여성의 경우에는 더 큰 의심과 더 엄격한 조사의 대상이 되었다. 프란체스코식의 소박한 믿음과 공동체를 강조하고, 환상과 환희를 경험했다는 몬테팔코의 클라라 수녀원장이 대표적인 예다. 그녀의 심장에는 예수 수난의 표시가 완벽하게 나타나 있다는 믿음이 널리 퍼져 있었다. 1308년 그녀가 죽은 후, 교황청은 일단 시성을 거부하고 시체를 철저히 검사하였다.

니더는 선악을 명료하게 재규정하는 이런 흐름을 대변한다. 성녀의 전성시대는 조만간 마녀에 대한 공포가 폭발하는 시기로 이어졌다. 그가 보기에 많은 여성들은 성녀이기는커녕 악마의 하수인일 수 있었다. 실제로 환상을 보는 여인들이 성녀 카테고리에서 점차 마녀로 전환되었다.(Viallet, 189~190)

특히 문제가 되는 것은 경계에 서 있는 존재였다. 천사와 악마 어느 쪽의 지도를 받는지 애매한 존재, 아군과 적군의 경계를 넘나드는 자, 무엇보다 신이 정한 남녀의 질서를 교란하는 자가 최대의 의심의 대상이었다. 더구나 자신이 신의 뜻을 받았다고 주장하는 여성들은 극도의 의심을 받았다. 잔다르크가 대표적인 사례이다. 니더 역시 잔다르크를 중요한 사례로 지목하고 있다.(Nider, 8.09) "나는 신학자이며 파리 대학 대사인 니콜라스 아미쿠스Nicolas Amicus에게 소식을 들었다"고 말하는 데에서 알 수 있듯이 그는 바젤 공의회에 참석했다가 잔다르크에 대한 정보를 들었을 것이다.(Nider, 8.11) 그가 들어 알고 있는 중요한 정보는 그녀가 남자 옷을 입는다는 점, 그러면서도 자신은 여성이며 처녀라고 주장한다는 점, 그리고 신이 그녀를 보내 프랑스를 도우라고 주장한다는 점 등이다. 그녀는 군인처럼 말을 타고 장래 있을 수많은 승리를 예언하며, 실제 여러 번 군사적 성공으로 이끄는 등 많은 놀라운 일을 수행하여 프랑스뿐 아니라 다른 나라 사람들도 놀라게 한다고 기술했다. 이런 사실을 두고 니더는 놀라움과 동시에 강한 의심을 표한다. 당대 많은 사제들과 수사들 모두 그녀를 인도하는 게 악마적인 영인지 신적인 영인지 궁금해 하며, 박학한 학자들이 이 주제에 대해 글을 썼는데 의견이 다르다 못해 상반된다는 것이다.(Nider, 8.10) 니더 자신도 그녀가 성녀인지 마녀인지 고민하다 결국 마녀라는 쪽으로 기울었다.

재판에서 심문받고 있는 잔다르크 (폴 들라로슈, 1824)

그녀의 성공은 몇 년 지속되지 않았으며, 잉글랜드 군에 잡혀 감옥에 갇혔다. 그녀는 자기가 신이 보낸 천사와 함께 있다고 주장한다. 그러나 많은 학자들은 그것이 사악한 영이라고 본다. 이로 인해 그녀가 마술사라고 판단한 후 그녀를 화형에 처했다.(Nider, 8.11)

잔다르크는 어떤 식으로 마녀 판정을 받은 걸까? 그녀에 대한 재판 기록을 참조해 보자.(Hobbins)

잔다르크가 콩피에뉴를 공격하다 실패하고 사로잡히자 잉글랜드 측은 자신들이 점령하고 있던 루앙 성에 그녀를 감금하고 재판에 회부했다. 재판은 당연히 정치적 성격이 강할 수밖에 없었다. 잔다르크가 주도하여 프랑스 국왕 샤를 7세가 대관식과 축성식을 치렀으므로 잉글랜드와 부르고뉴 측은 잔다르크가 이단이거나 마녀임을 증명하여 프랑스 왕의 정통성을 훼손하려 했다. 가장 큰 논쟁거리는 13세부터 그녀가 들었다는 '목소리'였다. 프랑스 왕을 구하라고 말하는 그 목소리가 누가 보내는 것이냐는 추궁에 그녀는 미카엘 천사, 가브리엘 천사, 알렉산드리아의 카테리나, 안티오크의 마가레트 성녀였다고 밝혔다. 심지어 재판 당시에도 천사와 성인들이 그녀에게 '담대하게 답하라'고 알려주고, 심지어 주교에게 '당신은 조심해야 한다. 나는 신이 보내셨고, 당신은 큰 위험에 처해 있다'고 경고하는 메시지를 전했다고 주장했다. 그러나 재판관들은 그녀가 듣는 목소리가 악마 혹은 악령의 것이 아닐까 의심했다.

재판관이 그녀에게 따져 묻는 내용 중에는 고향에 있는 '귀부인들의 나무Arbre des Dames' 혹은 '요정들의 나무Arbre des Fées'와 그 주변의 샘에 관한 것도 있다. 이런 곳들에 동네 처녀들이 모여 나무에 꽃줄을 걸고 춤추고 소원을 비는 관습이 있었다. 그리고 그 지역의 작은 숲le Bois Chenus에 '언젠가 놀라운 일을 할 처녀가 나온다'는 전설에 대해서도 추궁했다. 이때 재판관들은 그녀를 민중 신앙의 마술사로도 의심한 것 같다.

예비조사 끝에 그녀의 혐의는 모두 70개 항으로 정리되었다. 내용 중에는 자신을 우상화했다는 점, 마술로 적을 살해하려 했다는 점, 악령의 도움을 받았다는 점, 신과 천사 목소리를 듣는다고 주장하지만 해명하지 못한다는 점 등이 포함되었다. 재판장인 피에르 코숑은 이를 다시 12가지로 재정리했는데, 신의 계시를 받았다고 주장하나 사실은 유령에 대한 믿음이라는 점, 남장을 하여 구약에서 밝힌 신의 섭리를 위반했다는 점 그리고 교회의 지시를 거부했다는 점 등이 주요 혐의였다. 그녀가 마녀라는 주장은 입증하기 쉽지 않으므로 대신 이단이라는 주장으로 논점을 바꾼 것이다. 파리 대학에 이에 대한 의견 조회를 했는데, 대학 측은 47명의 사제와 박사들 중 42명의 찬성으로 잔다르크가 이단이며 그녀가 행한 모든 일들을 번복하지 않는 한 그녀를 세속 당국에 넘겨 처벌해야 한다고 회신했다.

반대로 프랑스 군을 지휘할 때에 잔다르크는 살아 있는 성녀 취급을 받았다. 당대 기록에는 '남녀노소 모든 사람이 그녀를 깊은 애정을 가지고 바라보았다. 놀라울 정도의 무리가 달려와 그녀를 만지거나 심지어 그녀가 타고 있는 말을 만지려 했다'고 한다. 사람들이 그녀를 만지려 한다는 것은 그녀를 신성한 치유의 힘을 가진 '기적을 행하는 자thaumaturge'로 본다는 이야기이다. 잔다르크는 성녀와 마녀(혹은 이단) 사이를 오가고 있었다. 최종적으로 잉글랜드와 부르고뉴가 주도한 재판정

은 그녀에게 이단 판정을 내려 사형을 선고했다.[4]

홍미로운 점은 당시에 자신을 하늘이 보낸 사자라고 주장하는 여성으로 잔다르크가 유일무이한 게 아니라 다른 여성들도 상당수 있었다는 사실이다. 특히 거의 동시에 등장하여 잔다르크와 경쟁을 했던 '라이벌 성녀'인 카트린 드 라 로셸Catherine de la Rochelle을 주목할 만하다. 잔다르크는 그녀에 대한 질문을 받자, '카트린에게 황금색 옷을 입은 하얀 부인domina alba이 찾아와서 국왕에게 충성하는 도시로 갈 것을 명했고, 또 카트린이 금은보화를 숨겨둔 자들을 다 알고 있으므로 그것들을 찾아내어 잔다르크 휘하 병사들의 무장에 쓰겠노라고 자신에게 말했다'고 진술했다. 다만 진정 신의 소명을 받은 사람은 자신이므로, 카트린에게는 집으로 돌아가 남편 돌보고 아이나 잘 키우라고 면박을 주었다.[5]

『개미 나라』에서 이와 유사한 내용들을 찾아볼 수 있다. 니더는 잔다르크를 돕는 다른 '마녀'들이 있다고 설명한다. 신이 자신들을 보냈다는 두 명의 여자가 나타났는데, 이 두 여성은 체포되어 이단재판을 받았고, 곧 사악한 영의 지배를 받는다는 판정을 받았다. 그중 한 명은 자신이 사탄의 천사에게 속았다고 자백했으나, 다른 한 명은 자신의 주장을 고집하다가 화형당했다.(Nider, 8.12)

잔다르크처럼 자신이 신의 뜻을 받았다고 주장하는 동시에 남성 행세를 하는 여성의 사례도 상당수 있었다.(Nider, 8.07~08) 니더에 의하면 헨리 칼티저Henri Kaltyser라는 신학자가 이단재판관 자격으로 쾰른에 갔다가 그 근처에서 한 젊은 여인의 사례를 알게 되었다. 그녀는 남자 옷을 입고 무기를 가지고 다니며 남자와 춤추었다. 성의 경계를 완전히 넘어선 것이다. 당시 트리어 주교 자리를 놓고 두 후보가 갈등을 벌이고 있었는데, 그녀가 이 문제를 해결하겠다고 나섰다. 이는 마치 잔다르크가 프랑스 국왕 샤를 7세를 위해 일하는 것과 유사하다. 그녀는 쾰른 근처의 비른부르크Virnenburg 백작의 보호와 사랑을 받고 있었다. 그녀는 냅킨을 찢었다가 그 자리에서 도로 붙이고 잔을 벽에 던져 깨고는 다시 붙이는 식의 마술을 부리며 사람들을 속였다. 그러나 그녀는 교회의 소환에 불응하여 백작의 보호하에 멀리 도주해서 궐석 재판 끝에 파문당했다. 후일 그녀는 프랑스로 도주하여 그곳에서 박해를 피하기 위해 한 군인과 결혼했다가, 그 후 다시 어느 방탕한 사제와 바람이 나서 메스로 도주하여 그의 첩으로 살아갔다.

잔다르크는 결코 유일무이한 사례가 아니며, 그와 유사한 신비한 인물들의 존재를 확인할 수 있다. 성녀와 마녀 사이를 오가는 여성들이 다수 존재했다. 이 시대는 성스러움과 사악함이 재검토되는 혼동의 시대였다.

5. 텍스트에서 현실로

마녀 혹은 마법사라는 위험한 존재가 알려지게 되었으니 이들을 잡아서 처형해야 한다는 주장도 강화되어 갔다. 실제로 니더의 책에 거론된 사례들에서는 당사자들이 모두 화형에 처해졌다고 밝히고 있다. 이제 교회와 사법 당국은 악마의 세력을 찾아내서 없애는 역할을 자임하게 된다. 그런데 악마의 세력이 정말로 강력하다면 재판관도 위험에 빠지지는 않을까?

실제로 니더는 사악한 세력이 늘 그를 공격할 기회를 엿보지만 하느님이 사법 당국을 보호하기 때문에 악의 세력에 패배하지는 않는다고 설명한다.(Nider, 4.22; 7.5~9) 악마의 동조자라 하더라도 사법 당국이 체포하는 순간 사악한 힘이 곧 파괴된다는 주장이다. 앞에서 거론한 사례에서, 스테들린은 체포하러 오는 사람들의 손과 몸이 크게 떨리게 하고 엄청난 악취를 풍겨서 방해했지만, 페터는 일단 사법 당국의 손이 닿으면 모든 사악한 술수는 힘을 잃는다는 사실을 부하들에게 알려주어 그를 체포했다고 설명한다.(Nider, 4.21)

이런 일들은 신학자들이나 교회법학자들의 저술에서만 찾아볼 수 있는 내용일까?

그렇지 않다. 당시 실제로 마녀에 대한 공포심이 증대되었고 그들을 체포하여 처벌하는 일들이 일어나고 있었다. 같은 시기에 살았던 프란체스코파 수사로서 유명한 설교사인 시에나의 베르나르디노가 좋은 사례이다. 그의 설교집에서 그런 정황을 읽을 수 있다.[6](Shinners, 41)

손금, 양피지 호부brevi, 부적, 마술, 예언 등등… 돈 얼마 잃어버렸다고 점쟁이에게 가서 물어보는 것, 이것이 무엇인지 아느냐? 신을 부정하고 악마를 숭배하는 것이다.

그는 민중 마술에 대해 강력하게 비판하고, 악마와 결탁한 자라면 반드시 고발하고 처벌해야 한다고 주장한다.

이런 범죄를 고발하지 않으면 똑같은 죄로 처벌받으리라. … 내가 설교한 후 엄청난 수의 마녀와 주술사들이 고발당했다. … 그중 한 여자[피니첼라Finicella 라는 여인으로 알려져 있다]는 고문당하기도 전에 30명의 아이들을 피를 빨아 죽였으며, 또한 60명을 방면했으나 대신 한 명을 그렇게 풀어줄 때마다 동물의 다리 하나를 희생했다고 고백했다. 그 여인은 이 일을 오래 했다고 고백했다. 심지어는 자기 아들을 죽여 가루약을 만들어서 사람들에게 먹도록 했다. … 그녀는 해 뜨기 전에 베드로 광장에 가서 성 요한 축일이나 성모승천 축일 때 모은 약초로 만든 고약이 든 단지를 들고 갔다고 한다. … 그것을 내 코에 대 보니, 오호라, 그 냄새는 완전히 악마와 똑같았다. 그들 말에 의하면 이 고약을 자기 몸에 바르면 그들이 고양이로 변한다고 느꼈다. … 마침내 그녀는 말뚝에서 화형에 처해졌고 재만 남았다.

이제 마녀 개념이 현실에서 적용되어 가혹한 체포와 심문, 처형하는 일이 실제로 벌어지고 있음을 알 수 있다. 베르나르디노는 특별히 잔혹한 대응을 두둔한다. 심지어 어떤 여자는 화형에 처하기 전에 목을 졸라 살해하지 않고 살아 있는 채 불로 태웠다고 자랑스럽게 말한다!

그가 거듭 강조하는 바는 마녀를 반드시 고발해야 한다는 것이다. 그렇지 않으면 마지막 날에 하느님께서 책임을 물을 것이라는 식으로 협박한다. 또 만일 누군가가 그런 죄를 저지르는 데 도움을 주었다면 그 집에 신의 저주가 떨어져 물건으로나 몸으로나 벌을 받게 된다고 주장한다.

말해라, 어떤 자가 20~30명의 아이들을 그런 식으로 죽여서 재판을 받는데, 법정에 가서 그 사람들 봐달라고 자비를 구하는 것이 옳은 일인가? 만일 그 자가 당신 아이들 중 하나를 그렇게 죽였다고 하면 어쩔 건가?

이런 식의 열정적인 설교를 통해 베르나르디노는 알프스 서부와 이탈리아 사이 지역에 사바스 개념이 확산되는 데에 크게 기여했다. 그는 마녀들의 비행과 야간 집회 등이 환상이 아니라 실제로 행해지는 일이라고 주장해서 마녀의 존재에 대한 믿음이 굳어지는 데에 결정적 공헌을 했다. 그의 영향을 받아 1426년 토디Todi 시에서 만들어진 형법은 악마를 불러내어 사악한 행위를 한 자들을 엄벌에 처하도록 규정했다. 1428년 유명한 치료사 마테우키아Matteuccia de Francesco의 화형도 매우 의미심장한 사례이다. 아마도 그녀의 적들이 그녀를 고소했을 터인데, 재판 말미에 갑자기 다른 종류의 증언들이 제시되었고 그녀 자신이 염소를 타고 날아가서 루시퍼를 만났으며 아이의 피를 빨았다고 자백했다. 필경 누군가가 고문을 통해 자기 생각을 주입해서 고백을 강요했을 것이다. 그런데 이때 고백한 내용은 그보다 2년 전에 베르나르디노가 이곳에 와서 행했던 대중 설교 내용과 일치한다. 베르나르디노는 토디 시의 법을 바꾸어 주술을 행하거나 마귀를 불러낸 자 등을 화형에 처하도록 만들었다. 마테우키아는 이런 흐름의 희생자였다.

이상에서 우리는 15세기에 마녀 개념 형성 과정에서 결정적 도약이 일어난 사실을 확인할 수 있었다. 통상 15세기 말에 발간된 『말레우스』가 악마와 마녀를 해명하는 결정적 텍스트라고 이야기하지만, 그것은 완전히 정리가 끝난 텍스트라는 의미이고, 그 내용은 그 이전에 준비되었을 터이다. 그러므로 대개 13~14세기에 진행된 이런 흐름이 15세기 전반에 확정되었으며, 그 흐름의 결정적인 텍스트가 『개미 나라』라 할 수 있다. 그리고 베르나르디노의 사례에서 보듯이 이렇게 정립된 마녀 개념이 실제로 적용되어 잔혹한 마녀사냥의 광풍이 일기 시작했다. 즉 개념화와 실행이 상호 강화해 나가고 있었던 것이다.

그러나 여기에서 주의해야 할 점이 있다. 이 시기에 개념화가 이루어지고 또 그것이 일부 사회에서 실제 적용된 것은 분명하지만, 그것이 꼭 전 유럽에 걸쳐 광폭한 마녀사냥으로 이어진다는 보장은 없었다. 『개미 나라』를 악마론의 효시라고 부르는 것은 타당하지만, 이 텍스트는 한편으로 매우 신중한 태도를 보이고 있다는 점도 고려해야 한다. 니더는 한편으로 악마의 하수인인 마녀가 존재한다고 주장하면서도, 다른 한편 온 세상에 마녀들이 다 퍼져 있다고 믿지는 않았다. 오히려 악마와 마녀의 소행이라고 잘못 알고 있으나 사실은 다른 병에 기인한 경우가 많다는 점을 함께 거론하고 있다.

이에 관해 니더 자신이 제시하는 예를 보자.(Nider, 12.20;21;24;28)

뉘른베르크의 어느 여인은 자신이 아주 심하게 귀신 들린 상태라고 믿고 있으나 오히려 니더가 그녀를 만나 안심시켰다. 귀신 들린 것이 아니고 일종의 광기manie 상태라는 점을 납득시키고 치료를 권한 것이다. 쾰른의 어떤 남자는 아침에 일어나 자기 옆구리를 만지다가 자신이 두 사람이라는 느낌을 받고는 자기가 아직 자는 건지 미친 건지 모르겠다고 자문했다. 이번에도 저자는 이 병은 자연스러운 병이지 악마나 귀신의 소행이 아니라고 설명한 후 의사를 불러서 치료받도록 했다.

저자는 실로 합리적인 결론을 내린다.(Nider, 12.29~31) 성급한 판단으로 화형에 처하는 일은 극히 위험하다는 것이다. '게으른 자'의 마지막 질문이 이와 관련이 있다. 사람들이 무지하여 고통받고 있는데 이런 사람을 세속 당국에 넘기면 너무 성급하게 화형에 처하는 것이 아니냐는 것이다. 이에 대해 '신학자'는 그럴 가능성이 충분히 있으니 하느님의 힘인지, 병의 결과인지, 악마의 사악한 힘 때문인지 잘 따져보아야 한다고 말한다. 자신이 잘 아는 저명한 신학교수를 예로 들어 설명하기를, 그 교수는 칼로 자살하는 망상에 사로잡혀 있어서 자신을 찾아와 울며 고통을 호소했는데, 그가 보기에 이는 분명 의사가 다루어야 하는 병이며, 이런 사람에게는 영혼의 의사보다는 육체의 의사가 더 급하다고 결론짓는다.

책의 전반에 걸쳐 악마와 마녀의 위험에 대해 강력하게 경고한 다음 마지막에 이런 식으로 결론을 내리는 것은 상당히 큰 혼란을 유발한다. 왜 그런지에 대해서는 여러 해석이 가능할 것이다. 그러나 최소한 저자가 막무가내의 심문과 처벌을 강박적으로 주장하지는 않으며, 최소한의 합리성을 잃지 않는다는 것은 분명하다. 그러나 저자 자신보다 시대가 더 큰 공포에 싸여 있었던 것 같다. 『개미 나라』에 보이는 극단적 사례들만 『말레우스』에 전재되고, 원저에서 부분적으로나마 보였던 신중론은 잊혀졌다. 마녀 광기의 씨앗을 그가 만들어낸 것은 분명하지만, 그것은 다음 시대에 더 크게 확대되었다. 시대 분위기가 니더의 사고를 추월해 간 셈이다.

『말레우스』, 악_惡의 고전

마녀의 핵심 개념은 1430년대에 출판된 주요 저작들에서 거의 완성된 형태로 보인다. 그리고 이 개념을 근거로 실제 마녀사냥이 일부 지역에서 시작된 것도 확인할 수 있었다. 그러나 이때만 해도 마녀에 대한 박해는 산간 지역을 비롯한 변방에서 일어난 국지적 사건에 속했다.

전 유럽에 마녀사냥의 불길이 퍼져가려면 마녀 개념이 더 정교하게 정비되고 확산되어야 했다. 이런 과정에서 결정적 역할을 한 것이 『말레우스 말레피카룸Malleus Maleficarum』(1487, '악마에게 가하는 망치'라는 의미이며, 이하 『말레우스』로 약칭)이라는 저작이다. 이 책은 스콜라철학의 틀을 이용해 매우 치밀하고 탄탄하게 '악'의 개념을 구성하고 그에 대처하는 방법을 안출해 냈다. 엄밀하면서도 보편적인 마녀사냥의 틀이 만들어진 것이다. 이 개념 틀은 시간이 지나면서 전 유럽의 신학계와 교회, 종교재판소에 보급되었다. 더구나 이 시기는 유럽에서 인쇄술이 정착되던 때이다. 이 책은 인쇄술의 폭발적인 영향을 받은 최초의 악마론 저서로, 이후 한 세기 반 정도 유럽을 지옥으로 만드는 데에 결정적 공헌을 했다.

아마도 이 책을 읽는 독자들에게는 『말레우스』의 분석을 시도하는 이 장이 상당히 어려울 수도 있다. 꽤나 까다로운 철학적 논증을 통해 악마, 마녀, 그들 간의 관계, 신의 용인 같은 문제들을 정리하는 내용은 사실 접근하기가 만만치 않다. 이처럼 복잡한 논증을 필요로 한다는 점이 새로운 마녀 개념의 탄생이 그토록 어려운 일이었음을 말해 준다. 분명한 것은 이 책이 수만 명의 무고한 사람들을 불에 타 죽게 만든 최악의 개념을 만들어내는 데 결정적 텍스트라는 사실이다. 마녀사냥을 이해하기 위해서는 '악의 고전'이라 불러 마땅한 이 책에 대한 자세한 분석이 필수적이다. 서구 문명이 얼마나 허황한 내용을 얼마나 정교하게 다루면서 악을 규정하는지 꼼꼼하게 살펴보도록 하자.

1. 저자 및 배경: 교황칙서와 승인서

『말레우스』는 오랜 시간 동안 준비되어 온 마녀 개념이 최종적으로 정리된 결과물이다. 그것은 지난 시대 여러 관련 저작들의 내용과 구체적인 마녀재판의 경험들을 종합하되 엄격한 스콜라철학의 논증의 틀 내로 끌어들였다. 중세에는 이단, 사악한 혼령, 치료 능력을 가진 의심스러운 마술사, 초자연적인 힘으로 남에게 해를 끼친다고 여겨지는 인물 등

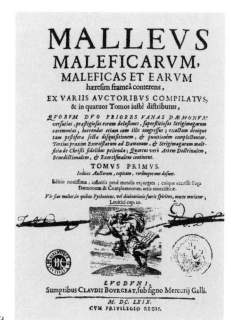

「말레우스 말레피카룸」

다양한 사람들을 느슨하게 비난했을 뿐 명확하게 규정된 단일 카테고리로서의 마녀는 없었다. 그런데 16세기가 되면 이제 유럽 전역에서 비교적 명확한 마녀 개념을 공유하게 된다. 이를 결정적으로 가능케 한 것이 『말레우스』였다.

　이 책은 두 가지 상반된 성격을 함께 지녔다. 하나는 도미니크 수도회의 저서라는 것이며, 다른 하나는 구체적으로 독일 지방의 경험이 바탕이 된 저서라는 것이다.(Broedel 2003, 10) 즉, 신학적 저서이지만 동시에 민중 신앙의 내용을 담고 있다. 다시 말해서 지식인 문화와 민중 문화의 접점에서 이 책이 만들어졌다. 원래 민중 신앙에서 거론되던 소박한 마술 관련 내용들이 권위 있는 신학적 도구 안에 포섭되면서 가공할 개념

틀로 변모하여 막강한 권력 행사의 기반이 된 것이다.

그렇다면 이 책은 출판된 후 곧바로 강력한 영향력을 미쳤을까? 이 책으로 인해 광적인 마녀사냥이 폭발했을까? 당장 그런 일이 벌어지지는 않았다. 마녀사냥의 정점은 16세기 말로, 이 책의 출판 이후 상당히 오랜 시간이 지난 후이다. 이 책의 논거가 널리 받아들여지고 활용되기까지 아직 많은 시간이 필요했다. 주요 저자인 인스티토리스Institoris가 마녀재판관으로 활동할 때 심각한 저항에 직면했다는 데에서도 그 점을 알 수 있다.[1]

그가 어느만큼 마녀재판에 참여했는지 명확히 알 수는 없지만, 현재까지 남은 기록으로 보건대 통상 오해하는 바와는 달리 평생 수없이 많은 마녀재판을 하고 다니며 수백 명을 죽음으로 몰아넣은 것 같지는 않다. 기록으로 확인할 수 있는 것은 1484년에 라벤스부르크 그리고 1485년에 인스부르크에서 마녀재판을 했다는 정도이다.(Broedel 2003, 14~17) 라벤스부르크에서는 다수의 혐의자를 체포하고 8명의 여성을 화형에 처했다는 사실이 알려져 있다. 그렇지만 구체적 활동 상황과 그 당시 사람들의 반응이 어떠했는지는 알려져 있지 않다. 문제는 그 다음에 인스부르크에서 있었던 일이다. 이곳에서 그가 마녀사냥을 수행하고자 할 때 교회와 세속 당국 모두로부터 극심한 비판에 직면했다. 그는 자신의 활동에 힘을 얻기 위해 교황청에 가서 교황 인노켄티우스 8세에게 자신과 슈프렝어(『말레우스』의 공저자이다)가 마녀를 재판할 강력한 권한을 달라고 요청했고, 만족스러운 답을 얻어냈다. 교황은 누구도 그 두 사람의 활동을 방해하지 말 것이며 만일 그런 방해 행위를 하는 자는 파문하리라는 칙서를 주었다. 또한 교황은 스트라스부르 주교에게 이 내용을 집행하라는 명령을 내렸고, 6개월 후에는 교황 개인의 편지 형식으로 지기스문트Sigismund 대공과 마인츠 대주교, 바인가르텐Weingarten 수도원장에게 인스티토리스가 행하는 일에 더욱 힘써 도와줄 것을 요청했다. 이런 정황을 보면 당시 인스티토리스가 행하던 마녀재판이 큰 어려움에 봉착해 있었으며, 이를 극복하기 위해 교황청에 도움을 요청했던 게 분명하다.

인스부르크에서 도대체 어떤 일이 있었던 것일까?

그는 이곳에서 우선 50명의 마녀를 기소했고, 다시 14명의 새로운 혐의자 목록을 제시하는 등 열성적으로 마녀 추적 작업을 했다. 그렇지만 이는 너무 무리한 일이었음에 틀림없다. 그를 도와주기로 한 고슬러Georg Gosler 주교로부터 그가 행하는 일들이 너무 큰 스캔들과 위험을 불러일으키니 제발 이곳을 속히 떠나달라는 편지를 받았다. 주교는 또한 인스부르크에 있는 친구 사제에게 인스티토리스가 떠나도록 압력을 가해 달라는 편지도 보냈다. 인스티토리스는 검증되지 않은 많은 일들을 전제로 하고는 '바보 같은 일'들을 한다는 비판을 받았다.(Broedel 2013, 46)

대표적인 사례가 헬레나 쇼이버린Helena Scheuberin 사건일 것이다.(Broedel 2003, 1~3) 인스티토리스는 이 여인을 마녀로 고발했다. 혐의는 그녀가 자신의 남편과 사랑에 빠진 것으로 보이는 어떤 여인에게 병을 일으켰으며, 다른 한편 자신이 사랑했으나 뜻을 이루지 못한 한 기사에게 독약을 썼든지 아니면 마술을 써서 살해했다는 것이다. 이는 후대 마녀사냥의 광풍이 일어났을 때 전형적으로 제기되는 마녀 혐의, 곧 질투에 빠진 여성이 악마의 힘을 빌어 타인에게 위해를 가했다는 것이다. 그런데 이때 벌어진 일들은 그의 생각과는 전혀 다르게 돌아갔다. 쇼이버린은 길거리에서 인스티토리스를 만나면 침을 뱉으며 "더러운 수도승 놈, 악마에게 잡혀가라!"라고 대놓고 욕을 했다. 그녀를 재판장에 끌고 와서 성적인 문제에 대해 시비를 걸고 그녀의 처녀성과 섹스 문제에 대해 질문을 던지자 동석했던 재판관들이 불쾌하게 여기며 아예 재판을 중단해 버렸다. 인스티토리스는 이에 굴하지 않고 계속 수십 명의 여인들에 대해 성적으로 문란한 문제가 있으며 무엇보다 악마와 성관계를 맺었다고 주장했다. 그러나 그의 주장은 받아들여지지 않았다. 인내의 한계에 이른 주교는 그에게 '당신이 그렇게 많은 스캔들을 일으키고도 아직 우리 도시에 남아 있다니 놀라운 일이다. 제발 인스부르크를 떠나서 당신의 수도원으로 가라, 그렇지 않으면 당신이 괴롭힌 여성들의 남편들과 친구들이 당신을 해칠지 모른다'는 모욕적인 내용의 서한을 보냈다.

인스티토리스가 이 일로 충격을 받고서 자신의 주장을 합리화하기 위해 급하게 『말레우스』를 썼다는 주장은 정황상 있을 수 있는 일로 보인다.(Broedel 2013, 46) 하여튼 이 사건에서 알 수 있는 중요한 점은 그가 견지하고 있는 생각, 곧 『말레우스』에서 제시하는 내용이 당시 다른 많은 신학자들이나 사제들에게 여전히 이상하고 낯선 일이었으며, 결코 모든 사람들에게 일반적으로 받아들여지지 않았다는 것이다. 여성이 사랑의 복수를 위해 악마와 성관계를 맺고 가공할 힘을 얻었다는 죄로 화형에 처하는 것은 아직 불가능에 가까운 일이었다. 그런 내용이 괴상망측한 미치광이의 생각이 아니라 사실이라고 주장하기 위해서는 특별한 권위의 도움이 필요했다. 책의 앞부분에 교황칙서와 쾰른 대학 신학부 교수들의 승인서 그리고 막시밀리안 1세의 서명이 있는 1486년 편지까지 붙어 있는 것이 그 이유다. 반대로 생각해 보면 그런 권위를 필요로 했다는 점 자체가 곧 이 책의 내용이 새로운 것이었음을 말해 준다. 이전에도 마녀에 관한 책들은 있었지만 이 책만큼 과감한 도그마를 주장하지는 않았었다.

여기에서 한 가지 불분명한 점은 공동 저자인 슈프렝어이다. 과연 그는 어느 정도 이 책 저술에 기여했을까?

사실 이 두 공저자의 기여 정도가 어떤지는 단정할 수 없다. 여러 정황으로 보건대 인스티토리스가 핵심적인 역할을 한 것은 분명해 보인다. 그런데 왜 다른 공저자를 끌어들였을까? 아마도 자신보다 학문적 영향력이나 교회 내 영향력이 큰 인물의 이름을 빌리기 위한 것으로 보인다. 심지어는 이름을 도용한 것이 아닐까 하는 의문도 제기되어 왔다. 말하자면 인스티토리스가 혼자 이 책을 다 쓰고 슈프렝어와는 상의 한 마디 없이 그를 공저자라고 주장했으리라는 것이다. 물론 이 점을 명백하게 단정할 수는 없는 일이다.[2]

교황칙서

『말레우스』의 앞부분에 첨부된 교황칙서Summis desiserantes를 보자. 이 책이 근대에 들어 마녀사냥의 가장 중요한 텍스트 중 하나가 된 이유는 내용뿐 아니라, 이처럼 교황청이 담보하는 공식적 권위 때문이기도 하다. 그러므로 우선 이 교황칙서의 내용을 살펴보고 그 특징을 정리해 볼 필요가 있다.

중세 교황들이 마법 행위를 억압하라는 서한을 여러 차례 발행한 적이 있다는 것은 앞에서 살펴본 바 있다. 그렇지만 이 칙서는 그런 개별적인 서한과는 의미가 다르다. 이 칙서는 더 일반적인 용도로 발행한 것이다. 그것은 우선 교황 이름 바로 다음에 "이 행위의 기억을 보존하기 위해ad futuram rei memoriam, to preserve the memory of this act"라고 쓴 데에서 알 수 있다.(Malleus, 1A) 이 칙서는 수신인이 특정되지 않은 문서이며, 따라서 실제 발송하지 않고 교황청 문서고에 보관한다는 것을 뜻한다. 곧 이 칙서의 내용이 특정 사례에 국한되지 않고 보편적이라는 의미이다.

문서는 우선 가톨릭 신앙을 굳건히 하고 이단을 몰아내야 한다는 일반적인 언명을 한 다음 최근에 교황청이 들어 알고 있는 위험 요인을 다음과 같이 구체적으로 설명한다.

상부 독일을 비롯하여 마인츠, 쾰른, 트리어, 잘츠부르크, 브레멘 등의 주, 도시, 지방, 지역, 교구에서 수많은 남녀가 자신의 구원을 버리고 가톨릭 신앙에서 멀어졌다. 악령들incubus, succubus과 과오를 범하면서 그들은 주문, 노래, 요술 및 기타 미신과 마법 행위들을 저지르고 또한 과도한 행위, 범죄, 악행을 저질러서 여성의 출산, 가축의 출산, 대지의 소출, 포도와 기타 나무의 과실, 그뿐 아니라 남자와 여자, 일 짐승, 소, 양, 그 밖의 여러 동물들, 또한 포도밭, 과수원, 밭, 목초지, 밀, 곡물 및 그 밖의 곡물들을 죽이고 질식시키고 쓸어내 버리도록 한다. 그들은 또한 … 부부간의 행위를 하는 능력을 방해함으로써 아버지가 아이를 얻고 여인이 수태하는 것을 막았다. … 그들은 인류의 원수의 선동에 따라 이 일을 하며, 그 결과 그들 자신의 영혼이 위험에 빠지고 하느님의 위엄을 손상하며, 많은 사람들에게 추악한 모범을 보인다. (Malleus, 1A-2A)

이 칙서는 교황청이 '정교화된 마녀 개념'을 공식적으로 인정했음을 보여주는 중요한 텍스트이다. 마녀들이 악마가 주재하는 사악한 모임에 참여했으며, 악마의 사주를 받아 실제로 인간의 출산, 목축과 농업 활동을 방해했다는 이야기는 이전의 여러 텍스트들에 나타났던 내용이지만, 핵심은 이제 그런 것들이 정식으로 가톨릭 교리가 되었다는 것이다. 교황 칙서에 그런 주장이 명백하게 제시되고 있는 것은 실로 중요한 사건이다.

뒤이어 『말레우스』의 두 저자와 관련된 사항이 이어진다. 인스티토리스는 상부 독일 지방에, 슈프렝어는 라인 지역에 "이단적인 과오를 바로잡을 종교재판관"으로 정식 임명되었으나, 해당 지역의 성직자들과 세속 인사들이 이를 부인했다는 것이다. 그리하여 두 재판관은 과오들을 저지른 사람들을 "벌하고 투옥하고 잘못을 교정하는 행위"를 하는 데 방해받았다. 교황칙서는 이러한 방해 행위를 중단하여 두 재판관이 원래 맡은 책무를 충실히 수행하도록 하기 위해 "다시 한번 완전하고 제한 없는 권능을 부여한다"고 못 박는다.(Malleus, 2A-2B) 칙서 자체는 방해 행위가 어떤 것이었는지 구체적으로 밝히지 않으나, 인스부르크에서 겪었던 사건들을 가리키는 것으로 보인다. 하여튼 두 사람이 종교재판관으로서 직무를 수행하는 것이 결코 순탄치 않았음을 다시 확인할 수 있다.

이는 그 다음에 나오는 스트라스부르 주교에 대한 언급에서도 읽을 수 있다. 교황은 특별히 스트라스부르 주교에게 교황청의 명령을 전달하면서 두 사람이 함께든 혹은 각자든 종교재판관 임무를 수행할 때 그 누구에 의해서도 괴롭힘을 당하거나 방해받지 않도록 할 것을 지시하고 있다. 만일 그런 행위가 발생하면 파문을 비롯한 강력한 응징을 당할 것이라고 경고한다.

『말레우스』의 앞부분에 이러한 교황칙서를 제시함으로써 이 책에서 말하는 내용이 올바른 것임을 인정받은 효과를 누리는 것은 분명하다. 교황이 '정교화된 마녀 개념'을 수용하고, 그러한 마녀의 폐해를 없애려는 저자들의 노력을 방해해서는 안 된다는 명령을 내림으로써 이 책은 강력한 권위를 누리게 되었고, 차후 마녀사냥의 단초가 되었다.

승인서

두 번째 문서인 쾰른 대학 신학 교수들의 승인서 역시 이 책의 권위를 높이는 데에 크게 기여했다. 이 문건은 책 내용이 가톨릭 신앙에 부합한다고 교수들이 보증하는 것이다. 형식은 공증인이 미리 작성한 문서에 교수들이 서명하는 방식이다. 그 내용은 다음과 같다.(Malleus, 3A-6A) 1487년 5월 19일, 인스티토리스가 공증인과 증인 앞에서 자신과 동료가 이단을 바로잡는 종교재판관으로 임명되었다는 사실을 이야기하고, 앞서 언급한 교황칙서를 그 증거로 든다. 그리고 그들이 종교재판을 할 때 많은 반대에 직면하였기 때문에 자신들의 정당성을 밝히는 책을 써서 쾰른 대학에 제출하여 신학 교수들로 하여금 검증을 받겠다는 것이다.

이에 대해 네 명의 쾰른 대학 신학부 교수들이 친필 서명을 했다. 우선 람베르투스 드 몬테Lambertus de Monte 신학대학 학장은 이 책의 1부와 2부는 자신이 판단해 보건대 교회의 가르침과 일치하며, 3부 역시 교회가 정한 절차에 합치하므로 승인되어야 한다고 진술하고 서명했다. 그리고 다른 세 교수Jacobus de Strahlen, Andreas de Ochsenfurt, Thmas de Scotia 역시 이에 대한 동의를 표하고 서명했다.

그 다음에 저자들을 비판한 무모한 사제들의 잘못을 지적하고 저자들의 마녀재판 행위가 정당하다는 것을 이야기하는 4개 조항을 제시한다. 그리고 이에 대해 앞서 서명한 네 명의 교수 외에 다른 네 명의 교수들이 이를 지지하는 의미의 서명을 했다. 이 네 명의 교수들이 앞부분의 서명에는 참여하지 않고 4개 조항에 대해서만 서명한 것은 이들이 아직 이 책 원고를 읽지 않았기 때문에 책 내용을 보증하는 사항에 대해서는 서명할 수 없었기 때문으로 보인다.

바로 뒤이어 황제 막시밀리안이 신민들에게 종교재판에 협력하라는 명령을 내린 봉인 문서를 인스티토리스가 제시한 사실을 거론한다. 그리고 이 모든 내용이 자신이 보는 앞에서 일어난 확실한 일이라는 공증인의 설명이 뒤따른다.

저명한 신학부 교수들의 승인서는 교황의 승인과는 또 다른 의미의 권위를 제공한다. 교황은 이 책의 전반적인 개념을 승인한 반면, 교수들의 승인은 스콜라 철학자들이 내용을 검토한 결과 이 책의 구체적인 내용이 신학적·철학적으로 부합한다는 것을 보증하는 것이다. 이로써 이 세상에 마녀가 존재하며 이들이 인간 세계 전체에 지극히 큰 위험이 되니 이를 격퇴해야 한다는 주장은 학문적으로 더 이상 의심의 여지없는 것으로 정리되었다.

2. 형식적 특징: 스콜라철학

『말레우스』는 기본적으로 스콜라철학의 전통적 표준 담론 양식Quaestio disputata을 차용하여 논증을 전개한다.[3] 『말레우스』는 이 방법론으로 1부를 구성했다. 2부는 사례들을 제시하는 방식이고, 3부는 논증이 아니라 마녀에 대한 기소를 해설하는 내용이기 때문에 이 방법론을 사용하지 않았다. 이 담론 방식에 익숙치 않으면 이 책을 읽기가 지극히 어렵지만, 일단 이 방식에 익숙한 사람들은 내용을 잘 이해할 수 있고, 또 저자들도 자신의 주장을 설득력 있게 제시하기에 편한 장점이 있다.

그 방식은 다음과 같다. 우선 하나의 질문 방식으로 논제를 정한다 (titulus, TT). 그 다음에는 이러한 문제에 대해 잘못 알려진 주장들을 여러 개 먼저 제시한다(argumentum, AG). 이처럼 잘못된 답들은 나중에 하나씩 논파하게 될 것이다. 그 후 이에 반대되는 논증, 곧 정답이라 할 수 있는 주장을 제시하는데, 이 부분은 모두 sed contra(그렇지만 반대로…)라는 표현으로 시작한다(SC). 이처럼 찬반을 제시한 후 좌장 역할을 하는 저자가 자신의 주장을 본격적으로 펼친다. 이것이 이 논증의 몸통에 해당한다. 이는 상당히 긴 내용으로 잘못된 답을 반박하고 옳은 답을 제시하는 이유들을 설명하는 주문主文 혹은 본문 부분이다(corpus, CO). 이 부분은 responsio(대답) 혹은 respondetur(답이 주어지기를)라는 표현으로 시작한다. 그 뒤에 각각의 아구멘툼에 대한 직접적인 논박을 제시한다 (RA). 이것을 정리하면 다음과 같다.

TT

AG 1, 2, 3, 4…

SC 1, 2…

CO

RA 1, 2, 3, 4…

다만 『말레우스』의 저자들은 『신학대전』의 전형적인 방식을 완전히 똑같이 따라하지는 않으며 경우에 따라 형식을 일부 변경하기도 하고, 때로는 그중 일부는 생략하거나 반대로 길고 복잡한 논증을 펼치기도 한다.

구체적으로 『말레우스』에서 어떻게 이 논지를 펴는지 제1부 12번째 질문을 예로 들어 살펴보도록 하자.(Malleus, 64C-71A) 이 질문은 '신의 용인divine permission'에 관해 논증하는 대단히 중요한 논제다. 이는 악마가 세상을 파괴하려 하고 마녀들이 그런 악마의 사주를 받아 세상에 악을 행하는데, 온 우주를 주관하는 신이 왜 그런 사태를 그대로 놓아두는지를 묻는 내용이다.

TT. 마녀들의 행위와 관련하여 신의 허락이 양도되었다는 것이 가톨릭의 교리이고 그것을 거부하면 이단인가?

표현이 다소 복잡하지만, 묻는 내용을 설명하면 이러하다. 세상에 왜 악이 판을 치는가? 마녀들이 악마의 사주를 받아 인간 세상에 온갖 흉악한 일을 하고 있다. 전지전능하시고 선하신 하느님이 이 세상을 주관하는 것이 맞다면 왜 이처럼 악이 만연하도록 방치하는가? 그러니 마녀가 그토록 활개치는 것 역시 하느님의 뜻이며, 다시 말해서 신이 그런 악이 일어나는 것을 '허락'했다고 하는 주장이 옳은 것인가(가톨릭 교리에 합당한가), 아닌가? 그리고 만일 그렇지 않다고 부인하는 사람은 이단인가?

이에 대한 아구멘툼(AG, 나중에 반박되는 잘못된 주장)은 6가지가 제시되었다. 그것을 간단히 정리하면 다음과 같다.

AG1. 하느님은 마법과 관련하여 악마에게 그토록 큰 힘을 허락했을 리 없다. 그렇게 주장하는 것은 하느님에 대한 모욕이며, 오히려 그런 권능을 악마에게 주지 않았다는 것이 교리에 맞다. 하느님은 허락하지 않았는데 악마나 마녀가 그와 같은 일을 수행한다고 하면 피조물이 신의 섭리에 복종하지 않을 수 있다는 주장이 되는데, 이 또한 오류이다.

AG2. "하느님은 원하면 저지할 수 있었을 어떤 일이 일어나도록 허락하셨든지, 혹은 저지하고자 했으나 그것을 저지하지 못했다." 이 두 가지 사항은 모두 신의 속성에 어울리지 않는다. 첫 번째라면 하느님이 우리에게 적대적인 것이고, 두 번째라면 신이 무력한 것이 된다.

AG3. 아우구스티누스가 말하기를 "어떤 일은 아는 것보다는 모르는 것이 더 낫다." 저속한 일들이 그렇다. 훌륭한 일들만 신에게 돌리는 것이 합당하다. 따라서 신은 마녀들이 행하는 천박한 일들에 대해 허락할 것인지 말 것인지에 대해 아예 개의치 않는다.

AG4. "하느님께서 어찌 소들을 위하여 염려하심이냐"(고린도전서 9:9) 이런 식으로 하느님은 비이성적인 존재들에 대해서는 염려하시지 않는다. 그러므로 그런 저급한 존재들이 마법의 영향을 받았는지 아닌지는 하느님이 염려하실 바가 아니다.

AG5. 필연성에 의해 일어난 일들은 하느님의 허락의 결과로 일어난 것이 아니다. 마법의 영향이라는 것들도 필연성 때문에 일어난 것이다. 예를 들어 우리가 마법 때문에 일어난 것으로 간주하는 질병들은 사실 천체의 원인과 영향으로 일어난 것들이다. 그러므로 그런 사건들 모두가 다 굳이 하느님의 허락에 따른 것들은 아니다.

AG6. 만일 신의 허락에 의해 사람들이 마법의 영향을 받았다면, 왜 어떤 사람에게 그런 일이 일어나고 다른 사람에게는 일어나지 않았는가 하는 문제가 제기된다. 누군가의 죄가 더 커서 그런 일이 일어났다고 주장하는 것은 옳지 않다. 늘 죄가 더 큰 사람만 마법에 걸리는 것은 아니기 때문이다.

이에 대한 반대 주장―실제로는 타당한 주장으로서 결국 저자가 주장하는 바―으로는 크게 두 가지를 제시한다.

SC1. 신은 설사 원하지 않는다 하더라도 악이 벌어지도록 허락하시는데, 그것은 우주를 완벽하게 하기 위해서이다. 디오니시우스가 말하듯 "모든 사람의 유익을 위해, 다시 말해 우주의 완전성을 위해 악이 일어나리라." 아우구스티누스 역시 "우주의 총체성이 가지고 있는 놀라운 아름다움은 선한 것과 악한 것 모든 일들로 이루어진다. 악이라 불리는 것이 잘 조정되고 제자리에 위치한다면 그것은 선을 칭찬하게 된다. 즉 선은 사악한 일들에 비유됨으로써 기쁘고 갸륵한 것이 된다"라고 말했다.

SC2. 토마스 아퀴나스 역시 유사한 주장을 펼쳤다. 즉, 하느님은 사악한 일들이 일어나기를 바라는 것도 아니고 안 일어나기를 바라는 것도 아니며, 단지 그것이 일어나도록 허락할 뿐이다. 이는 우주의 완전성을 위한 것이다. 예컨대 폭군이 순교자에게 고문을 가할 때 그들이 고통을 감내하는 것이 널리 알려지게 되는데, 이는 원래 폭군의 의도와는 반대되는 일인 것과 같다.

이렇게 찬반 양쪽의 의견들을 제시한 다음 저자는 그 가운데 왜 후자가 맞는 주장인지 설명하는 주문主文을 제시한다.

CO. 이 문제로 많은 속인들과 성직자들이 심각한 고민을 하고 있다.

주문의 내용을 정리해보자.

저자들은 이 문제에 대해 다음 두 가지 사항을 통해 답한다. 첫째, 하느님은 모든 것을 직접 관장하기 때문에 이 세상은 신의 신성한 섭리에 따르고 있다고 보아야 한다. 선한 것만 하느님이 관장한 일이고 악한 것은 다른 세력이 행한 일이라고 하면 하느님이 세상만사를 직접 주관한다는 교리와 맞지 않다. 사악한 일 역시 하느님이 '허락'하여 일어난 일이다. 둘째, 천사들의 타락과 인류의 첫 조상들, 곧 아담과 이브의 타락이 모두 신이 허락한 결과라는 사실이 명백한 증거다.

이에 대해 랍비 모세 같은 이는 신이 다른 동물보다 인간에 대해 더 큰 염려를 하시는 게 당연하다는 논리에서 출발하여 중간적 견해로서 인간에 대해 마녀들이 저지른 행위는 신이 허락한 것이 맞지만, 가축이나 곡물 등에 관해 마녀가 저지른 행위들은 그렇지 않다고 주장했다. 그러나 저자들은 다시 여러 논거들을 통해 신이 그야말로 모든 일들을 직접 관장하며 따라서 마녀들의 행위 모두를 허락한 것이 옳다는 견해를 거듭 주장한다. 이 모든 것들은 다 어떤 목적을 위해 존재하기 때문이다. 저자는 여기에서 다시 한번 폭군과 순교자의 이야기를 한다. 순교자들이 폭군이 가하는 고문을 견디는 것과 마찬가지로 마녀들의 행위는 정의로움을 닦아내고 신앙을 증거하는 데에 유용하게 쓰인다. 폭군이 순교자를 처형하는 것은 물론 사악한 일이다. 그렇지만 폭군의 사악한 행위가 결국은 순교자의 정의로움을 더욱 빛나게 하고 이것이 널리 알려져 다른 사람들의 믿음을 더 강하게 하니, 신앙을 짓밟으려는 폭군의 원래 사악한 의도 혹은 사악한 행위는 결국 더 큰 선함으로 귀결된다.

이와 관련해서 과연 신이 죄로부터 자유로운 인간을 창조하지 않는 이유가 무엇인지에 대한 논증으로 이어진다. 소박하게 생각하면, 애초에 신이 인간을 만들 때 죄를 짓지 않을 수 있는 능력을 갖추어 주었으면 마녀와 같은 죄악에 물들지 않았을 것이 아닌가. 이에 대해 저자들은 그것이 불가능하다는 논변을 다음과 같이 편다. 비록 신이 무한히 선하고 무한히 강력하지만, 그럼에도 '죄를 짓지 않을 수 있는 능력'을 피조물에게 부여할 수는 없다. 그 이유는 신의 권능이 불완전하기 때문이 아니라 피조물이 불완전하기 때문이다. 피조물이 창조주와 똑같이 완전한 존재가 될 수는 없다. 피조물의 이와 같은 불완전성 때문에 인간이나 천사 모두 신과 같은 능력을 가질 수는 없다. 오직 창조주의 은총을 받는 정도에서만 죄를 피하고 완벽함을 누릴 수 있으니, 그것은 마치 초가 밀랍 성분을 가지고 있는 한도 내에서만 빛을 내는 것과 같다.

이는 또 자유의지론으로 연결된다. 자유의지를 가진 인간은 대의大義

로부터 철회withdraw할 수도 있고 안 할 수도 있다. 죄를 짓는 것은 곧 신으로부터 철회하는 것이며 그것은 피조물이 선택한 결과이다. 그러므로 인간과 천사는 선택의 자유와 '죄를 짓지 않을 수 있는 능력'을 동시에 신과 공유할 수는 없다.

이런 논증 끝에 저자들은 처음에 제기된 AG에 대한 각각의 반론을 제시한다. 잘못된 주장들에 대해 그것이 어떤 이유에서 오류인지 하나씩 정리하고 넘어가는 것이다.

RA1. 신께서 악마에게 인간을 해하는 힘을 부여했다는 주장이 이단이라는 것은 옳지 않으며 그 반대가 참이다.

RA2. 하느님이 전능하시면서도 정의롭다는 것은 하느님이 악을 용인했다는 데에서 드러난다. 하느님은 악을 능히 저지할 수 있었음에도 그렇게 일이 일어나도록 한 것이다.

RA3. 아우구스티누스가 "어떤 일은 아는 것보다는 모르는 것이 더 낫다"고 말한 이유는 두 가지다. 하나는, 우리가 모든 일을 한번에 다 이해할 수 없는 경우가 많기 때문이며, 다른 하나는 때로 사악한 일에 대해 알면 사악한 행동으로 이어질 수도 있기 때문이다. 그러나 이는 모든 것을 이해하고 계시는 하느님에게는 타당하지 않다.

RA4. "하느님께서 어찌 소들을 위하여 염려하심이냐" 하는 것은 인간처럼 이성적인 존재에게는 맞지 않다. 인간은 자유의지에 따라 자신의 행동을 통제하며, 그에 따라 적절한 보상을 받는다.

RA5. 인간이 자연을 만든 것은 아니라 해도 자연을 자신의 필요에 따라 이용할 수 있다. 그러나 그것은 필연적인 현상들(예컨대 해가 뜨고 지는 일들)에까지 미치지는 않는다. 하느님만이 그런 현상에까지 영향을 미칠 수 있다. 그러므로 필연성에 의해 일어난 일들 역시 하느님의 허락의 결과로 일어난 것이다.

RA6. 언제나 죄가 더 큰 사람에게만 마녀의 행위가 작용하는 것은 아니다.

이와 같이 엄격한 스콜라철학 방법론을 사용함으로써 소박한 수준의 악마론, 곧 우리에게는 어처구니없어 보이는 이상한 주장들, 혹은 재판관들이 이단 혐의자들을 처결할 때 만들어낸 무리한 논리들이 정당한 교리로 주조될 수 있었다.

3. 악마와 마녀 그리고 '악마 계약'

이제 『말레우스』에서 전개되는 중요한 내용들을 정리해 보도록 하자.

『말레우스』를 독해할 때 핵심 과제 중 하나는 악마와 마녀가 어떤 존재이며 마녀가 행하는 마법은 무엇인가 하는 물음에 답하는 것이다. 무엇보다 중요한 것은 악마와 마녀 사이에 맺은 악마 계약diabolical pact의 실체를 이해하는 일이다.

악마의 힘을 중재하는 마녀

제1부의 첫 번째 질문은 우선 마녀의 존재 자체에 대한 것이다. 논제는 "마녀가 존재한다고 주장하는 것이 가톨릭의 핵심 교리이고 그와 반대되는 견해를 옹호하는 것은 이단인가"이다.(Malleus, 7A) 쉽게 말하면 이

세상에 정말로 마녀가 존재하느냐를 따지는 것이다. 저자들은 주문呪文 (CO)에서 마녀라는 것은 존재하지 않는다는 잘못된 주장들에 대해 이렇게 정리한다.(Malleus, 7D)

세 가지 이단적인 오류를 논박하면 진리가 밝혀질 것이다. … 어떤 사람들은 마법이란 단지 사람들의 의견에만 존재하는 것이라고 하는데, 이에 의하면 원인을 잘 알 수 없는 일을 마법이라 일컫는다고 주장한다. 다른 사람들은 마녀의 존재를 인정하지만, 마녀들이 마법의 효과를 내기 위해 협력하는 것은 오직 그들의 상상과 환상 속의 일이라고 주장한다. 세 번째 사람들은 비록 악마가 마녀들과 협력하는 것은 맞지만 마법의 효과는 순전히 환상적이고 상상의 것이라고 주장한다.

다시 말해서 마법이 이 세상에 '실제' 존재하고 '실제로' 영향을 미친다는 것을 부인해서는 안 된다는 주장이다. 저자들은 그 각각의 주장이 어떤 신학적 오류에 빠졌는가를 매우 상세히 논증한 후 "계약을 통해 악마들의 도움을 얻고, 신의 허락을 받아, 실제적인 위해를 행하는 마녀들이 존재한다는 주장이 진실한 가톨릭의 명제"라는 결론을 이끌어낸다. (Malleus, 10B) 이 주장의 요체는 마녀와 마법의 '실재성實在性'이다. 만일 이를 부인하면 그 자체가 곧 이단의 죄가 된다.

이 첫 번째 논증은 앞으로 이루어질 다른 모든 논증의 출발점이며, 결국 마녀사냥의 핵심 논거가 된다. 악마와 마녀의 존재가 단지 사람들의 상상의 산물이라든지 혹은 그들이 존재한다 하더라도 그들이 일으키는 일들이 이 세상에 실질적인 위협이 되지 않는다고 하면 마녀를 체포하여 고문을 통해 유죄를 입증하고 처벌하는 이유가 없어지기 때문이다. 사실 마녀가 악마와 성관계를 맺고 아이를 살해하는 등의 일이 실제 일어난 게 아니라 단지 사람들의 상상 혹은 꿈속에서 일어난 일이라는 견해가 오랫동안 지속되었다. 『캐논 에피스코피』가 중요한 논거였고, 이를 따르는 주장들이 상당히 많았다는 사실을 앞에서 여러 차례 살펴본 바 있다. 『말레우스』는 이런 견해를 단호하게 부정하고, 마녀는 현실 세계에 구체적인 해악을 끼치는 존재라는 점을 부각시켰다.

여기에서 한 가지 주의할 점이 있다. 인스티토리스는 마녀가 실제 악행을 저질렀고 육체적으로 활동했다는 점을 강조한다. 그런데 전통적으로 논쟁이 되었던 문제, 곧 마녀가 사바스에 날아서 갔느냐 아니냐 하는 문제에 대해서는 명확한 답을 제시하지 않거나 혹은 아예 이 문제를 무시한다는 느낌을 준다. 그의 다른 주장에 비추어 생각해 보면 마녀가 정말로 밤에 날아서 사바스에 참가했다고 주장할 것 같은데, 실제로는 이 점을 거의 강조하지 않는다. 보이지 않는 악마에 의해 이동해 간 경우도 있고, 영혼만 참석한 경우도 있고, 이 과정이 생략된 경우도 있다는 식으로 모호하게 처리한다. 그가 강조하는 바는 마녀가 악마와 성관계를 통해 강력한 계약 관계를 맺었다는 점이다. 악마와 마녀가 이 세상 어디에나 존재하며, 어디에서든지 양자가 관계를 맺을 수 있으므로 굳이 사바스에 가서 특정한 의식을 치르는 것이 결정적으로 중요하지 않다는 것이 그의 입장인 것 같다.

마법이 알 수 없는 어두운 힘이 아니라 마녀와 악마의 합작으로 인해 벌어지는 일이라는 이런 특정한 개념은 막연한 주장에 그쳐서는 안 되고 신학적 근거들을 통해 명확하게 정립할 필요가 있었다. 특히 이때 제기되는 중요한 질문은 왜 그토록 강력한 힘을 가진 악마들이 스스로 인간들에게 피해를 입히지 못하고 반드시 마녀라는 중간 매개를 필요로 하느냐 하는 점이다. 따라서 양자 간에 맺어지는 악마 계약에 대한 해명이 필요하다. 이 문제에 관한 것이 두 번째 논제이다.(Malleus, 13D)

> TT : 마법의 효과를 얻기 위해 악마는 언제나 마녀와 협력해야 한다고 주장하는 것이 가톨릭 교리인가, 아니면 어느 한쪽이 다른 쪽의 도움 없이, 곧 악마가 마녀 없이 혹은 마녀가 악마 없이 그런 효과를 낼 수 있다고 주장하는 것이 가톨릭 교리인가.

말을 쉽게 풀면, 악마가 마녀의 도움 없이, 혹은 마녀가 악마의 도움 없이 사악한 마법을 수행할 수 있는지 아닌지 여부를 묻는 질문이다. 이두 번째 논제의 아구멘툼(AG, 다시 말하지만 저자가 나중에 반박하는 잘못된 주장들)은 모두 10개에 달한다. 이는 성서 혹은 교부철학에 근거하거나 혹은 그 외 다양한 중세의 이론들을 반영한 것들이다. 예컨대 "살인자가 앞에 오면 피살자의 상처에서 피가 흘러나오는데 이는 영혼의 힘 없이도 육체가 기적을 일으킬 수 있다는 증거이다" 같은 주장이 그런 예이다(AG6). 이는 육체적 존재들 간에 초자연적 현상이 일어난다는 이야기이니, 반드시 영적인 존재(악마)의 도움을 받아야만 육체적 존재(마녀)가 마법이라는 초자연적 현상을 일으키는 것은 아니라는 방증이 될 수 있다. 아구멘툼 중 특히 중요한 것은 성경에 나오는 욥의 사례다. "욥에게 일어난 일들은 마녀의 도움 없이 악마가 홀로 한 것이며 다만 하느님이 허락한 것일 뿐"이라는 주장인데(AG2, 욥 1:12~19), 악마가 마녀의 도움

없이 인간을 해친 사실이 성경에 나오므로, 마녀의 존재가 필수적이 아니라는 근거가 될 수 있기 때문이다. 『말레우스』의 저자들은 이런 주장들을 모두 논박하고 반드시 마녀의 도움을 통해서만 악마가 악행을 저지른다는 사실을 재확인한다. 그의 반박 주장(SC)은 "영적인 존재는 오직 다른 작동인의 도움을 받아야만 형태에 영향을 미칠 수 있다"는 것이다. 다시 말해서 영적인 존재인 악마가 물질적 존재에 직접 힘을 미칠 수 없기 때문에 마녀가 사악한 힘을 발휘하도록 중재해야 한다는 의미다.[4]

이 논제의 주문에서 저자들은 악마와 마녀 간의 관계에 대해 성경의 내용을 들며 길게 설명한다. 특히 앞서 거론한 욥의 고사에 대한 설명이 반드시 필요했던 것으로 보인다. 마녀 없이 악마가 인간을 괴롭힌 사례가 성경에 명시적으로 나오므로 어떻게든 이를 해명해야 했을 것이다.[5] 이를 위해 저자들은 모세와 조로아스터에까지 거슬러 올라가며 많은 사례들을 제시한 후, 매우 특이한 해석을 시도한다. 욥의 시대에는 아직 마법이 만들어지지 않았지만, 그 후 성인의 지혜가 늘어나듯 사악한 기술도 발전했으며, 결국 오늘날에 이르러 마녀들의 술수가 그 만큼 늘었다는 것이다.[6] 욥의 시대와 같은 먼 과거에는 마녀가 없었으나 시간이 흐르면서 마녀가 생겨나고 더 나아가서 근자에 그 수가 급증하게 되었다는 해명이다. 그런데 논리적 어려움을 피하기 위해 억지로 고안해낸 듯한 이 허술한 주장은 마녀사냥을 시대의 긴급한 과제로 격상시키는 종말론의 논리와 연결되어 매우 중요한 내용으로 발전하게 된다. 이에 대해서는 아래에서 다시 자세히 살펴볼 것이다.

악마의 속성

악마가 스스로 사악한 마법을 행할 수는 없으며 반드시 마녀의 조력이 필요하다는 주장은 저자들의 해명에도 불구하고 여전히 매우 기이한 느낌을 준다. 이 문제를 더 명확하게 이해하기 위해서 『말레우스』에서 이야기하는 악마의 속성에 대해 알아보아야 한다.

중세의 우주론에서는 지구를 둘러싼 여러 층위의 하늘을 상정하고 있다.(Mackay, 31; 르 고프, 164) 천사들은 상위의 하늘에 거하고 있다. 악마는 이 천사 중 타락하여 아래 세계로 떨어진 존재다. '타락한fallen' 천사란 상징적으로 사악한 편에 서게 되었다는 표현일 뿐 아니라, 문자 그대로 상위의 하늘에서 아래로 추락했다는 것을 의미한다. 이들은 여러 겹의 하늘 중 지구와 달 중간의 구역에 거하게 되어, 땅위의 일들에 간여할 수 있다. 그런데 이들이 비록 타락했다고는 해도 기원이 천사이기 때문에 여전히 영적인 존재이며 인간과 같은 물질적 존재가 아니다. 그런 이유에서 이들은 심지어 인간의 감각에 포착되지도 않는다. 이런 마당에 어떻게 인간 세계에 영향을 끼칠 수 있단 말인가?

이런 논리상의 난점은 악마들이 어떻게 인간 앞에 현현할 수 있는가, 어떻게 인간과 소통하는가 하는 문제들에 대한 복잡한 논증을 불러왔다. 이 점에 대해서 『말레우스』는 현재의 우리가 보기에는 과도하다 싶을 정도로 면밀한 논증을 펼친다.[7] 예컨대 악마가 인간에게 접근하여 속임수를 쓰고자 할 때 인간에게 어떻게 말을 걸 수 있을까? 악마는 인간 육체의 폐나 성대 같은 발성기관이 없기 때문에 인간과 같은 방식으로 말을 할 수는 없으므로 다양한 기술을 동원하여 육성과 비슷한 소리를 만들어낸다. 즉, 그들이 조립하여 만든 유사 발성기관 같은 틀에 공기를 두드려 보내어 인간과 같은 소리를 만들어 사람들의 귀에 닿게 한다는 것이다(악마는 하느님처럼 새로운 물질을 창조할 능력은 없으나 이미 존재하는 물질을 움직이고 조립할 수는 있으므로, 이러한 가짜 발성기관을 만들 수 있다). 청어가 물 밖으로 나오면 이상한 소리를 내며 죽는 것과 유사한 원리라는 설명도 덧붙인다. 또한 악마는 육체적인 눈을 가지고 있지도 않다. 따라서 악마가 인간에게 나타나서 우리를 본다는 것은 인간의 시각과는 분명 다른 방식, 다시 말해서 영적인 방식으로 보는 것이다. 그런데 악마를 본 사람들의 기록에 의하면 악마 역시 인간과 같은 모습을 하고 있으며, 얼굴에 눈도 가지고 있다고 한다. 이는 어찌된 일인가? 저자에 의하면 "악마의 눈은 그려 붙인 것이다"!(Malleus, 107 A-D)

더 나아가 먹고 마시고 배변하는 일 역시 마찬가지 방식으로 설명한다. (Malleus, 107D) '신학적으로' 먹는다는 것은 네 가지 과정으로 나뉜다. 음식을 잘게 잘라 입에 가져가는 것, 그것을 몸 안으로 넣는 것, 육체의 힘으로 그것을 소화시키는 것, 그리고 남은 것을 배출하는 것이 그것이다. 천사나 악마의 '가상의 몸'은 앞의 두 과정은 행하지만 뒤의 두 가지는 하지 못한다. 그들이 하는 것은 단지 음식을 순간적으로 잘게 부수어 작은 물질로 분해시키는 일이다.[8] 현재 우리가 볼 때 이런 것들은 무익하거나 불필요한 논쟁으로 보이지만 우주 전체와 인간사 전체를 논리적인 틀 안에서 설명하려는 스콜라철학에서는 이러한 논증이 필수적이었다. 말하자면 현재 우리와 문제의식이 다르기 때문에 우리가 보기에는 이들의 논증이 기이해 보이지만, 당대의 맥락에서 보면 중요한 작업일 수 있다.

그렇다면 이런 여건에서 악마는 결국 어떻게 사람의 마음을 조종하는가?

『말레우스』제1부 질문 7에서 묻는 바가 이와 관련이 있다. 논제는 "악마가 남성들의 마음을 움직여 사랑과 증오를 불러일으킬 수 있는가?"이다. 저자의 답은 악마가 직접적으로 인간의 마음을 조종하지는 않지만 다른 간접적인 방식으로 그렇게 할 수 있다는 것이다. 저자가 제시하는 한 가지 방식은 기억의 요소들을 변화시켜 인간의 생각을 조종하는 것이다. 기억이란 무엇인가? 이 책에 따르면 사람의 기억은 여러 생각들의 저장소와 같다. 이 요소들이 움직여 꿈을 꾸는데, 악마는 기억의 요소들을 조종하여 마치 꿈을 꾸듯이 헛된 생각을 유도할 수 있다.[9] (Malleus, 48B-C)

이상에서 살펴본 몇 가지 사실에서 알 수 있듯이, 『말레우스』에서 설명하는 악마는 지극히 큰 힘의 가능성은 가지고 있으나 그것을 '직접' 행사할 수 없다는 특징을 가지고 있다. 악마는 육체성 혹은 물질성이 결여된 존재다. 이런 특징은 『말레우스』 이전 시대의 악마에 대한 서술과 비교하면 더욱 뚜렷이 드러난다. 스위스의 악마론 작가인 펠릭스 헴메를린Felix Hemmerlin(1460년경 사망)이 그리는 악마는 직접 이 세상에 나타나 인간에게 악행을 저지르는 존재여서 따로 마녀가 불필요하다. 에르푸르트에서 기록된 한 악마는 독어, 라틴어, 체코어를 능숙하게 하며, 보헤미아 인들이 진실한 신앙에서 벗어나도록 유도하고, 반대로 이들을 진압하기 위해 공격해 온 가톨릭 군대의 성채를 지옥불로 파괴한 것으로 그려져 있다. 비슷한 시대의 종교재판관이었던 니콜라 자키에Nicholas Jacquier가 그리는 악마는 『말레우스』와 거의 비슷한 종류의 악행을 저지르지만 단 이들은 직접 사람 앞에 나타나서 유혹하고 악행을 이끌며 독약과 마법의 약을 준다.[10] (Broedel 2013, 45~60)

『말레우스』의 악마는 이런 전통적인 견해에서 벗어나서 아주 특이한 존재로 거듭난 셈이다. 악마는 구체적인 행위를 직접 하지 않는다. 인간에게 힘을 미치는 근원은 악마이지만, 마녀가 특정한 행위를 해야 그 힘이 발현된다. 예컨대 밀랍 인형에 마녀가 침을 꽂으면 악마가 당사자에게 해를 끼치는 식이다. 힘 자체는 악마의 것이지만 침을 꽂는 행위를 하지 않으면 그 힘이 발현되지 않는다. 말하자면 악마의 힘은 마치 자연력처럼 이용될 뿐이다. 그런 점에서 보면 악마의 힘을 구체적으로 작동시키는 마녀가 더 분명하고 위협적인 존재가 되었으며, 악마보다 더 직접적인 책임을 지게 되었다. 마녀들을 잡아 처형하는 이유가 여기에 있다.

4. 여성 혐오

마녀에 관한 문제에서 중요한 논점 중 하나는 여성성 문제다. 왜 악마는 주로 여성을 유혹할까? 이 문제에 대해 『말레우스』는 여성의 본성 자체가 악마와 소통하는 사악한 성격을 띠기 때문이라고 주장한다.

마녀와 여성성

마녀사냥의 희생자 중에 여성의 비율이 압도적으로 크다는 것은 잘 알려진 사실이다. 기존 연구 결과는 이 점을 명백하게 보여준다.

피고소인 중 여자 비율

지역	여자 비율(%)	지역	여자 비율(%)
바젤	90	제네바	76
에섹스	92	프랑슈콩테	76
나무르	92	자르란트	72
남동부 독일	82	카스티야	71
노르Nord 지방	82	프라이부르크(스웨덴)	64
베네치아	78	바트란드(스웨덴)	58
동 보스니아	78	모스크바(17세기)	33

자료: Scarre, 25.

위의 표에서 보듯 일부 지역에서는 마녀로 몰려 고소된 사람 중 여성의 비율이 90%를 상회하며, 대부분의 지역에서 대개 70~80%에 이른다 (여기에서 한 가지 특기할 점은 17세기 모스크바에서는 여성 희생자의 비율이 예외적으로 33%에 불과하다는 점이다. 아래에서 이 문제를 다시 논하기로 한다).

여성의 희생이 이렇게 많은 이유가 무엇일까? 바꿔 말하면 악마와 계약을 맺는 사람이 왜 주로 여성일까?

그런데 한 가지 고려할 점은 남성 희생자들도 분명 존재한다는 사실이다. 희생자의 다수가 여성이라는 것과 100%라는 것은 엄연히 차이가 있다. 따라서 '마녀는 곧 여성'이라고 단정할 수는 없어 보인다. 이 때문에 문제는 더욱 복잡해진다. 왜 악마와 계약을 맺어 사악한 힘을 중계하는 사람이 대부분 여성이되, 일부 남성이 존재할까?

이 문제에 대해 『말레우스』는 기본적으로 여성성이 마녀와 통하지만 일부 예외가 있다는 식으로 정리한다.

이 책에서 여성성과 마녀 간의 관계에 대해 다루는 부분은 제1부

질문 6이다. 여기에서는 다음과 같은 중요한 질문들이 제기된다. 첫째, 신앙을 저버리는 행위가 남성보다 '연약한 성'(여성)에서 더 많은 이유가 무엇인가? 둘째, 왜 특정한 여인들이 더 미신에 빠지고 마녀가 잘 되는가? 셋째, 다른 사람들보다 특별히 더 사악한 조산원 마녀는 어떤 존재인가?(Malleus, 39D-40A)

흥미로운 점은 다른 문제와 달리 이 문제에는 아구멘툼(AG)이 나오지 않는다는 점이다. 내용상 그런 형식이 불필요하다고 여기고 아예 준비하지도 않았다는 식이다. 여성에게서 마녀가 더 많은 것은 따로 반대 질문을 제시할 필요조차 없이 자명하며, 우리의 경험에서 이를 알 수 있다는 것이 저자들의 주장이다.(Malleus, 40B) 그들은 이 주제가 아예 여성들에 대한 책망의 장으로 적합하다고 밝히고 있다. 과연 이 부분에서는 서양 문명에 내재해 있는 반反여성성의 논거들을 총동원한 듯한 느낌을 줄 정도다. 다만 여기에서 『말레우스』가 제시하는 문장들은 『개미 나라』에서 많이 옮겨온 것들이다.

"뱀 대가리만큼 더 나쁜 대가리가 없고, 여성의 분노보다 더한 분노는 없다. 사자나 뱀과 함께 사는 것이 사악한 여인과 함께 사는 것보다 낫다."[11] "모든 악은 여성의 악에 비하면 작은 것이다." 그러므로 "결혼하지 않는 것이 유익하다."(마태 19:10) 크리소스톰에 의하면 "여인은 우정의 적, 피할 수 없는 벌, 필요악, 자연적인 유혹, 매력적인 재앙, 가정의 위험, 즐거운 손상, 자연의 악이로되 다만 멋진 색깔로 치장되어 있다." 푸브릴리우스 시루스Publilius Syrus에 의하면 "여성은 증오하거나 사랑할 뿐이다. 그 중간은 없다. 우는 여인은 거짓말을 하는 것이다. 여성의 눈에는 두 종류의 눈물이 숨겨져 있으니, 하나는 비탄의 눈물이요 다른 하나는 속임수의 눈물이다. 여성이 혼자 생각할 때에는 사악한 생각을 하는 것이다."

이처럼 여성의 사악함에 대한 일반론을 제시한 후 텍스트는 여성들이 악마에게 잘 유혹되는 특별한 이유를 여러 가지 든다.(Malleus, 41D-42C) 여인들은 잘 믿으려고 하는 경향을 띠므로 신앙을 타락시키려는 악마의 공격을 받기 십상이라든지, 그녀들의 천성이 '유동적'이라 초월적인 현실을 더 잘 수용한다든지, 여성들의 입이 가벼워서 그들이 사악한 기술을 통해 알게 된 일들을 숨기지 못하며, 또 그들은 육체적 힘이 약하기 때문에 마법을 통해 복수하려는 경향이 크다는 점 등이 그런 것들이다. 특히 마지막에 언급한 요인에 대해서는 따로 추가적인 설명을 한다. 여성들은 몸과 영혼이 모두 미약하므로 그들이 질투하는 대상에 대해 자신의 힘을 사용하지 못하는 대신 마법을 행하려는 경향이 강하다. 이런 결점들로 보건대 여성들은 불완전한 생명이라는 것이다. 저자가 제시하는 근거 중에는 실로 어처구니없는 주장도 있다. 라틴어로 여성을 가리키는 단어인 'femina'는 'fe(신앙)'와 'minus(결핍)'의 결합이니, 신앙이 부족하다는 뜻이라고 강변한다. 이 근거로부터 출발하여 신앙에 대해 쉽게 의심을 품는 여성들은 자연적으로 사악하다는 결론으로 이어지며, 이렇게 신앙을 쉽게 부정하는 것이 마법의 기본이 된다고 주장한다.

저자들은 상당히 이색적인 반反여성적 고사들도 원용한다. 어떤 사람의 부인이 강에서 익사했는데, 남편은 아내가 죽은 곳으로부터 상류로 거슬러 올라가며 시체를 찾았다. 시체는 하류 쪽으로 떠내려가게 마련인데 왜 상류 쪽에서 찾느냐는 질문에 그는 이렇게 답했다. "살아 있을 때 그 여자는 늘 내 말과 지시를 거스르기만 했습니다. 그녀는 죽은 다음에도 정상을 거스르려는 강한 의지를 지니고 있을 테니 반대 방향으로 찾는 것입니다."(Malleus, 43B) 이 사례를 보면 저자들은 민중 문화 안에서도 광범위하게 반$_{反}$여성성의 자료들을 찾으려 한 것 같다.

결론적으로 여성의 미약함이 인류 역사 전체에 영향을 준 지극히 중요한 원천으로 자리매김된다. 만일 여성들이 존재하지 않았다면 우리는 신과 직접 교감하는 존재로 남아 있을 것이며, 마법과 같은 여성의 악만 없었더라면 이 세상에 그토록 큰 위험들이 넘쳐나지는 않았을 것이라는 주장에 이른다. 극단적으로는 이렇게 말한다. 이브가 죄를 범하도록 유도한 것은 악마지만, 아담이 타락하도록 만든 것은 이브였다. 이브가 유도한 아담의 죄가 없었다면 우리가 영혼과 육신의 죽음을 겪지는 않았을 터이므로, 그녀는 "죽음보다 더 비통하다."(Malleus, 44C-D)

이와 같이 여성성 자체가 인류의 비극의 원천이라는 것이 『말레우스』의 결론이다.

마녀와 성

구체적으로 여성성이 어떻게 악마의 유혹과 연결되는 걸까?

『말레우스』에서 여성성은 성적 욕망, 즉 육체적 욕구와 동일시된다. 이것이 비극의 원천이다. 이 책 전반에 걸쳐 여성은 육체의 욕구와 동의어다. 결코 만족을 모르는 것이 자궁의 입구라는 성경 내용이 근거 중하나다.[12] 물론 성모 마리아라든지 성녀들 같은 여러 훌륭한 여성의 사례가 있다는 것을 저자들도 인정한다. 그러나 그들은 다름 아니라 육욕을 절제한 여인들로서, 어디까지나 예외에 속한다.

채워지지 않는 육체적 갈망을 안고 있는 여성들은 그 욕망을 만족시키기 위해 악마와도 희롱한다. 여성의 욕구가 악마와 교접을 가져오는 한편, 마법을 사용해서 연인을 획득하고 또 이전 연인에 복수하고자 한다. 그리고 여기에서 비롯되어 얻은 힘들을 악용하여 훨씬 더 큰 다른 죄들을 짓는다. 저급한 욕망에 물든 여인들이 악마와 결탁한 결과 마녀들이 저지르는 사악한 행위 가운데 중요한 것 일곱 가지를 다음과 같이 들고 있다. 첫째, 남자의 마음을 비정상적인 사랑으로 이끄는 것, 둘째, 생식을 방해하는 것, 셋째, 이 일에 필요한 육체 부분을 없애는 것[남자의 성기를 없앤다는 뜻이다], 넷째, 남자를 짐승 모양으로 바꾸는 것, 다섯째, 여성의 생식력을 없애는 것, 여섯째, 낙태를 유도하는 것, 일곱째, 어린 아이를 악마에게 바치는 것 등이다.(Malleus, 45B-46A)

여기에서 우선 악마가 인간과 성행위를 할 수 있느냐 하는 신학적 문제가 제기된다. 그들이 영적 존재인데 인간인 마녀와 육체관계를 가지고 더 나아가서 임신시킬 수 있는지를 분명히 가려야 한다. 1부 세 번째 논제(Q3)는 악마와의 성교라는 것이 가톨릭 교리상 맞는지 따지는 문제다. 그 결론은 악마가 인큐버스incubus(남성 형상을 하고 여자와 성교하는 악마, 어원은 '위에 눕는 자'라는 뜻이다)와 서큐버스succubus(여성 형상을 하고 남자와 성교하는 악마, 어원은 '아래에 눕는 자'라는 뜻이다)로 변신하여 인간을 탐할 수 있다는 것이 가톨릭 교리에 합당하다는 것이다.(Malleus, 23B-24B)

저자들은 구체적으로 다음과 같이 대담하게 논의를 진행한다.(Malleus, 26B-D)

첫째, "악마는 가장 혐오스러운 섹스를 하는데, 그 이유는 자신의 즐거움을 위한 게 아니라 악마의 아래 깔린 혹은 위에 있는 인간의 몸과 영혼을 더럽히기 위해서이다." 악마가 인간을 성적으로 탐하는 이유는 악마 자신이 육체적 쾌락을 얻기 위해서라고 할 수는 없다. 그들이 살과 뼈를 가지고 있지 않기 때문에 그런 것은 애초에 불가능하다. 그보다는 인간의 육신과 영혼을 타락시키고, 그 결과 더 많은 악행을 유도하기 위해서다.

둘째, 이를 통해 여성이 임신하고 출산할 수 있는데, 이때 악마는 다른 인간의 정액을 여성의 자궁에 넣음으로써 그것을 가능케 한다. 여기에서 한 가지 확실하게 해명해야 할 구체적인 문제가 제기된다. 정액은 체외에서 먼 거리를 이동할 경우 '영혼의 열기'를 잃어버리기 때문에 임신이 불가능하지 않느냐는 의문이다. 이에 대해서는 악마가 '영혼의 열기'가 흩어지지 않도록 특별한 조치를 취하든지 혹은 악마가 워낙 빨리 이동하기 때문에 임신이 가능하다는 논리를 편다. 악마는 동작이 빠르다!

셋째, 그렇게 얻은 아이는 물론 악마의 자식이 아니라 원래 정액의 소유자의 아들이다(일종의 체외 수정을 한 셈이다). 이렇게 하여 통상 제기되는 질문인 악마가 자식을 얻을 수 있는가에 대해 완전한 답을 제공했다고 저자들은 주장한다.

악마와 마녀는 사랑의 문제 그리고 인간의 생식 문제에서 아주 다양한 방식으로 해를 끼친다.(Malleus, 53A-C) 저자들에 의하면 악마와 마녀는 어떤 사람의 열정을 불타오르게 할 수도 있고 식혀버릴 수도 있으며, 어떤 대상을 끔찍이 싫어하는 존재로 상상하도록 유도할 수도 있다. 더 나아가서 직접 남성 생식기를 통제할 수도 있다. 예컨대 발기 강직도를 약화시키기도 하고, 정액이 생식기로 나아가는 통로(혈관)를 막을 수도 있고, 혹은 배출(사정)을 막을 수도 있으며,[13] 더 나아가서 생식기를 완전히 뽑아내거나 혹은 그런 환상을 심어줄 수도 있다.[14] 여성에게도 유사한 일들이 일어난다. 예컨대 여성의 상상력을 통제하여 남편을 아주 싫어하게 만들어 남편의 성교를 방해할 수 있다. 다만 여성보다는 남성을 대상으로 마법을 행사하는 경우가 더 많다고 한다. 그 이유는 남성의 혈관을 막거나 발기를 방해하는 일이 더 쉽기 때문이다.

저자들의 설명에 의하면, 흔히 세속 사회에서 일어나는 거세 사건들은 남성이 자신의 연인에게 성적으로 봉사하지 않든지 혹은 그녀를 버리고 다른 여인과 친해지려 할 때 여성이 복수심으로 저지르는 경우가 많다. 그러나 마법에 의한 거세는 성격이 다르다. 이때 거세는 한시적일 수도 있고 영구적일 수도 있다. 대개 그런 위해를 가한 마녀 자신이 마법을 풀 수 있지만, 그렇지 않은 경우들도 있다. 마녀가 죽었든지(이때에는 회복이 원천적으로 불가능하다), 마녀 자신이 회복 방법을 모르거나 그 해독 주문이 망가진 경우가 그렇다. 사실 마녀들 중에도 구분이 있어서 병들게도 하고 치료도 하는 마녀, 병들게는 하지만 치료는 못하는 마녀, 치료만 하는 마녀로 나뉜다.[15] 그러므로 마녀들 사이에 사악한 정도의 차이가 있다는 흥미로운 주장도 제기된다.[16]

성과 사랑은 바꿔 말하면 생명과 죽음에 관한 문제이다. 마녀들은 타인의 성행위를 방해하든지, 여성들의 가임을 막든지 혹은 임신했을 경우에는 유산하도록 하여 전반적으로 생명이 줄어들도록 만든다. 이는 매우 중대한 범죄이다. 교회법상 임신을 못하도록 하는 것은 살인죄에 해당하며, 실제로 연인들이 임신중절을 하면 살인죄로 기소된다. 그러므로 마녀가 마법을 통해 임신을 방해한 경우 이단과 살인의 두 가지 죄로 최고의 처벌을 받는다. 심지어 어떤 마녀는 태아나 신생아를 먹어치

우거나 악마에게 바친다는 혐의를 받는데, 이처럼 악행이 극에 이른 것이 산파 마녀이다.(Malleus, 63D~64C)

저자들은 산파 마녀의 구체적 사례로 코모Como 지방의 재판관이 보르미오 지방을 조사한 일을 거론한다. 어떤 사람이 아기침대에 있던 아이를 잃어버렸는데, 그가 아이를 찾으러 돌아다니다 보니 산속에서 마녀들이 모여 술과 함께 아이를 먹어치우는 중이었다는 것이다. 어느 회개한 마녀가 말하듯이 "산파가 행하는 해악은 다른 어느 경우보다도 더 크다."(Malleus, 64A-B)

산파 마녀는 매우 중대한 문제여서 『말레우스』의 2부에서 따로 한 장을 할애하여 자세히 설명하고 있다.(Malleus, Pt2, Q1, Ch13, 137A-141D)

여기에서는 이론적인 접근을 하기보다 구체적인 사례들을 제시하는데, 그중 일부는 아마도 인스티토리스 자신이 마녀재판관으로 직접 담당했던 사건이든지 혹은 그가 잘 알고 있는 재판관에게서 들은 사례인듯하다. 예컨대 스트라스부르 주교구의 차베른Zabern 교구에서 여관을 운영하는 한 여인이 겪은 사건이 그러하다. 설명에 따르면, 그녀에게 어느 산파와 다른 두 명의 여인들이 집에 찾아와 그녀를 돌보는 척하다가 배를 가르고 이상한 물건들을 집어넣어 고통스럽게 만들었다고 한다. 바젤의 한 산파는 태아가 막 모습을 드러내는 순간 정수리를 통해 뇌에 핀을 꽂아 넣어 아이를 죽이는 방법으로 40명 이상을 살해했다가 발각되어 화형당했다고 한다. 또 스트라스부르의 한 산파 마녀는 자신이 우연히 체포된 사연을 이렇게 설명한다. 그녀가 일을 마치고 집으로 돌아갈 때 성문을 지나는데 그녀의 보따리에서 아이의 팔 하나가 땅에 떨어졌다. 성문 주변에 있던 사람이 이를 보고 당국에 고발하여 조사해 보니, 그녀가 일했던 집의 아이가 죽었고 아이의 팔 하나가 없다는 사실을 발견하고 그녀를 체포했다. 고문 끝에 그녀는 수많은 아이들을 살해했다고 자백했다.

이상의 논의 끝에 『말레우스』는 다음과 같은 결론을 내린다. "더 많은 증거들을 제시할 수도 있으나, 현명한 사람에게는 남성보다 여성이 더 이단과 마법에 잘 사로잡힌다는 것은 이성적으로 놀라운 일이 아니다." 그러므로 "마인魔人, 남성형 Sorcerers이 아니라 마녀여성형 Sorceresses의 이단이라고 불러야 마땅하다"고 단언한다. 이 텍스트의 주장에 따르면 이론상 마녀는 여성이라는 것이 명백하다.[17](Malleus, 45A)

'남자 마녀'의 사례

『말레우스』에 의하면 기본적으로 마녀는 여성이고 마법은 여성이 저지르는 사악한 행위다. 그러나 실제로는 적지 않은 수의 남자들 역시 '마녀'로 몰려 처형당했다. 남자들 역시 마녀가 될 수 있는가?

『말레우스』는 이 문제에 대해 그 나름의 답을 준비하고 있다. 이 책에 의하면 남자 역시 악마와 계약을 맺어 남을 해치는 사악한 힘을 행사할 수 있다. 말하자면 '남자 마녀'(우리가 이 책에서 합의한 용어로는 마법사)가 되는 것이다. 그러나 그것은 일종의 예외에 속하며, 성격도 여성의 경우와는 다르다.

『말레우스』의 2부에서 거론하는 남자 마녀의 사례는 '궁수 마녀'이다. (Malleus, Pt 2 Q1, Ch 16~18, 147A) 이 궁수들은 성聖 금요일(부활절 전의 금요일. 예수가 십자가에 못박힌 날을 기억하기 위한 날)에 예수십자가 상에 활을 쏨으로써 악마의 힘을 얻어 사람을 해치는 궁술의 명중률을 높인다. 이렇게 기독교 신앙에 모욕을 가함으로써 '악마적인' 실력을 갖추면 "남의 머리 위에 동전을 얹고 화살을 쏘아도 머리를 다치지 않고 동전을 맞추는 정확성"을 얻을 수 있다.(Malleus, 147C)『말레우스』에서는 구체적인 사례로 풍커Puncker라는 인물의 사례를 든다.

귀족이 풍커의 궁술 솜씨를 시험해 보고 싶어, 그의 아들의 머리 위에 동전을 올려놓고 화살로 그 동전을 맞춰 보라고 했다. 마법사[풍커]는 그것은 아주 힘든 일이며, 악마의 힘을 빌려야 하니 자신의 파멸을 피하려면 그 일을 안 하는 게 좋겠다고 답했다. 그런데도 귀족이 계속 설득하자 그는 화살 하나를 자신의 칼라 안쪽 목 부분에 집어넣은 다음 다른 화살을 장전하여 쐈다. 그리고 아무런 해를 입히지 않은 채 동전을 맞추어 떨어뜨렸다. 귀족이 왜 화살 하나를 따로 칼라 안쪽에 넣었느냐고 물으니 그는 이렇게 답했다. 악마의 속임수로 인해 내가 만일 그 아이를 죽이게 되었다면 나는 곧 다른 화살로 당신을 쏘아 복수하려고 했소(Malleus, 147D-148A).

이런 놀라운 궁술 실력이 무한정 지속되는 게 아니라 십자가상에 쏜 화살 수만큼만 유효하다는 점도 흥미롭다. 풍커는 십자가상에 세 번 화살을 쏜 이후(삼위일체를 부정하는 의미로 보인다) 세 번 그와 같은 악마적인 궁술 솜씨를 보였지만 그 다음 화살부터는 본래 실력으로 되돌아갔다고 한다.

이 부분에서도 저자들은 상당히 세밀한 구분을 하여, 유사해 보이는 행위라 하더라도 어떤 것은 마법에 속하지 않는다고 논한다. 우선 악마의 힘을 빌어 자신의 몸이 남의 무기에 해를 입지 않도록 하는 사람들이 있는데, 이는 남을 해치는 것이 아니므로 개념상 마녀가 아니다. 또 자기 무기에 주술을 거는 경우도 마법에 해당하지 않는다(저자의 설명에 의하면 당시 군인들 중에 이런 일을 하는 사람들이 대단히 많았다고 한다). 다시 말하지만, 마녀는 악마와 '계약'을 맺은 후 그렇게 얻은 힘으로 다른 사람들에게 '해악'을 끼치는 일을 해야 성립된다. 악마와 계약을 맺되 남을 해치지 않거나, 혹은 남을 해치는 행위를 하되 그것이 악마와의 계약이 아닌 다른 종류의 마술에 의한 것이라면 마녀라 할 수 없다. 예컨대 악마의 힘을 빌었다 하더라도 자신의 매력을 증대시키는 마법love magic으로 사용했다면 이는 개인적 이익을 바라는 행위를 한 것이므로 마녀에 해당되지는 않는다. 기독교를 버리고 사탄을 믿는다는 것과 인간들에게 위해를 가한다는 두 가지 요인이 모두 충족되어야만 마녀라 할 수 있다. 이 두 가지 조건이 충족되지 않는 경우, 물론 그런 사람들이 기독교 교리를 부정하고 악마와 소통하는 중죄를 범한 것은 맞지만 그래도 최악의 단계인 마녀로 떨어진 것은 아니므로 회개를 하여 구원을 받을 수 있다. (Malleus, 150D-151C)

여성성과 관련하여 각별히 연구해 볼 사례는 러시아다. 앞에서 우리는 마녀로 피소된 여성의 비율이 다른 나라에 비해 러시아에서 현저히 낮다는 점을 보았다. 그 외에도 마녀 문제에서 러시아는 다른 나라들과 상이점을 보인다.(Kivelson, 356~364) 우선 악마론 논의가 많지 않다는 점, 고문과 처벌, 조사 과정에서 가혹한 정도가 심하다는 점 등을 들 수 있다. 현재까지의 연구 결과를 보면, 기록상 17세기에 230건에 490명이 피소되었고, 18세기에도 유사한 수준이다. 사형 비율은 17세기에 약 15%이고, 18세기에는 그 비중이 줄어든다. 다만 일부 사례에서 보듯 여성을 머리만 내놓고 땅에 묻어 오랫동안 고통스럽게 죽게 한다든지, 죽이지 않아도 몽둥이나 채찍knout으로 심한 매질을 하고 추방하는 방식이 특징적이다.

마녀에 대한 명료한 개념화를 시도하지 않고, 또 남성 비중이 훨씬 더 높다는 것은 나머지 유럽 지역과 비교할 때 확실히 차이가 나는 일이다. '바바'라는 말이 하층민 노파와 동시에 마녀도 지칭하긴 하지만, 그렇다 해도 '마녀=여성'이라는 관계가 성립되지는 않는다. 이 점은 사회 구조와 연관이 있을 수 있다. 이 나라는 가족 간 관계, 주인-농노 관계, 차르 체제 내 권력관계에 이르기까지 지배 종속이 매우 엄격한 사회다. 누구든 자신의 상관이 있고 거기에 봉사해야 한다. 이런 상태에서 벗어난 존재는 질서를 깨는 자이고, 대개 이런 사람들이 '마녀' 의심을 받기 십상이다. 유랑민, 주인 없는 자, 거주지 없는 자들 그리고 비러시아인 가운데 마녀 비중이 높은 이유가 그 때문이다. 그렇지만 질서 속에 편입된 '내부'에서도 갈등이 없지 않다. 상관, 장교, 주인, 남편 등 우위에 선 사람들은 아래의 사람들이 가하는 저주와 마법을 두려워한다. 이런 상황에서 남성이 상대적으로 더 많은 권위와 충돌하는 반면 여성은 집안 내에 머물기 때문에 갈등의 소지가 훨씬 적다. 이런 것들이 러시아에서 여성 마녀의 비중이 낮은 한 요인일 것이다.

종교적으로 나머지 유럽 지역과는 다른 개념화가 진행된 점도 고려해야 한다. 러시아정교에서는 여성을 마녀로 개념화하는 것은 불필요하거나 불가능하다고 보았다. 여성만이 아니라 모든 인류가 약한 존재이지, 이브와 그 딸들만이 유독 성의 노예가 아니다. 그리고 남녀가 합심하여 신을 배신한 것으로 해석하기 때문에 마녀·마법의 문제에 성 문제가 얽혀 들어가지 않는다.

여성성 문제를 정리해 보도록 하자.

아주 소수의 예외로서 성격이 판이하게 다른 '남자 마녀'를 제외하면 기본적으로 마녀는 여성이다. 러시아라는 예외를 제외하면 대부분 지역에서 여성 마녀의 비중이 훨씬 높다. 이를 이론화한 것이『말레우스』이다. 15세기 후반까지는 '여성=마녀' 등식이 점차 굳어져 갔다. 니더 같은 저술가를 거치면서 여성의 미약함, 미신에 잘 빠지는 성향 등이 마녀의 속성과 연결되었다. 인스티토리스는 여성이 마녀라는 주장을 더욱 강화하고, 이를 위해 무엇보다 여성의 욕망을 강조했다. 이전에도 마녀가 주로 여성이라는 주장이 줄곧 제기되어 왔지만 마녀가 '본성상' 여성이라고 못박은 것이 그의 특이한 주장이다. (Broedel 2013, 47)『말레우스』의 특징은 결론 자체가 아니라 그 결론을 이끌어내는 방식에 있다. 이들은 박식한 학문세계의 내용과 민중세계의 증거를 모아 여기에서 여성의 미약함, 죄, 배신하는 성질 등을 확언하고, 그 결과 여성의 '본성'이 마녀와 통한다는 논리를 만들어낸 후 이를 널리 퍼뜨려 결국 사람들이 일반적으로 받아들이는 스테레오타입을 제공한 것이다.

5. 마녀와 종말론

『말레우스』의 저자들이 제기하는 또 한 가지 중요한 주장은 자신들의 시대에 이르러 마녀의 수가 급격히 늘었다는 것이다. 이 현상을 어떻게 설명할 수 있을까?

『말레우스』의 논리는 기독교의 종말론과 깊은 관련을 가지고 있다. 기독교 종말론에 의하면 마지막 날들에 우선 사탄이 일시 승리를 거두지만 그리스도가 그를 제압한 후 천 년 동안 이 땅에서 그리스도가 통치하는 시대가 이어진다. 천 년이 지난 후 사탄이 풀려나 신에 대한 마지막 전투를 벌이다가 패배하고 그 후 마지막 심판이 일어난다. 이를 문자 그대로 받아들이면 소위 '천년왕국주의millenarianism'가 된다.[18] 그러나 대개 중세 말에 교회는 이를 완화한 판본으로 받아들여 종말을 그렸는데, 이를 '계시록적인 천년지복설apocalyptism'이라 할 수 있을 것이다. 『말레우스』는 이 맥락 속에 위치해 있다.

이에 따르면, 마녀의 수가 늘고 또 이들이 더 흉포해지는 이유는 종말이 가깝기 때문이다. 사탄은 늘 예수의 교회 기반을 허물려고 하지만 근자에 더욱 기승을 부리는 이유는 종말까지 시간이 많이 남지 않았기 때문이다. 마녀의 활동은 말세에 벌어지는 사탄의 노력의 일환이다.[19]

여기에서 『말레우스』에서 전제하고 있는 매우 중요한 중세의 견해들을 살펴보아야 한다.(Mackay, 32) 중세에 널리 퍼진 전승 중 하나는 사탄이 하늘에서 추락할 때 모든 천사 중 10%가 함께 떨어졌으며, 이들이 악마로 되었다는 견해다. 이와 연관된 또 한 가지 중요한 설은 하느님께 선택되어 하늘로 올라간 사람의 수와 천상에 남아 있는 천사의 수가 같아질 때 이 세상의 운명이 완수된다는 주장이다. 이 이상한 아이디어는 『말레우스』에 차용되어 마녀들이 세례받지 않은 아이를 살해하는 이유로 제시된다. 태어나자마자 죽어 세례를 받지 못한 아이들은 천국에 들어가지 못하기 때문이다. 그렇다면 하느님께 선택되어 천국에 들어가는 의인의 수가 늘지 못하고, 따라서 악마가 지옥에 갇히는 때가 늦춰진다. 이 사실을 『말레우스』에서는 이렇게 적시한다.

> 악마들은 원죄 때문에 [세례를 받지 못한] 아이들이 영생의 천국에서 배제된 다는 것을 알고 있다. 따라서 악마들이 영원한 고통을 당하게 되는 마지막 심판이 연기된다. 왜냐하면 선택된 사람들의 수가 채워질 때 세상이 마감되 는데, 그 수가 천천히 증가하기 때문이다.(Malleus, 137C)

신생아들을 살해하는 산파 마녀가 특별히 사악한 이유가 여기에 있 다. 이들의 행위는 종말의 시기에 벌어지는 악마의 최종 계획과 관련이 있다.

『말레우스』에 따르면 마녀 현상은 초시대적인 현상이 아니라 시간에 따라 변화하는 역사성을 띠고 있다. 앞에서 언급한 바처럼 욥의 시대에 는 아직 마법이 존재하지 않았다는 점 역시 이런 맥락에서 되새겨볼 필 요가 있다. 먼 과거 구약의 시대에는 마녀가 아예 존재하지 않았는데, 저자들의 시대에 이르러 마녀들이 급증했고 사악함이 정점에 이르렀다 는 것이다. 그러니까 당대가 악의 정점을 이루는 때라는 것이 그들의 시 대 인식이었다. 저자들은 "현대의 마녀들이 행하는 악행들이 신께서 용 인해 오신 다른 그 어느 악행보다 앞선다"고 주장한다.(Malleus, 71C)

그렇다면 마녀의 수가 늘고 악행이 심화되는 변화가 언제부터 일어 났다는 말인가?

저자들은 구체적으로 그 시기가 1400년경이라고 말한다. 이 이후 마 녀가 늘고 그 성격도 더욱 사악하게 변화했다. 그 점을 말해주는 핵심 사항은 악마와 마녀 간 성관계의 성격이 바뀌었다는 사실이다.

1400년경 이후부터 현재의 마녀들이 하는 식으로 그와 같은 더러운 행위들을 행하기 시작했다. … 그들의 의지에 반하여 노예처럼 비참한 형태에 굴복하는 게 아니라, 육체적 즐거움을 위해(이것이 가장 더러운 일이다) 그들 스스로 원해서 하게 되었다.(Malleus, 108A-B)

즉 과거에는 마녀들이 악마에게 섹스를 강요당했으나, 1400년경 전후하여 마녀가 먼저 섹스를 원해서 하는 관계로 바뀌었다는 주장이다. 저자들은 이에 대해 자신들이 경험하거나 들은 구체적인 사실들을 제시한다.

콘스탄츠 교구의 라벤스부르크를 비롯한 여러 교구에서 마녀들은 신앙을 전적으로 부인하든가 부분적으로 부인하면서 20년, 25년 혹은 30년 동안 그 더러운 행위에 집착해 왔다. … 코모의 종교재판관인 우리의 동료가 1485년 한 해에 41명의 화녀들을 화형에 처했는데, 이들은 악마와 더러운 행위를 했다고 자백했다. 그러므로 이 모든 일들에 대한 믿음은 우리 자신의 경험 혹은 믿을 만한 증인의 보고에 근거한 것이다.(Malleus, 108C)

『말레우스』의 제2부에 라벤스부르크 지역에서 행한 마녀사냥의 기록이 나오는데, 아마도 앞의 인용에서 말한 내용과 같은 사건을 가리키는 것으로 보인다. 이는 아녜스와 민델하임의 안나라는 두 여인을 심문한 내용이다. 아녜스는 고문 끝에 자신이 신앙을 버리고 무려 18년 동안이나 인큐버스 악마와 음행을 저질렀다고 고백했다. 동시에 그녀가 악마와 함께 폭풍우를 일으킨 사실도 자백했다. 악마가 나타나 자신에게 약간의 물을 가지고 벌판으로 가라고 했는데, 이 물로 무엇을 할 것이냐고 물으니 악마는 비를 내리게 할 것이라고 답했다. 아녜스가 악마의 이름으로 물을 휘젓자 물이 사라졌는데, 악마가 그 물을 가지고 공중으로 올라갔고, 그것이 폭풍우를 불러일으켰다. 재판관이 다른 동료 마녀가 없냐고 묻자 그녀는 민델하임의 안나를 지목했다. 재판관이 따로 안나를 심문하고 고문하자 그녀 역시 같은 내용의 자백을 했다.(Malleus, 146A-D) 이 두 여인은 신앙을 저버리고 악마에 몸과 영혼을 맡긴 것과 폭풍우를 일으켜 큰 해를 끼친 두 가지 혐의로 화형에 처해졌다.

마녀는 막연하게 사악한 존재가 아니라 말세에 이 세상을 위협하고 인류 구원의 길을 방해하는 악마의 기획의 하수인으로 명료하게 규정되었다. 가혹한 마녀사냥이 일부 지역에서 시작되고 그런 사례들이 다시 마녀 개념의 정립에 되먹임feedback되었다. 『말레우스』의 저자들은 그들이 비난하는 마녀와 마법이 '새로운 성격의 행위'라고 주장했다. 그것은 곧 자신들이 살아가는 시기가 바로 말세이며, 그 때문에 즉 적그리스도의 공격이 본격화되었다는 것을 뜻한다.

15세기 이전에도 악마와 마녀에 대한 개념이나 마녀로 몰아 처벌하는 사례들이 없었던 것은 아니다. 그러나 중요한 것은 오랜 기원이나 분산된 사례들이 아니다. 그런 요인들을 하나의 신념 체계로 시스템화하여 유럽 사회에 부가하는 것, 더 나아가서 누구나 받아들이는 스테레오타입을 만들었다는 것이 핵심이다. 우리가 확인한 바는 15세기에 마녀 그리고 악마 계약의 개념이 새로운 의미를 띠어갔으며, 그것이 『말레우스』

에서 완전한 형태로 형성되었다는 것이다.

앞에서 우리는 마녀 개념의 정립에 공헌한 주요 전거들이 모두 1430년 대에 출판되었다는 점을 지적했다. 그런데 이 저작들은 그런 개념의 근거가 될 만한 사건들이 그 이전 수십 년 동안 일어났다고 언급했다. 특히 니더는 더 구체적으로 자신의 시대보다 약 60년 전에 그런 파당들이 행동하기 시작했다고 언급했으니, 대체로 1380년경을 가리킨다. 『말레우스』가 1400년경을 새로운 마법의 시작으로 잡은 것도 이 연대와 크게 다르지 않다. 이런 텍스트들의 시각은 자신들이 살아가는 당대가 말세라는 것이다. 이런 맥락에서 마녀가 새로운 차원에서 규정되었다. 적극적으로 악마와의 성행위를 원할 정도로 악을 스스로 받아들이고, 신생아를 죽임으로써 악마의 패망을 연기시키는 악마의 기획을 수행하며, 그 외 온갖 사악한 행위를 일삼아 인간 세계를 위험에 빠뜨리는 새로운 유형의 마녀가 만들어졌고, 또 그러한 마녀의 수가 급증했다는 것이다. 이런 사고를 문자 그대로 받아들이면 어떻게 해서든 마녀를 발본색원하여 처형하는 것이 당연하고 더 나아가서 정의로운 일이라 하지 않을 수 없다. 이런 태도가 확고하게 자리 잡은 이후 가공할 마녀사냥이라는 비극이 벌어졌다. 마녀사냥이 절정에 이르던 17세기 초, 리용에서 앙리 보게는 "그들[마녀들]이 나날이 증가하고 가공할 행위들을 하고 있으므로 그들을 결코 좌시하지 않겠다. 우리는 이미 적그리스도의 시대에 살고 있는 것 같다"고 썼다.(Boguet)

사부아의 법관인 고드프루아Godeffroy de Bavoz는 그의 『형법론Theorica criminalis』에서 "악마와 함께 악행을 일삼으며 살아가는 사람들에게 사형을 주저할 이유가 무엇이란 말인가?" 하고 선언했다. 사실이 그렇다. 인류 구원의 길을 막는 악마의 하수인이 우리 주변에 준동하는 것이 맞다면 그런 사악한 존재들을 찾아서 처형하는 것이 올바른 신앙을 가진 사람의 의무가 된다. 악과 타협하지 않고 그것을 뿌리 뽑는 것은 정당한 일이다. 많은 마녀재판관들이 무고한 여성들을 체포하고 가혹한 고문을 가한 후 화형이나 익사형에 처하면서 자신이 정의로운 과업을 수행한다고 믿은 것은 이런 맥락에서 나온 일이다. 마녀 개념은 근대 유럽에서 선을 정당화하기 위해 필요했던 악의 규정 작업이었다. 『말레우스』는 그런 악의 힘을 이해하고 또 제거할 수 있다는 사실을 사람들에게 각인시키는 강력한 모델을 제공했다. 후일 전 유럽적 차원에서 이 텍스트를 기반으로 마녀 논의를 하고 또 이 내용을 근거로 마녀를 처형하는 사태가 벌어졌다.

재판과 처형의 매뉴얼

개념에서 실천으로

마녀는 누구인가? 이것이 『말레우스』의 1부에서 설명한 내용이다. 우리가 분석한 바와 같이 이 책은 매번 약간씩 다른 각도에서 접근하면서 악마와 여성, 자연과 초자연, 미신과 죄 같은 문제들을 정리해 갔다.

　여기에서 근본적인 질문이 제기된다. 그렇게 정립한 개념이 설사 옳다고 해도, 과연 현실에서 누군가를 마녀라고 판단하는 것이 가능한가? 인간이 다른 인간의 영적인 죄를 재단하고 처벌할 수 있는가? 어떤 사람이 영혼 내부에서 올바르지 않은 판단을 하여 영벌을 면치 못하는 죄를 지었는지 아닌지 여부를 누가 판단할 수 있는가? 그것은 오직 신만이 판단할 수 있는 영역이 아닌가? 그와 같은 문제에 대해 다른 인간이 판단할 수는 없다는 것이 '신학자'의 견해이다. 그렇지만 '교회법학자'

혹은 '종교재판관'의 입장은 다르다. 그들이 볼 때 이단과 마녀가 세상을 어지럽히고 인류의 구원을 방해하는 악마의 난동이 갈수록 심해지는데 이를 무한정 방치할 수는 없다. 그러므로 신학적 근거 위에서 합법적 판단을 하여 어떤 인간을 이단과 마녀라고 판정할 수 있으며, 또 마땅히 그렇게 해야 한다고 주장한다.

『말레우스』의 저자들은 1부에서 '마녀는 누구인가'를 설명한 후, 2부에서는 '누가 마녀인가'를 판명하는 법을, 나아가서 3부에서는 구체적으로 어떤 방법으로 그것을 실천하는지 기술했다. 마녀가 어떤 존재인지 학술적으로 밝히는 것보다는 그들을 어떻게 가려내어 어떻게 처단하느냐 하는 것이 사실 『말레우스』의 더 중요한 목표다. 『말레우스』는 그런 '실용적인' 관점에서 쓰인 매뉴얼이다.

이 책의 내용은 결국 유럽 사회에 널리 수용되어 실제 재판에 적용되어 가공할 사태를 불러일으켰고, 그 결과는 다시 정리되어 새로운 악마론 저서들의 출판으로 이어졌다. 이 장에서 우리는 『말레우스』의 지침들이 어떻게 현실화되었으며, 또 어떻게 다른 방식으로 재再이론화되었는지를 보도록 하겠다.

1. 예방과 치료

『말레우스』 1부에서 스콜라철학적 접근을 한 것과는 달리 2~3부에서는 구체적 사례들exempla을 통해 서술적으로 접근한다. 신학을 동원한 이론적 규명이 아니라 현실에서 어떻게 대처해야 하느냐를 밝히는 것이 본래의 문제의식이다. 2부 도입부에서 저자는 앞으로 다음과 같은 토픽을 다루겠노라고 안내한다.(Malleus, 85D-86A) 첫째, 예방적인 방법, 즉 마법에 걸리지 않는 방법, 둘째, 치료법, 즉 마법을 깨서 사람을 구하는 방법이 그것이다.

구체적인 내용들을 개관해 보면 다음과 같다.

첫째, 마녀들의 행태를 소상히 밝힌다. 마녀들이 행하는 사악한 행위들로는 어떤 것들이 있으며, 그것들에 대한 대비책이 무엇인지 수집하여 제시한다. 저자들은 1부에서 이론적으로 밝힌 마법이 경험 세계에서는 어떻게 구현되는지 설명하는데, 강조점은 실제 사정은 이론과 달리 매우 복잡하다는 것이다. 그러다 보니 1부에서 설명한 것과 다른 점들이 나타난다. 예컨대 마녀가 정말로 모든 사람을 다 해칠 수 있는 것은 아니라고 주장한다. 어떤 사람은 신이 보호하고, 어떤 사람은 수호천사의 도움을 받고 있으며, 또 어떤 사람은 천체의 힘 때문에 천성적으로 마법에 강하다는 것이다. 때로는 교회의 의식이 마녀의 해악에 대한 보호를 제공할 수도 있다. 특히 성사와 퇴마의식exorcism이 악마와 싸우는 데 도움이 된다. 무엇보다 특기할 사항은 '저자 자신들'처럼 악마나 마녀와 싸우는 성스러운 임무에 종사하는 사람은 마법에 결코 걸리지 않는다는 주장이다. 이 점에 대해서는 아래에서 다시 재론하도록 하겠다.

둘째, 마녀들을 어떻게 '모집'하는지 설명한다. 1장에서는 천성적으로 여성이 마녀가 되기 쉬운 경향이 있으며, 특히 성적 욕망이 강한 여성들이 그러하다는 식으로 설명했지만, 실제로는 정직한 사람들, 혹은 성적 욕망이 그리 강하지 않은 사람들도 마녀가 될 수 있다고 이야기한다. 예컨대 암소의 젖을 마르게 하면, 암소를 치는 여자들이 그 지역의 마녀에게 가서 자문을 구하게 되고, 이때 마녀는 미신적이고 신성모독적인 방법을 쓰게 만들어서 그들을 점차 타락하게 만든다. 그렇다 하더라도 역시 성적 욕구가 강한 젊은 여성이 가장 쉬운 대상이 되는 것은 분명하다. 이 여성들을 '젊고 멋진' 악마들에게 데리고 가면 곧 마녀가 된다. 또 버림받은 여인들은 복수심에 불타서 스스로 악마를 찾기도 한다. 악마는 이 모든 과정을 직접 수행하는 게 아니라 마녀에게 맡긴다. 이처럼 마녀가 다른 마녀를 모으는 과정이 지속되어 악마는 수많은 마녀들을 수하로 거느리게 된다.

셋째, 마녀들이 행하는 사악한 위해 행위들을 자세히 다룬다. 마법 행위들의 카탈로그를 완벽하게 작성하겠다는 것이다. 여기에는 생식의 방해, 육체의 변형, 각종 환상을 만들어내기, 악령 들게 하기, 사람과 짐승들을 병들게 하기, 암소의 젖 마르게 하기로부터 폭풍우를 일으키는 것까지 실로 다양하고 광범위한 재앙이 포함되어 있다.

넷째, 마법의 힘을 어떻게 푸는가 하는 문제다. 사실 인간의 힘으로는 초자연적인 마법의 해악을 풀기 어렵다. 하느님이 도움을 주는 경우는 극히 예외적이다. 교회는 악마를 몰아내는 데에는 힘을 쓸 수 있으나, 한번 마법이 효과를 보게 된 이후 그것을 풀기는 아주 힘들다. 그러므로 마법의 폐해를 치료하는 거의 유일한 원천은 마녀 자신이다. 마녀가 가져온 병은 그 마녀가 고칠 수 있고, 성적 불구도 이를 만든 마녀가 해결할 수 있다.

다섯째, 앞서 이야기한 바처럼 일단 마법에 걸리면 여기에서 헤어나기가 지극히 힘든 만큼 예방이 가장 중요하다. 무엇보다 평소에 미사에 열심히 참여해야 한다. 그 외에 마법에 맞서는 여러 대응책들이 없지 않다. 사람과 동물 모두 '기독교 부적'을 적용하고, 집에는 성수를 뿌리며, 문턱마다 성스러운 밀랍과 향초를 사용할 것을 권한다.

이상에서 제시한 설명들을 보면 악마와 마녀의 수가 늘고 있으며 그들이 행하는 사악한 행위가 지극히 위험하다는 점이 거듭 강조된다. 이들에 대한 방어와 대응, 치료 역시 지극히 힘들다. 그렇다면 결국 마녀를 없애는 게 최선이라는 결론에 이른다. 예방과 치료에 대한 설명을 하되 그것이 충분한 게 아니라 오히려 불충분하다고 서술함으로써 역으로 마녀사냥의 필요성을 강조하는 것이다.

2. 마녀재판

마녀를 어떻게 찾아내서 처벌할 것인가? 결국 이 책의 논의는 여기로 모아진다. 『말레우스』의 3부에서 이 문제를 소상히 다룬다. 마녀재판 역시 사법 재판에 속하므로 이에 대한 기술 또한 사법 문제에 대한 논의와 유사하다.

마녀재판은 교회와 세속 당국의 분업 및 협업으로 이루어진다. 종교적 판단은 교회 법정에서 하고 유죄 판결이 나면 세속 당국에 넘겨 처벌하는 것이 일반적이다. 반대로 말하면, 세속 당국은 주요 문제에 대한 사법 판단을 교회에 맡기고 자신들은 결정 사항을 집행하는 기능을 맡는다. 이단이나 마법 등의 문제에 대해 그들이 판단하는 게 어렵기 때문이다. 물론 사법기관에서는 이와 연관된 문제(살인과 상해 같은 인적 피해 혹은 물적 손해 등)에 대해 별도의 재판을 열 수도 있다. 교회의 재판에서 초범인 경우 그리고 죄가 비교적 경미하다고 판단한 경우는 피고가 회개하고 또 공개적으로 자신의 잘못된 신앙을 철회abjuration하는 것으로 끝나는 수도 있다. 그러나 재범인 경우 혹은 마녀와 같은 중대한 범죄자는 대개 세속 당국에 넘겨 처형하는 경우가 많다.

마녀재판에서 우선적으로 중요한 문제가 하나 제기된다. 마녀를 가려내기 위해 시죄법試罪法, ordeal을 적용할 수 있는가?

시죄법은 중세 전기에 널리 쓰이던 재판 방식 중 하나였다. 하느님이 우주의 만사를 주관하시며, 선한 자를 보호하고 악한 자를 벌하시려 할 테니, 선악의 판단이 불분명할 때 하느님의 징표를 읽어봄으로써 판단하자는 것이다. 잘 알려진 바처럼 피고를 물에 던져 넣어 물에 가라앉으면 무죄, 떠오르면 유죄라고 하는 게 대표적이다. 물은 속성상 깨끗한 것은 받아들이고 더러운 것, 오염된 것은 뱉어내기 때문이다. 혹은 뜨겁게 달군 쇠를 손으로 집게 한 다음 상처가 심하면 유죄, 그렇지 않으면 무죄로 판단하는 방식도 있다. 의인은 하느님이 보호한다는 논리이다. 사실 이 방식은 기독교 교리와 잘 맞지 않는 원시 종교의 냄새가 강하다. 그 때문에 1215년 4차 라테라노 공의회 때 사제가 시죄법을 주관하지 못하도록 금지했다. 그럼에도 이 재판 방식이 완전히 사라지지는 않고 그 후에도 지역에 따라 상당히 오래 유지되었다.

마녀가 '신의 뜻을 묻는' 재판을 할 수 있는가, 뜨겁게 달군 쇠를 잡아 유죄 여부를 묻는 방식을 세속 재판에서 행하도록 허락해야 하는가 금지해야 하는가를 묻는 문제는 『말레우스』 1부의 질문 17에서 다루어졌다. (Malleus, 218A-219D) 이때 아구멘툼(AG)은 다음과 같이 제시된다. '결투, 뜨거운 쇠 잡기 혹은 끓는 물 마시기 같은 방식은 민사 혹은 형사 재판에서 피의자가 자신의 생명과 재산을 지키기 위한 수단으로 허락해 왔던 것이니 이를 허락해야 한다' '그 동안 이런 일들을 거행한 사례들이 있다'[1] '결투에서 목숨 거는 것보다 손에 상처 나는 위험이 더 작으니 차라리 나을 것 같다' 등등. 물론 이것들은 나중에 다 부인되는 잘못된 주장들이다. 그 논거는 악마가 마녀를 보호할 수 있으므로 그녀의 유죄 입증이 방해받을 수 있다는 것이다. 자연을 연구하는 사람들에 의하면 특정한 식물 즙을 손에 바르면 화상을 피할 수 있는데, 악마가 이런 사실을 모를 리 없다. 그렇지 않더라도 마녀는 악마의 힘을 빌어 얼마든지 빠져나갈 방도를 찾아낼 것이다. 그러므로 다른 종류의 재판에서라면 몰라도 마녀재판에서는 시죄법 적용이 불가능하다고 주장한다. 저자들은 바로 그런 구체적인 사례를 알고 있다며 "3년 전에 콘스탄츠에서 실제로 있었던 사례"를 제시한다. 젊어서 경험이 없는 한 판사가 마녀 혐의자에게 달군 쇠를 손에 잡고 겨우 세 걸음을 걸으라고 요구했는데, 마녀는 여섯 걸음이나 걸어보였다. 그래서 마녀는 풀려나 지금까지도 멀쩡하게 지낸다는 설명이다.

이에 앞서 질문 16에서는 앞서 설명한 그런 이유 때문에 마녀들이 시죄법을 요구할 터이니 오히려 이를 이용해 마녀를 판별할 수 있다는 역제안도 한다.(Malleus, Q16, 216B-C; cf. 219C-D) 마녀 혐의를 받는 사람을 조사하는 과정에서 피의자가 죄를 인정하지 않고 고집을 부리면 달군 쇠로 자신의 무죄를 입증하는 시죄법을 원하는지 먼저 묻자는 것이다. 이때 저자의 논리는 지극히 교묘하고 간사하다. 마녀들은 그 기회를 달라고 할 터인데, 그 이유는 악마가 고통을 참는 힘을 준다는 사실을 알고 있기 때문이다. 그래서 시죄법을 원한다고 대답하는 것은 곧 진짜 마녀라는 방증이다. 그리하여 조사관은 그녀에게 어떤 이유로 그런 무모한 위험을 감수하려 하느냐고 묻고, 이런 사실들을 모두 기록해 두라고 조언한다.

교회 당국은 불확실성을 안고 있는 시죄법을 폐지한 대신 교회법을 적용해서 공식적으로 재판을 통해 마녀 문제를 처리하도록 규정했다.

마녀재판을 열기 위해서는 이론적으로 세 가지 방식이 가능하다. (Mackay, 74ff)

첫째, 피고인 자신이 재판을 요청하는 것이다. 말하자면 누가 나를 고발하려 하는데 나는 무고하다고 확신하니 과연 그런지 따져보자고 덤벼드는 식이다. 이는 결투 요청과 유사한데, 결과적으로 동태복수talion처럼 될 수 있으므로 당국은 이를 수용하려 하지 않는다.

둘째, 누군가가 고발하여 재판이 시작되는 방식이다. 이 방식은 고소인에게 비용과 위험이 따르므로 상대적으로 덜 빈번히 이루어졌다.

셋째, 조사관이 자신의 직무로서 고소하는 방식이다. 실제 이 마지막 방식이 가장 보편적이다. 마녀재판의 경우에는 고발 없이 조사가 가능하다. 예컨대 어느 지역에 마녀가 많다는 소문이 도는 경우 조사관이 그곳을 찾아가 혐의자들을 모두 소집한 후 조사할 수 있다.

마녀 혐의자를 재판에 회부했을 때 재판관으로서는 피고의 죄를 입증해야 하는데, 사실 어떤 사람이 악마와 계약을 맺은 마녀임을 입증하는 것은 실로 어려운 일이다. 악마와 맺은 계약서를 찾아낼 수도 없고, 악마 연회에 갔다는 사실을 직접 증거를 통해 밝힐 수도 없기 때문이다. 또 악마적인 위해를 가했다는 것도 증거를 대기란 쉽지 않다. 어느 집 문턱에 도마뱀이나 독초를 갈아서 숨겼더니 집안사람들이 병이 들었다든지, 모종의 흉악한 방식으로 어떤 사람의 성적 능력을 없앴다는 것을 어떻게 입증하는가?

이처럼 마녀라는 사실을 입증하는 것은 이론상 지극히 힘들다. 그런데 『말레우스』를 비롯한 악마론 저자들은 마녀를 알아보는 것이 실제로는 이론만큼 어렵지는 않다고 주장한다. 무엇보다도 악마의 하수인들은 늘 협박하는 말을 하는 경향이 있어서 스스로 자신을 노출시키기 때문이다. '너는 발기가 안 될 거야'라는 악담을 들은 후 실제로 성적 문제가 생겼다고 하면 일단 마녀의 저주 때문이라고 추론할 수 있고, 그래서 다음에 더 조사를 진척시킬 수 있다는 것이다.

『말레우스』에서 실제 사례로 드는 이야기는 이런 식이다.(Malleus, Q13) 슈파이어에서 한 남성이 물건을 파는 여성과 거래 중에 언쟁이 붙어 물건 사는 걸 포기하고 돌아서서 가려 했다. 이때 여성이 남자의 등에다 대고 "원하는 대로 해줄 걸 하고 당신은 곧 후회할 거요!"라고 말했다. 마녀들은 대개 이런 식으로 자신이 마법을 행하리라는 것을 예고하는 경향이 있다. 화가 난 남자가 돌아서서 그녀를 보는 순간 마법에 걸려 입이 귀 있는 데까지 돌아가서 도로 돌리지 못하는 상태가 되었다. 결국 이 여자는 마녀재판에 회부되었다.

현재 우리가 보기에는 아무런 신빙성이 없는 증거로 보인다. 과연 『말레우스』가 출판되던 당시에는 이런 식의 기소와 유죄 판결이 가능했을까? 이 책의 저자들이 주장하는 만큼 쉽지는 않았음을 알 수 있다. 다음 사례를 보자.(Malleus, 159C)

코블렌츠 시에 사는 한 남성이 매우 기이한 성 문제를 앓고 있었다. 그는 마법의 공격을 받아 자기 부인이 보는 앞에서 홀로 성행위를 했다.

분명 그의 몸 아래 아무도 없는데도 마치 누군가가 있는 것처럼 온갖 종류의 격렬한 성교를 하는데, 그의 부인이 아무리 말려도 제어하지 못했다. 한번 일을 치르고 나면 그 사람은 "다시 또 합시다" 하는 말과 함께 같은 일을 반복하고는 지쳐 떨어졌다. 그에게 물어보니, 분명 아무도 볼 수 없지만 그의 마음속에 강렬한 충동이 일어 어쩔 수 없다는 것이다. 이에 대해 저자들은 한 여인이 매우 의심스러운 피의자라고 이야기한다. 왜냐하면 두 사람이 심히 불쾌하게 다툰 일이 일어난 이후 그녀가 이 남성에게 모욕적인 말을 하며 복수하겠다고 이야기했기 때문이다. 그 여성이 마녀로 기소되었는데 이때 판사들은 법에 정해진 대로 본인의 자백이나 세 사람의 증인에 의한 합법적인 증거가 있어야만 유죄로 판결할 수 있다고 주장했다. 저자들은 판사들이 너무나 명백한 사건에 대해 규정대로 증거를 요구하고 있다고 비난한다. 물론 우리가 보기에는 『말레우스』 저자들의 주장이 잘못이고, 판사들의 판단이 훨씬 정당하다. 책에서 저자들은 '우리의 주장이 틀림없는데 일부 판사들이 정해진 수의 증인과 자백에만 집착했다'는 식의 주장을 자주 한다. 아직까지는 마녀 혐의로 기소하고 유죄 입증을 한다는 것이 결코 쉬운 일이 아니었음을 알 수 있다. 『말레우스』의 출판 이후에도 마녀사냥의 광풍이 불기까지는 거의 한 세기의 준비 기간이 필요했던 것도 그 때문이다.

그렇다면 저자들은 마녀를 입증하기 위해 어떤 증거가 필요하다고 보았을까?

우선 '나쁜 평판'이 출발점이다. 피해자가 직접 고발하든 혹은 조사관이 그런 이야기를 접하게 되든 누군가가 초자연적인 힘으로 사악한 위해를 가한 것 같다는 증언이 있어야 한다. 그 혐의가 사실이라는 판정을 받으려면 증인이 필요하다. 피해를 보았다는 당사자의 말만 믿을 수는 없으니, 그 외에 다른 사람들이 유사한 증언을 해야 한다. 이때 몇 명의 증인이 있으면 유죄로 입증되는가?

『말레우스』에서는 이 문제에 대해서 오락가락한다. 어떤 때는 '나쁜 평판'이 명백하다 하더라도 2명의 증인으로는 부족하다고 이야기하지만(Malleus, 202B) 또 어떤 때는 가능하다고 주장한다.(Malleus, 197B) 혹은 별개의 행위의 경우 3명의 증인이 필요하다고 주장한다.(Malleus, 197C) 심지어 이상적으로는 6~10명의 증인이 필요하다는 말까지 한다. 예컨대 한 증인은 피고가 아이를 병들게 했다고 증언하고, 다른 증인은 그녀가 가축들의 젖을 마르게 했다고 증언하고, 세 번째 증인이 그녀의 '나쁜 평판'에 대해 증언했다고 해도 이것만으로 기계적으로 충분하다고 해석할 수는 없으며, 6명, 8명 혹은 10명이 되어야 그 자체로 충분하다는 것이다.(Malleus, 202A-B) 이처럼 증인들의 수에 관해 저자들 자신이 명확한 논리를 제시하는 건 아니다. 이들의 주장을 모아서 정리하면 '나쁜 평판'과 '인디키움indicium'(마법 행위를 가리키는 표식), 그리고 가급적 많은 수의 증인이 필요하지만, 단 몇 명의 증인이면 족하다는 식으로 기계적인 답을 할 수는 없다는 것이다. 중요한 것은 여러 종류의 증거와 증인들의 조합이 잘 어우러져 조화로운 증거 능력이 만들어져야 한다는 것이리라.[2]

법률상으로는 2명의 증인이면 충분하다고 되어 있는데 정작 저자들이 이 사실을 거부하는 이유는 무엇일까?(Malleus, 196D-197C) 2명의 증인만으로 충분치 않은 이유는 두 가지다. 우선 혐의가 지극히 위중하기 때문이다. 그렇기에 증거는 '대낮보다 더 밝아야 한다.' 증거가 부족하면 유죄 '추정'은 가능하나 판결은 불가능하다. 다른 이유는 피의자로서는 증인이 누구인지 모르므로 자신을 변호하는 데 어려움이 있을 수밖에 없기 때문이다. 그런 만큼 재판관도 증인에 대해 철저하게 조사해야 하고 신중하게 대처해야 한다. 그러므로 오직 두 명의 증인만 있는 경우 이것으로 판단을 바로 내리는 대신 죄의 정화나 잘못된 신앙 철회 선서를 부과하든지, 혹은 고문을 통해 조사하든가 판결을 미루는 것이 낫다고 생각한다. 여기에서 합당한 조치 중 하나가 고문이라는 사실을 주목할 필요가 있다.

가장 중요한 증거는 자백이다. 이는 오늘날의 사법제도와는 전혀 다른 내용이다. 오늘날에는 오히려 다른 증거는 없고 오직 자백만 있는 경우에는 유죄 판결을 내리기가 어려울 것이다. 그런데 과거에는 자신의 죄를 자신이 가장 잘 알고 있으므로 자백 이상 명백한 증거가 없다고 생각했다. 따라서 확신을 가진 조사관이나 재판관은 고문을 가해 자백을 끌어내려는 유혹에 이끌리게 된다.

고문은 중세부터 진리를 밝히는 합법적인 수단으로 인정되었다. 물론 그 문제점을 누구도 모르지 않았다. 누구는 맷집이 좋아 실제 유죄인데도 끝까지 버틸 수 있고, 누구는 실제로는 무죄인데도 고문에 못 이겨 쉽게 자백을 할 수 있다. 따라서 고문을 통해 마녀임을 입증하려는 경우 이에 대한 절차를 마련할 필요가 있었다. 대개 증인 두세 명이면 고문에 의한 자백 없이도 충분한 증거로 받아들일 가능성이 있다. 증인이 한 명일 때 문제가 되는데, 이때 인디키움이 있으면 고문을 가한다. 그렇지만 논리적으로 따져 볼 때 '한 사람의 증인+고문' 역시 문제가 없지 않다. 그래서 마련한 규정이 고문받아 자백한 내용을 다음 날 고문 없이 '자발적으로' 반복하도록 한다는 것이다. 물론 이것이 결코 합당한 방안이 될 수는 없다. 이 당시 자백한 내용을 번복할 경우 다시 고문당할 위험에 처하기 때문이다.

고문을 이겨내고 끝내 자백을 안 하면 어떻게 되는가? 인디키움을 기 각한다. 그러면 안심하고 귀가하는가? 그렇지 않다. 다른 인디키움이 있 으면 다시 고문이 가능하다. 그런데 일단 마녀재판에까지 끌려온 경우 그런 것은 대체로 쉽게 구하게 마련이다. 결국은 고문이 뒤따를 가능성 이 커지는 것이다.

3. 조사와 고문

구체적으로 마녀 혐의자를 어떻게 조사하는가?

앞서 이야기한 대로 증인이 충분히 많으면 문제가 안 되겠지만, 그렇 지 않을 경우 고문을 통한 조사에 들어가게 된다. 이때 상당한 주의가 필요하다.(Malleus, Q13) 고문을 가한다 하더라도 늘 진실이 밝혀지는 건 아니다. 마녀의 상태에 따라 효과가 다르기 때문이다. 심지어 사지가 찢 어질 때까지 고문을 해도 악마의 힘으로 고통을 느끼지 않는 상태가 될 수 있다. 마녀가 될 때 어떤 여자는 곧바로 신앙을 버리고, 어떤 여자는 상당히 오랫동안, 심지어 6년, 8년, 10년간 주저하다가 악마 편으로 넘 어간다. 때로 가난 때문에 악마 편으로 넘어간 사람도 있고, 순전히 입 만으로 악마에게 봉사하는 사람도 있다. 이런 여자는 악마도 쉽게 포기 하므로 재판에서 곧바로 자백하지만, 완전히 악마 편으로 넘어간 여자는 쉽게 자백하지 않으며 악마의 도움을 받아 고문을 잘 견뎌낸다. 또 자백한 후 자살하는 여인들이 있는데 이는 악마가 사주한 것이다. 그녀가 신의 사면을 받는 것을 방해하기 위함이다.

고문 절차는 다음과 같다.(Malleus, Q14)

재판관은 이러저러한 피고의 진술에서 불일치가 보이고, 또 여러 종류의 인디키움이 있으므로 피고를 고문하여 조사하겠노라고 선언한다. 그러고는 단순 구금용 감방이 아니라 처벌용 감방에 가둔다. 이때 피고의 친구들을 불러 아직 처벌을 피할 가능성이 있다는 점을 이야기하며 설득하라고 한다(여기에 트릭이 숨어 있다. 피고와 그 친구들은 이때 자백하면 모든 처벌을 면할 것이라고 생각할 테지만, 사실 사형을 면한다 뿐이지 다른 처벌까지 면제받는다는 뜻이 아닌 것이다). 갇혀 있는 상황에서 친구들의 설득을 듣고는 많은 마녀가 '마치 악마의 얼굴에 그러듯 땅바닥에 침을 뱉고는 꺼져라 악마야, 나는 올바른 일을 하겠노라'라고 하며 진실을 말하는 경우가 많다고 저자들은 설명한다.

이 단계를 넘어간 피의자에 대해서는 고문을 통한 조사가 시작된다. 다만 고문 기구를 보여주면서 마지막으로 한번 더 트릭을 써서 자백을 유도한다. 재판관이 스트라파도 같은 고문기구를 사용하라고 명령하면 집행인들은 '마치 마음이 아픈 듯 불편한 표정을 지어야 한다.' 그리고 옆의 다른 사람들로 하여금 부탁하게 하여 피의자를 다시 고문 도구에서 풀어주어 내려놓고, 지금이라도 진실을 말하면 처형은 면할 것이라고 말해 준다. 그렇다면 이 상황에서 마녀임을 자백하면 정말로 사형을 면해 주는가?

저자들은 이렇게 질문을 제기한다. 증인과 증거 등을 다 갖추었으되

본인의 자백만 없는 상황에서 재판관이 피의자에게 마녀임을 자백하면 목숨을 구해준다고 약속하는 것이 합법적인가? 이에 대해서 저자들은 실로 가증스럽고도 무자비한 답을 제시하고 있다.

첫째, 만일 피고가 다른 마법 행위까지 함께 고백할 경우 빵과 물만 주는 종신형에 처한다. 다만 그 사실을 미리 말해주지 말고 목숨을 구해준다는 말만 한다. 만일 마녀가 의술과 관련된 마법을 쓴 경우에는 살려두어 다른 마법 피해자를 돕거나 다른 마녀를 잡는 데 일조하도록 한다.

둘째, 일단 목숨을 구해준다는 약속을 지킨 다음 어느 정도 시간이 흐른 후 화형에 처할 수 있다.

셋째, 해당 재판관은 판결을 하지 않아 자신의 약속을 지키되 다른 판사가 사형 판결을 내린다.

충격적이다. 이런 정도의 위선을 자랑스럽게 제시한다는 사실 자체가 놀라울 따름이다.

끝내 자백을 안 하면 결국 고문을 가한다. 처음에는 약한 고문, 즉 피를 흘리지 않는 고문을 시행한다. 이때 우선 피의자의 옷을 벗긴다. 피의자가 여성인 경우 존경할 만한 여성들이 이 일을 담당한다. 옷에 마법을 부리는 물건을 몰래 숨겨놓았을 수 있기 때문이다. 그것은 대개 세례 받기 전에 살해당한 아이들의 사지로 만든 것이다. 고문 끝에 자백을 받은 경우 필수적인 과정이 남아 있다. 피고를 다른 장소로 옮겨 다음 날 자백을 새로 하게 하여 단순히 고문에 의한 자백이 아니라는 점을 밝힌다. 그리고 이 모든 과정을 공증인이 다 기록해 둔다.

만일 고문을 당하고도 피고가 자백하지 않은 경우에는 다른 고문 도구들을 보여주며 만일 자백하지 않으면 그것들을 사용할 거라고 협박한다. 그래도 자백하지 않으면 다음과 같이 선언한다.

우리 재판관들은 너의 입에서 진실이 나오도록 이러저러한 날에 고문을 지속할 것을 선언한다.

주의할 점은 이때 고문을 '반복'하는 게 아니라 '지속'한다고 선언한다는 점이다. 고문을 두 번 이상 다시 하는 것은 새로운 인디키움이 있을 때에만 가능하며, 그렇지 않은데 고문을 새로 하는 것은 불법이다. 그러므로 아직 자백하지 않은 경우에는 같은 조건에서 이전에 했던 고문을 계속하는 형식을 취해야 한다. 실제 마녀재판 과정에서 이런 일들이 일어났다. 새로운 근거와 증거 자료가 있을 때에 한해 새롭게 고문을 가할 수 있다는 원칙은 거의 지켜지지 않았으며, 때로는 죽을 때까지 고문이 지속되었다. 1630년 밤베르크에서 바바라 슈바르츠Barbara Schwartz는 8번이나 고문을 당했다.(Robbins, 506)

고문을 가할 때 조심해야 하는 요소들이 여럿 있다.(Malleus, Q15) 저자들은 "마녀에 대한 조사와 고문에 대해서는 정해진 하나의 방법이 있는 게 아니"라는 주장을 한다. 만일 어느 하나로 방법을 결정해 버리면 '어둠의 자식들'(데살 5:5)은 곧 그것을 간파하여 대비할 것이기 때문이다. 그래서 재판관은 이를 깨는 방법을 연구해서 찾아야 하며, 방법은 하나가 아니라고 주장한다. 이 말의 의미를 잘 반추해 보면 결국 자의적으로 조사하고 고문하겠다는 것이나 다름없다. 저자들의 레토릭에 넘어가지 않고 텍스트를 세밀하게 분석해보면 상황에 따라 자신의 주장을 정당화하며 계속 고문하여 결국 자기가 원하는 내용을 이끌어내겠다는 의도를 읽을 수 있다.

저자들에 따르면 마녀인지 아닌지 알아보는 추가적인 방법이 있다. 피고가 진정으로 울 수 있는지 알아보는 것이 가장 확실한 판별법이라고 저자들은 말한다. 참회를 거부하는 마녀는 진정으로 눈물을 흘리며 울 능력이 없다. 분명 그녀는 꾸미는 소리를 내고 침을 볼에 묻혀 우는 흉내를 낼 테지만 그것을 잘 감별해야 한다. 그게 진짜 눈물인지 아닌지 판별하는 방법은 다음과 같다. 피고에게 머리에 손을 올리도록 한 후 다음과 같이 명령한다.

우리 구세주 예수 그리스도께서 이 세상을 구원하기 위해 십자가에 뿌린 사랑의 눈물과, 그의 어머니이시며 영광의 성처녀이신 마리아께서 저녁 시간에 예수의 상처에 흩뿌린 고통의 눈물과, 모든 성인들과 신의 선택을 받은 사람들이 흘리고 예수께서 그들의 눈에서 닦아 주신 눈물로 너에게 청하노니 네가 무죄인 만큼 눈물을 흘리고, 만일 네가 유죄라면 눈물을 흘리지 말지어다. 성부 성자 성령의 이름으로 (성호를 표시함) 아멘.

이 순간에 적절하게 울지 못하면 꼼짝없이 마녀가 될 판이다. 저자의 설명에 의하면, 그녀들이 아무리 자신을 재촉하고 침을 볼에 묻혀 울려고 노력해도, 청하면 청할수록 울지 못한다. 그런데 사실 간수들이 그녀들이 우는 것을 보았다고 하는 경우가 있지 않겠는가. 이에 대해서는 이런 설명을 덧붙인다. "나중에 재판관이 없는 자리에서, 고문이 이루어지는 장소와 시간을 벗어난 때에는 간수들 앞에서 울 수 있다." 실제 그녀들이 우는 것을 다른 사람이 보았어도 그건 해당되지 않는다는 것이다! 그러니까 마녀로 지목된 여인들이 그나마 죄를 벗어날 수 있는 실낱같은 희망이라도 가지려면 그들이 '지금 울어라' 하고 명령할 때 정확하게 눈물을 흘리며 울어야 한다.

만일 운 좋게 그 순간에 울음이 터지면 마녀 혐의에서 벗어나는가? 일단 한 고비는 넘기지만, 그렇다고 완전히 무죄 방면되지는 않는다. 신이 허락하시고 악마가 간계를 부려 마녀가 울 수도 있다고 보기 때문이다. '원래 여자란 울고 실 잣고 속이는 존재'라는 것이다. 그러나 하여튼 고문을 이겨내고 자백을 하지 않고 울라고 할 때 정확히 잘 울었다면 일단 무죄 선언을 해야만 한다. '다른 어느 합법적 방법으로도 마녀라는 게 입증되지 않는다면' 할 수 없이 풀어주어야 한다. 그러나 이 구절은, 그래도 자기가 의심한 여인이 여전히 마녀일 가능성이 크다는 뉘앙스를 드러내고 있으며, 아마도 결국 다시 트집을 잡을 수도 있을 것이다.

갇혀 있을 때에도 마녀가 술수를 부릴 수 있으므로 늘 조심해야 한다. 무엇보다 그녀와 신체 접촉을 하면 안 되며 특히 손목의 맨살을 만지면 절대 안 된다. 그래서 축성된 소금을 준비해야 한다. 고문당하는 동안에도 신체 접촉을 통해 주위의 사람들에게 마법을 행할 수 있기 때문이다. 그 외에도 목소리, 혹은 시선 등으로도 마법을 걸 수 있다. 특히 그녀가 쳐다봄으로써 판사나 그 동료들의 마음을 움직여 분노의 마음을 없애 버릴 수 있다(고문받는 여인에게 동정을 하게 될 터인데, 이것도 마법의 결과라는 것이다). 여기에 속아 자칫 마녀를 풀어줄 수 있으니 조심해야 한다. 그러니 이런 사태를 피하려면 마녀를 돌아서게 만들어 등을 보고 심문하는 게 좋다.

마녀를 고문하는 모습

다음 조심할 사항은 몸의 모든 털을 밀어버리라는 것이다.(Malleus, 211D) 옷이나 털 속에, 심지어 '여기에서 이름을 말할 수 없는 은밀한 곳'에 부적이나 다른 비밀 물질을 숨기고 있을 수 있기 때문이다. 태어난 지 얼마 안 되고 세례도 받지 않은 아기를 죽여 오븐에서 굽고 다른 물질과 섞어 태워 재로 만든 것이 이런 때에 대비하여 준비한 물질이다. (Malleus, 214D) 저자들은 실제 그들이 겪은 사례를 제시한다. 인스부르크의 한 마녀가 '갇혀 있는 누군가의 옷에서 실 한 조각만 얻어도 그에게 고문을 참는 힘을 줄 수 있다. 죽을 때까지 고문당해도 침묵을 지키게 할 수 있다'고 자랑스럽게 말했다는 것이다.[3]

실제로 음모까지 제모했을까? 독일 지방에서는 음모를 깎는 데 대해 저항이 심하므로 머리털만 깎고 그 대신 축성한 밀랍 한 덩어리를 미사용 성배 같은 데에 넣어 빈속에 먹도록 하는 조치를 세 번 시행했다고 한다. 그러나 다른 지역에서는 문자 그대로 온몸의 털을 면도했다. 코모 지역의 재판관은 49명의 피의자를 그렇게 처리하여 자백을 받은 후 모두 불에 태워 재를 만들었다고 자랑한다!

그러나 옷 벗기고 털 깎고 고문해도 자백을 받아내지 못하는 경우가 있을 수 있다. 정말로 마녀인데도 어떤 조치들을 취해도 자백하지 않고 버틸 수 있단 말인가? 당연히 마녀에게는 그런 것도 가능하다. 어떻게 참은 걸까? 악마의 힘을 빌려 마녀들은 고통을 느끼지 않던지 혹은 입이 얼어붙어 자백을 하려 해도 못하게 된다는 것이다. 이럴 때 재판관들은 극히 신중하게 이 여인들을 관찰하여 혹시 이들이 '침묵의 마법 maleficium taciturnitatis, sorcery of silence' 상태가 아닌지 보아야 한다. 결국 자백 안 하는 것도 마녀의 능력이며 따라서 강력한 유죄 증거다!(Malleus,

250D) '침묵의 마법'이라는 논의는 실제 마녀재판 과정에서 끝없이 고문을 가하는 잔혹한 논리를 제공했다. 예컨대 과초는 "50세의 한 여인이 전신에 끓는 지방을 퍼붓고 사지에 아무리 심하게 고문을 가해도 아무런 고통을 느끼지 않았다. 고문대에서 내릴 때 어떤 고통도 느끼지 않았고 온몸이 아무런 피해 없이 온전했다. 심지어 고문 중에 엄지발가락 하나가 떨어져 나갔지만 이것 역시 그녀에게 아무런 고통을 주지 않았다"고 기록한다.(Guazzo, 56) 유명한 판관 담하우더Damhouder 역시 한 마녀가 세 번의 고문을 당하면서도 간수를 조롱하며 이겨내는 것을 보았다고 말했다. 그래서 그녀의 온몸을 조사해 보니 양피지 하나가 나왔는데, 이것을 제거하자 곧 굴복하고 자신이 악마와 계약을 맺은 것을 자백했다고 한다. 파울루스 그릴란두스Paulus Grillandus 역시 라틴어로 "성모 마리아의 젖이 우리 구주 예수 그리스도에게 즐거운 것이듯 이 고문 역시 나의 팔과 다리에 부드럽고 즐거운 것이 되리라"라고 쓴 부적을 보았노라고 설명한다.(Robbins, 506)

어린 피고나 임신부에 대해서는 어떤 태도를 보였을까? 이들에게 자비를 보여도 되는가?(Robbins, 507~509) 일부 지역에서는 어린 아이들에 대해서는 고문이나 화형을 다소 완화하는 경향이 있었던 것이 사실이다. 스코틀랜드에서는 조지 맥스웰 경Sir George Maxwell을 살해하기 위해 밀랍 인형을 사용한 자들 가운데 13세 소녀를 화형 대신 감금형에 처했다. 포트 박사Dr. Johannes Pott는 악마와 성관계한 9세 소녀를 화형에 처하는 대신 할머니가 화형당하는 장소에서 소녀에게 채찍질을 가했다. 그러나 뷔르츠부르크에서는 11~12세 소녀들을 실제로 화형에 처했다. 유명한 악마론자이며 마녀재판관이었던 니콜라 레미는 아이들을 화형에 처하는 대신 부모들 화형 장소에서 채찍질하도록 선고했던 것을 나중에 후회하는 언급을 했다. 이처럼 어린 아이들에 대한 태도는 지역마다 상이하였으며, 일부 지역에서는 어른과 똑같이 가혹하게 취급했다. 한편 임신부에 대해서는 출산 후 처형하곤 했다. 첼므스포드에서 어머니는 선고 후 두 시간 이내에 처형했지만, 딸은 임신 때문에 처형을 늦추었다가 교수형을 집행한 사례가 있다. 그러나 독일 일부 지역에서는 이 관행을 따르지 않아, 1630년 밤베르크에서 뒴러의 아내는 임신 중임에도 고문과 처형을 당했다.

만일 고문을 이겨내고 끝까지 자백하지 않으면 어찌 해야 하는가? (Malleus, Q16)

이 마지막 단계에 이르면 판사는 그녀를 석방해 주어야 한다. 그러나 이때에도 그냥 풀어주는 게 아니라 다른 구치소로 데려가 계속 구금한다. 무엇보다 그녀를 보호자에게 인계해서는 절대 안 된다. 그러면 진실을 알아내지 못한다. 이제부터는 피의자를 구슬리는 방법을 설명한다.

우선 그녀에게 음식을 잘 주는 등 인간적으로 대접해 준다. 그리고 존경할 만한 사람들을 시켜 그녀와 자주 접촉하여 대화하며 사실대로 이야기하면 판사가 사면을 베풀 거라고 안심시킨다. 그리고 판사도 이때 참여하여 사면을 허락한다고 (가짜로) 약속한다. 물론 이런 상황에서도 나중을 위해 모든 것을 다 기록해 둔다.(Malleus, Q14 212A-C)

4. 재판관과 마녀 감식인

마녀재판은 제도상의 문제를 안고 있을 뿐 아니라 재판관들 개인 자질에 크게 좌우될 수 있다. 『말레우스』를 매뉴얼로 삼아 재판이 이루어지면 재판관 개인의 자의적恣意的 결정에 따라 판결이 나올 우려가 크다. 이런 마당에 고문을 합법화했다는 것은 심각한 문제의 소지를 안고 있다.

원칙적으로는 고문을 가하는 조사관이 유도 질문을 해서도 안 되고 무조건 자백을 강요해서도 안 된다. 이상적으로는 자발적으로 증거가 될 만한 발언을 하도록 해야 한다. 예컨대 초자연적 힘을 발휘할 때 사용했던 도구들을 숨겨두었다는 사실을 자백받게 된다면 바람직할 것이다. 그렇지만 실제로는 조사관이 생각하고 원하는 답을 얻게 마련이다. 설사 조사관이 양심적이고 최대한 중립적이려고 노력한다 해도 자신의 맘속에 가지고 있는 생각을 그대로 자백받는 경향이 크다. 사실 재판관들이 고문을 가하는 때에는 피고가 정말로 마녀인지 아닌지 모르는 상황에서 진실을 밝히겠다는 의도보다는, 피고가 마녀임에 틀림없는데 단지 자백만 없을 때 그것을 얻어내려는 의도를 가진 경우가 많았다.

그런데 여기에서 아주 근본적인 문제가 제기된다. 악마와 마녀가 그토록 힘이 강하고 속임수에 능하다면 그들은 왜 마녀재판에 잡혀 오며, 왜 재판관들을 속이지 못하는가? 악마론 저자들은 이런 문제에 대해 나름의 논리를 마련해 놓았다. 교회에 의해 성스러운 임무를 부여받는 순간 관리들은 마법을 눌러 이기는 힘을 받게 된다는 것이다. 이들의 논리는 다음과 같다.(Malleus, Part2 Q1 86C-87C)

신의 도움을 받아 마법에 걸리지 않는 사람들에는 세 부류가 있다. 첫 번째 사람들이 바로 마녀재판관들이다. 두 번째는 교회가 정한 합당한 의식을 통해 자신을 보호하는 사람들이다. 그 의식으로는 성수를 뿌리거나 성염을 먹거나 정화의 날Day of Purification(성탄일 14일 이후인 2월 2일)에 축성한 초나 종려주일Palm Sunday(부활절 직전 일요일)에 축성한 종려나무 잎을 사용하는 것 등이 있다. 교회가 악마의 힘을 약화시키는 퇴마 의식을 한 물품이라는 설명이다. 세 번째는 천사의 보호를 받는 기타 인물들이다.

두 번째와 세 번째 집단에 대한 설명은 허술하기 짝이 없어 고려할 가치가 없지만, 첫 번째 집단에 대한 설명은 중요한 의미를 띤다. 악마와 마녀를 추적하고 처벌하는 사법 업무를 시작하는 순간 천사가 그들을 보호한다고 주장함으로써, 그들 자신은 어떤 공격도 피해갈 수 있는 완벽한 보호 장치를 마련한 셈이다.

마법이 통하지 않는다는 구체적 사례들도 제시한다.

우선 니더의 『개미 나라』에 나온 내용을 다시 인용한다. 어떤 사람이 악마의 힘을 빌려 누군가를 살해하려 하는 상황에서 악마가 이렇게 말했다고 한다. "그는 강한 신앙을 가지고 있고 의도적으로 십자가 표시를 하면서 자신을 방어하고 있다. 그래서 그의 몸에 직접 해를 끼칠 수는 없지만, 네가 원하면 그의 밭에서 나는 과실 중 1/11을 해칠 수는 있노라." 강한 신앙을 가진 사람은 악마가 범할 수 없다는 것이다.

저자들이 실제 경험했다는 구체적인 사례도 제시한다.(Malleus, 87C)

라벤스부르크에서 마녀들을 화형에 처하려 할 때 판사들이 '당신들이 남에게 했던 것처럼 우리에게 마법을 쓰지 않는 이유가 무엇이냐'고 물었다. 그러자 마녀들은 이런 식으로 답했다. '사실 우리가 여러 차례 시도했지만 잘 되지 않았다. 악마에게 이유를 물어보니 그냥 안 된다는 이야기만 들었다.' 판사들은 또 이렇게 설명한다. '마녀들이 낮이나 밤이나 얼마나 자주 우리를 위협했는지 모른다. 그들은 우리를 당나귀, 암캐, 때로는 염소라고 부르며 우리를 모욕하려 했다. 우리가 밤에 기도하기 위해 일어나 보면 마녀들이 창밖에 있는데 그곳은 매우 높은 곳이라 아주 긴 사다리가 있어야만 도달할 수 있는 곳이었다. 그들은 자기 두건에 꽂고 있는 핀을 우리 머리에 꽂으려는 것 같았다. 그렇지만 하느님의 힘으로 신앙의 사법관인 우리들은 무사했다.'

이렇게 자신들은 악마에게서 해를 입지 않고 거기에 물들지 않는다고 선언하고는 그 방어막 뒤에서 다른 사람들을 무자비하게 공격한 것이다.

흥미로운 점 중 하나는 마녀를 알아보는 능력이 있다고 주장하며 수많은 사람을 고소한 '마녀 감식인'의 존재이다. 이들은 대개 악마 표식 stigmata diaboli, sigillum diaboli 혹은 마녀 표식을 통해 마녀를 찾아낼 수 있다고 주장한다. 이들의 주장은 몸에 있는 외적인 징표 exterior homo를 근거로 인간 내부 interior homo에 접근할 수 있으며, 마음의 비밀을 읽을 수 있다는 것이다.[4] 많은 경우에 이런 표식을 찾아내는 것이 재판의 중요한 과정이었으며, 실제로 고문과 처형의 결정적 근거가 되었다. 악마 표식과 마녀 표식은 원래는 구분되었지만, 나중에는 혼동되었다. 원래 악마 표식은 상처, 점, 타투와 유사한 데 비해, 마녀 표식은 돌기 모양으로 특히 영국에서는 마녀가 키우는 퍼밀리어 familiar(사악한 영)들이 이를 통해 피를 빨아먹는다고 알려진 부분이다.(Robbins, 135~137) 사실 거의 모든 사람들이 피부에 사마귀나 점, 과거의 상처 흔적, 피부색이 변한 부분 같은 것을 가지고 있다. 그러니 사실 누구나 마녀 표식을 가진 자라는 의심의 여지를 안고 있는 셈이다.

16~17세기의 많은 악마론이 악마와 마녀 사이에 계약을 맺는 표시로 악마가 마녀 몸에 식별 표시를 남긴다고 주장했다. 마치 가축 주인이 자기 가축에 표시하는 것과 같다는 것이었다. 칼빈주의자 다노Lambert Daneau는 마녀 중에 악마가 권능의 표시를 남기지 않은 자는 하나도 없으니, 재판관은 우선 피고 몸의 모든 털을 다 밀어서 혹시라도 숨겨져 있는 표식을 찾아내야 한다고 주장했다.[5] 시니스트라리Sinistrari라는 작가 역시 유사한 언급을 했다. 악마 표식은 늘 같은 모양과 크기가 아니어서 토끼, 두꺼비, 거미, 강아지, 쥐 같은 다양한 모양일 수 있다. 그것은 아주 비밀스러운 곳에 숨겨져 있다. 남자의 경우에는 눈썹 밑, 겨드랑이, 입술이나 어깨, 항문 등에 자주 나타나며, 여성의 경우에는 유방이나 성기에 있기 십상이다. 이런 표식을 찍는 스탬프는 악마의 발톱이다.(Robbins, 135) 고프리디Louis Gaufridi는 이런 표식은 앞으로 일생 동안 악마에게 충성스러운 종이 되겠다는 의미라고 해석했다. 보게Henri Bogue(1550~1619년)는 왼쪽 어깨를 주의해서 보라 했고, 영국에서는 손가락들을 유념해서 보았다. 자키에는 희생자의 입술에서 악마의 발굽 표식을 찾았다. 그런데 표식을 잘 찾지 못하면 의심스러운 곳을 핀으로 찔러 시험하는 사람witch pricker들이 성기 내부 등 은밀한 곳들을 뒤지기도 했고, 그러기 위해 성기 주변의 털을 공개적으로 밀곤 했다.

공개적으로 옷을 벗기고 그런 조사를 할 때 피의자가 정신적인 충격을 받는 것은 당연하다. 1649년 뉴캐슬온타인에서 있었던 마녀재판에서 스코틀랜드 출신 떠돌이 감식인이 행한 방식을 보자. 그 지방의 유지인 홉슨이 조사할 필요 없는 선량한 사람이라고 보장하는 한 여인에 대해 이 감식인은 반드시 조사해야 한다고 고집하던 상황이었다.

많은 사람이 보는 앞에서 그 여자의 옷을 머리 위로 넘겨 허리 있는 데까지 벌거벗은 상태로 만들었다. 놀라고 창피함을 느낀 나머지 그녀의 피가 신체 한 곳으로 몰렸다. 그때 그가 핀을 여자의 넓적다리에 꽂고는 갑자기 옷을 아래로 떨어뜨렸다. 그리고는 여자에게 자기 물건 중 어떤 것이 몸에 있지 않느냐고 물었다. 그 여자는 놀라서 거의 대답을 못했다. 그러자 그는 여자의 몸에서 핀을 빼더니 그녀가 악마의 자식이라며 죄인 편으로 밀었다.

그렇지만 이런 무리한 방식이 항상 통하지는 않는다. 이 경우에는 홉슨이 침착하게 대응하여 화를 면했다.

홉슨은 그 여성의 몸에서 피가 나오는 변화를 보고는 그녀를 다시 데려오라고 시키고, 그녀 옷을 넓적다리까지 올리라고 한 후 그 스코틀랜드인에게 같은 곳에 핀을 다시 꽂으라고 시켰다. 그러자 그곳에서 피가 솟구쳐 나왔다. 스코틀랜드인은 피를 닦더니 그녀는 악마의 자식이 아니라고 말했다.

그렇다고 악마론자들이 순순히 물러서지는 않는다. 희생자들이 통증을 느끼는 경우에는 악마의 자식들이 통증을 느끼는 것처럼 위장한다고 둘러대는 식이다. 심지어 빈스펠트는 악마 표식을 끝내 찾지 못했을 때, 그런 표식 때문에 쉽게 들킨다는 것을 알게 된 악마가 이제 그런 표식을 만들지 않는다고도 강변한다. 혹은 델 리오Del Rio처럼 그런 표식은 단기 간만 지속된다고도 주장한다. 그러나 이런 주장은 자칫 악마론 전체를 흔들어버릴 위험이 크다. 하나가 무너지면 전체가 무너질 우려가 있기 때문이다. 그래서 앞의 두 저자들처럼 약한 주장을 하는 것을 보고 쾰른 대학 법학 교수 페터 오스터만Peter Ostermann은 모든 마녀들은 다 악마 표식이 있고 그런 악마 표식이 있는 자들 중에 선량한 사람은 없다며 이전 주장을 다시 강하게 표출했다. 악마 표식은 가장 확실한 증거 중의 증거 라는 것이다.

마녀를 알아볼 수 있다고 주장하는 소위 '마녀 감식인'들은 도처에 존 재했다. 그들 중에는 심지어 첫눈에 바로 마녀를 알아본다고 주장하는 자도 있었다. 17세기 프랑스 베아른 지방에는 장자크 바케Jean-Jacques Bacqué라는 직조공 도제 출신 마녀 감식인이 있었는데, 그는 16세부터 30여 개 마을을 돌아다니며 마녀를 감식하여 모두 6,210명을 체포하도 록 했다. 마을마다 200명 이상을 마녀로 몰아간 셈이다. 급기야 1672년 국왕참사회가 이런 위험한 일을 금지시켰다. 심지어 어린이가 마녀 감 식인이 된 경우도 있다. 1595년 나바르에서 12세 여아인 카타도라 데 브뤼하스Catadora de Brujas가 마녀 감식인으로 활동했다.(Viallet, 156~157)

그 가운데 가장 널리 알려진 사례로 잉글랜드 내전기에 활동했던 매 슈 홉킨스Matthew Hopkins(1620~1647년)를 들 수 있다.(Robbins, 'Matthew Hopkins') 그는 자신이 '총괄 마녀 감식인Witchfinder General'이라는 직위 를 가진 것으로 주장했지만, 사실 의회에서 그런 직위를 준 적은 없다. 1644~1647년 사이에 그가 조수인 스턴John Sterane과 함께 조사하고 죽 음에 이르게 한 사람은 300명 이상으로서, 그 이전 100년 동안 잉글랜드에서 마녀사냥으로 죽은 사람 숫자보다 많으며, 15~18세기 잉글랜드 전체 마녀 희생자의 60%를 차지할 정도다. 그의 이런 활동 이력 때문에 그는 '밀고인fingerman'으로 불렸고, 조수인 스턴은 '마녀 찌르는 자witch pricker'(침으로 찔러 마녀인지 확인하는 작업을 했다)로 불렸다. 몬터규 섬머즈 Montague Summers는 그를 두고 "더러운 기생충 중 가장 더러운 놈이고, 유다와 카인 족속의 악질 맹금류"라고 비난했다.

홉킨스의 주장 중 중요한 내용은, 제임스 국왕의 악마론에 나온 것과 같이 마녀가 임프imp(작은 악마, 도깨비 같은 존재)를 키우고 있다는 것이다. 그가 작성한 기소문에 보면 예컨대 엘리자베스 클라크Elizabeth Clarke 라는 노파는 임프를 무릎에 올려놓고 함께 놀았으며, 6~7년 동안 성교도 했다고 한다. 임프는 1주일에 3~4번씩 그녀에게 모습을 드러내고 함께 밤을 보내는데, 그때에는 완전한 사람 모습으로 나타난다.

첼므스포드에서 홉킨스 일당이 자백을 얻어낸 데에 처음 사용한 방법은 '물에 담그기swimming'였다. 이들은 혐의자들을 의자에 묶어 물에 던졌을 때 물에 뜨면 유죄고 가라앉으면 무죄라고 주장했는데, 마녀는 성스러운 세례를 하지 않았기 때문에 물이 더러운 마녀들을 받아들이지 않고 뱉어낸다는 것을 근거로 들이댔다. 사실 의자에 묶인 채 물에 빠뜨렸을 때 원하는 대로 물 속 깊이 잠수하는 게 쉽지 않고, 또 그렇게 할 수 있다 하더라도 익사 위험이 있다. 이런 이유로 '물에 담그기'는 의회의 반대에 부딪혀 사용이 금지되었다. 그러자 이들은 대신 다른 방법들을 개발하여 사용했다. 굶기기, 다리 꼬고 의자에 오래 앉히기, 독방에 가두기, 잠 안 재우기, 그리고 무엇보다 장시간 걷게 하기가 그것이다. 1645년 8월, 서포크의 베리세인트에드먼즈의 기록에 따르면, 2명은 하

마녀 감식인 매슈 홉킨스

루, 4명은 이틀, 5명은 사흘 동안 계속 걷게 하자 자백했다. 잠을 못 잔 상태에서 2~3일 계속 걷다 보면 육체와 정신이 탈진하여 결국 자백을 하지 않을 수 없다. 이들에게 걸리면 사흘이 버틸 수 있는 마지막 한계였다고 한다.

당연히 자백 내용은 어이없는 것들이었다. 퍼밀리어라는 것들이 실제로는 애완동물이거나 혹은 그저 집쥐였다. 한 여성은 이웃들이 탄원하여 목숨을 건졌는데, 사실 그녀는 자기가 어떤 자백을 했는지도 모르는 상태였다. 다만 그녀에게 낸Nan이라고 부르는 임프가 있다는 것이 중요한 자백이었는데, 사실 낸은 그녀가 키우는 암탉 이름이었다. 무지한 사람들을 가두고 음식을 주지 않고 잠도 못 자게 하여 자기가 무슨 말을 했는지도 모르는 상태로 만든 다음 고문을 약간 완화하면 이 사람들은 곧 자신의 개, 고양이 등에 대해 이야기를 하게 된다. 이것을 임프나 퍼밀리어로 몰고가 사형시킨 것이다. 판단력 모자라는 두 판사는 이런 조사 자료를 가지고 19명에게 사형 선고를 내렸다.

1645년 베리세인트에드먼즈에서는 무려 200명을 체포했는데, 그중에는 목사도 포함되어 있었다. 며칠 밤을 재우지 않고 계속 앞뒤로 달리게 하여 지쳐 떨어지게 만드는 특유의 방식을 사용하여 피해자들이 스스로 무슨 말을 하는지도 모르는 상태로 만들었다. 실제로 존 로우즈 John Lowes 목사는 이런 고문 끝에 자신이 악마와 계약을 맺었고 5년 동안 퍼밀리어 네 마리를 키웠으며, 가축들에게 마법을 걸었고, 무엇보다 잔잔한 바다에서 배 한 척을 침몰시켜 14명을 죽였다고 자백했다. 그는 결국 사형을 피하지 못했다. 그날 과연 그런 배가 침몰했는지 알아보기만 해도 사실 확인이 가능한 일이었는데 말이다. 그 후에도 서포크에서만 124명이 체포되고 이 중 68명이 교수형에 처해졌다.

홉킨스의 활동은 1646년 4월 갑자기 중지되었다. 아마도 그 이전에 그에 대한 비판이 제기되었음에 틀림없다. 1645년 의회의 뉴스 매거진 The Moderate Intelligencer 기사에는 귀중한 목숨이 위험에 처해 있는데 늦기 전에 조사가 필요하다는 내용이 나온다. 그 후 존 골John Gaule이라는 목사가 그의 고문 방식을 폭로하는 글을 발표하여 본격적으로 비판을 가했다. 돌연 사람들이 그를 의심하게 되었다. 그 동안 너무 많은 사람들을 무리하게 고발한 것이 드디어 한계에 이른 것이다. 이제 판사들이 그의 고문 방법을 따져 묻고 그가 받은 보수를 조사했다. 그는 은퇴하여, 자기 고향에 돌아갔다가 결핵으로 사망한 것으로 보인다.

그에 대한 비판이 거세지는 때에 그는 자신의 행위를 정당화하기 위해 『마녀의 추적Discovery of Witches』(1647)이라는 책을 썼다. 이 책은 나중에 신대륙에도 영향을 미쳐서, 아메리카 식민지에서는 이 책에 나오는 방식으로 조사하고 자료를 모았다. 유명한 세일럼의 마녀사냥 당시에도 마찬가지로 이 책이 이용되었다. 그는 자신이 경험을 통해 마녀를 찾아낼 수 있는 지식을 얻게 되었다고 설명한다.(Hopkins)

1644년 3월에 있었던 일이다. 그가[홉킨스 자신을 가리킨다] 살고 있는 에식스의 메이닝트리 읍에 사는 7~8명의 마녀들이 다른 여러 읍에 사는 마녀들과 매 6주마다 금요일 밤에 그의 집 근처에서 회합을 하고 악마에게 엄숙하게 희생을 바쳤다. 어느 날 밤, 감식인은 그 여자들 중 한 명이 자기 임프들에게 다른 마녀에게 가라고 명령하는 것을 들었다. 그래서 그녀를 체포한 후 수년간 악마 표식을 찾아내는 일을 한 여인들이 조사했더니 정직한 여성들에게는 없는 젖꼭지 세 개를 발견했다. 사법 당국의 명령으로 그 여인들은 그녀를 2~3일 동안 잠자지 못하게 하면서 그 동안 그 여자가 퍼밀리어들을 보려 할 것으로 기대했는데, 과연 나흘째 밤에 그녀가 여러 이름으로 그것들을 불러냈다. …

그녀를 다그치자 다른 마녀와 그녀들이 키우는 임프들의 이름까지 모두 자백했다. 그녀들을 다 잡아 사실을 확인하고 또 악마 표식도 찾아냈다. 이들을 재판에 넘기고 그중 4명은 감식인의 집에 악마를 보내 살해하려 한 죄로 교수형에 처했다. 이런 식으로 그는 경험을 쌓아갔으며, 다른 사람들도 유사한 방식으로 마녀 감식 기술을 가지게 될 것이다.

그는 자신에게 가해진 여러 비판들에 대해 시종일관 변명과 자기 정당화로 일관하고 있다. "원래 사마귀나 혹 같은 것을 가진 사람들이 있지 않은가? 그런데 한 사람과 한 여자의 결정으로 마녀 판정을 받는 게 가능한가?"(5조), 또 "불법적인 방법, 특히 고문을 통해 얼토당토않은 판정을 내리는 게 아닌가?"(6항) 같은 질문에 대해서는 아주 유능한 남녀 여럿이 판정을 내리며, 이들이 발견한 악마의 표식들은 "정상적인 사마귀나 혹이 도저히 있을 수 없는 곳에서 발견한 것들이며, 바늘이나 핀 같은 것으로 찔러도 통증을 느끼지 않는 특징이 있고, 또 그녀들을 가두고 그 표식들을 오래 관찰하면 모양과 색이 변하는 것을 볼 수 있으므로, 자연적인 것과는 다르다"고 주장한다. "만일 악마와 마녀가 사람이나 동물 등을 마법으로 죽이는 힘이 있다면 신의 능력만큼 큰 것이 아닌가?"(13항) 하는 질문도 흥미롭다. 그의 답은 "악마는 적어도 6,000년 존재했으니, 모든 술수와 언어에서 최고의 학자 수준으로 올라갔으며, 사람 몸에 대해서도 최고 수준의 지식과 기술을 가지고 있다"는 것이다. 악마와 마녀는 신의 능력을 가진 것은 아니로되 워낙 오랜 기간 이 땅에 존재한 만큼 많은 지식을 습득하여 큰 능력을 가지고 있다는 답이다.

그의 주장은 신학적 지식이 풍부한 악마론자의 논증과는 비할 수 없지만 그 나름의 소박한 악마론을 구성해 가지고 있다. 그는 임프나 퍼밀리어 같은 민중 문화의 내용들에다가 제임스 국왕의 『악마론 Demonology』을 일부 인용하여 내용을 추가하는 동시에 국왕의 권위를 빌려왔다. 어떤 내용이 되었든 그런 것이 먹혀들어가려면 권위를 빌려와야 하기 때문이다.

5. 후대의 악마론: 앙리 보게

16세기 후반과 17세기 초에 마녀사냥이 극단화될 때 이를 반영하는 악마론 책들이 많이 출판되었다. 그중 가장 대표적인 저술이 앙리 보게의 『마녀론Discours exécrable des sorciers』이었다. 이 책의 내용을 살펴보면 『말레우스』의 내용이 어떻게 현실에 적용되고 다시 이론화되었는지 알 수 있다.

보게는 부르고뉴 백작령의 생클로드St.-Claude의 재판관이자 저명한 법학자였다. 그는 35명을 재판하고 이 중 80%를 사형에 처했다. 1604년에 브장송에서 까다로운 사건이 발생했을 때 그가 초빙된 것을 보면 마녀재판의 전문가로 널리 인정받았음에 틀림없다. 그는 자신이 직접 참여한 마녀재판의 경험을 통해 『마녀론』을 저술했다. "나는 지난 2년 동안 내가 직접 수행한 재판들에 근거하여 다음 논저를 기술했다. 이 파당의 성원들을 직접 보고 듣고 가능한 한 자세히 조사하여 그들로부터 진실을 이끌어냈다." 따라서 이 책은 마녀재판의 이론과 실제를 잘 보여주는 좋은 자료임에 틀림없다. 실제 이 책은 20년 동안 12판이 출판될 정도로 인기가 높았고, 오랜 기간 악마론의 중요한 저서로 자리 잡았다. 이 책은 자신처럼 마녀재판에 종사할 사람들에게 매뉴얼로 실질적인 도움을 주기 위해 본문에서 자신의 경험을 서술한 후 보록으로 핵심 내용을 70개 항으로 정리하여 일목요연하게 기술했다.

현재 우리의 관점에서 보면 이 책의 내용은 물론 수용하기 힘든 것들이다. 그런데 그 시대의 기준에서 보더라도 논리가 박약하고 글쓰기가 신통치 않은 수준이었다. 순진하기 짝이 없는 믿음에 근거하고, 의심스러운 증인과 증언을 고민 없이 수용하고는 마법은 예외적 범죄라는 주장을 펴는 것이다. 이 책을 살펴본 저명한 역사가 르페브르는 그를 거의 바보imbécile로 평가했다. 사실 저자 자신도 1611년에 이르면 스스로 이 책의 출판을 막았는데, 분명 이런 멍청한 주장을 한 것이 자신의 고등법원 출세에 지장을 줄 것으로 판단한 듯하다.(Briggs, 210) 후일 그의 친척들은 희생자들에게 동정을 표했고, 그의 가족들은 이 책을 없애려 한 것으로 알려져 있다. 그럼에도 이 책이 한때 널리 읽히고 매뉴얼로 이용되었으며, 많은 학자들과 성직자들의 찬탄을 받은 것을 보면 당대의 종교적·사회적·지적 분위기가 얼마나 맹목적이었는지 알 수 있다.

이 책에서 보게는 그가 심문한 40명을 언급하는데, 아마 이들은 거의 모두 화형당한 것으로 보인다. 더 충격적인 것은 8세에 불과한 어린아이의 증언을 근거로 무고한 사람을 마녀로 몰아 죽음에 이르게 하였다는 점이다.(Boguet, ch.1 1~3)

1598년 6월 5일 토요일, 8세 소녀인 루이즈Loyse가 사지가 마비되어 기어다녔고, 입을 아주 이상하게 뒤틀었다. 이런 증세가 오래 지속되자 부모는 아이에게 귀신이 들렸다고 생각하고 7월 19일에 성당에 데려갔다. 성당에서 퇴마 의식을 하자 아이의 몸 안에 악마 다섯 마리가 있다는 게 밝혀졌다. 악마의 이름은 각각 늑대, 고양이, 개, 졸리, 그리퐁이었다. 사제가 아이에게 마법을 건 게 누구냐고 묻자 아이는 프랑수아즈 서크레탱Françoise Secretain을 지목했다.

집에 돌아오자 아이는 부모에게 기도를 하면 빨리 나을 것 같다고 말했다. 부모가 오래 기도하자 소녀가 말하기를 몸 안에서 악마 두 마리가 죽은 것 같다고 말했다. 이 말에 용기를 얻은 부모가 밤새 기도를 멈추지 않았다. 새벽이 되자 아이 상태가 더 나빠져서 입에 거품을 물었다. 곧 아이가 땅에 쓰러지더니 입을 통해 악마들이 빠져나왔다. 모두 주먹만한 공 모양이었고 네 마리는 불처럼 새빨간 색이었으며 고양이라 불리는 놈만 검은색이었다. 먼저 세 마리가 나오고 나중에 두 마리가 기운 없이 나오는데, 이것들은 처음에 싸우는 걸 포기했기 때문에 그 당시에는 죽은 것으로 착각했던 것이다. 악마들은 불 주변을 서너 차례 돌며 춤을 추더니 사라졌다. 그 후 아이의 건강이 나아졌다.

이런 기술을 보면 악마에 대한 형상화가 여전히 소박한 민속적 요소에서 차용된 듯한 인상을 준다.

이 악마들을 아이 몸에 집어넣었다는 프랑수아즈 서크레탱은 아이가 발병하기 바로 전날인 6월 4일에 이 집에 찾아와 재워줄 것을 요청한 떠돌이 여자였다. 그때 남편이 없어서 소녀의 어머니는 거절했으나 서크레텡이 계속 부탁하는 바람에 그녀를 집에 들여놓았다. 그러자 서크레텡은 소녀에게 똥 모양의 빵을 주며 강제로 먹게 하면서, 이 사실을 절대 말하지 말라고 시켰다. 이런 사실들을 부모뿐 아니라 아이도 일관되게 증언했다. "루이즈는 8살밖에 안 됐지만 거의 30세나 40세는 된 것 같이 증언을 안정되게 했다"고 저자는 기술한다. 판사는 이 증언을 듣고 서크레텡을 체포하여 구금했다.

구금된 후 사흘동안 서크레텡은 자신의 죄를 자백하지 않고 버텼다. (Boguet, ch.1 4~5) 조사 중에 그녀는 눈물을 한 방울도 흘리지 않았다고 기술되어 있는데, 마녀는 울지 못한다는 전통적인 주장을 반복하고 있는 것이다. 다음 날 그녀가 자백을 계속 거부하자 그녀 몸의 털을 밀고 옷을 갈아입힌 다음 표식을 찾아보기로 결정했다. 그녀의 옷을 벗겼지만 표식을 찾을 수 없었다. 그녀의 머리를 깎으려 하자 여기에도 쉽게 복종했다. 그렇지만 일단 털을 밀자 그녀는 흔들리고 몸을 떨면서 자백하기 시작했고, 매일 자백 내용을 더해 갔다.

이 짧은 기술만으로 사정을 다 파악할 수는 없지만 그녀에게 상당히 심한 조사, 어쩌면 고문을 가했을 가능성이 크다.

그녀의 자백 내용은 다음과 같다.(Boguet, ch.3 5)

첫째, 그녀는 루이즈의 몸 안에 5마리의 악마를 넣었다.

둘째, 그녀는 오래 전부터 악마에게 몸을 허락했는데, 악마는 몸집이 큰 흑인처럼 생겼다.

셋째, 악마는 4~5번 그녀를 육체적으로 범했는데, 개나 고양이, 새 모양으로 다가왔고, 정액은 아주 차가웠다.

넷째, 그녀는 쿠아리Coyries라는 곳에서 사바스에 수도 없이 많이 참가했다. 그녀는 다리 사이에 하얀 장대를 끼우고 사바스에 갔다.

다섯째, 사바스에서 춤을 추고, 물을 두드려서 폭풍우를 만들었다.

여섯째, 그녀와 그로즈-자크 보케Groz-Jacques Bocquet는 함께 모느레 Monneret라는 인물에게 악마가 준 가루를 뿌린 빵을 먹여 살해했다.

일곱째, 그녀는 손이나 마법의 막대기로 소들을 건드리며 주문을 외 워 많은 소들을 죽였다.

프랑수아즈 서크레텡에 대한 조사 과정을 보면 전통적인 악마론의 내용을 그대로 적용한다는 것을 알 수 있다. 예컨대 사바스에 장대를 타 고 날아간다는 내용을 있는 그대로 받아들이고 있다. 15장에는 이에 대 해 자세한 부연 설명을 덧붙인다.(Boguet, ch.15 44~45)

프랑수아즈 서크레텡은 하얀 막대기를 타고 사바스로 갔다. 롤랑 뒤 베르누 아는 말을 타듯 큰 검은 양을 타고 갔다. 티벤 파제와 앙티드 콜라를 사바스 로 데리고 간 사탄은 흑인 형상이었다. 누구는 그곳에 염소를 타고 가고, 누 구는 말을 타고 가고, 또 누구는 빗자루를 타고 가는데, 대개 굴뚝을 통해 날 아간다. 떠나기 전 누구는 고약을 바르지만 안 바르는 사람도 있다.

사바스의 전형적인 이미지가 완성 단계에 이르렀고, 놀랍게도 그런 터무니없는 내용이 단지 떠도는 이야기가 아니라 재판에서 유죄 판결을 내리는 중요한 근거가 되고 있는 것이다.

마녀들이 눈물을 흘리지 못한다는 점도 자세히 서술되어 있다. 그런데 그 서술 방식을 보면 저자가 얼마나 맹목적인지 알 수 있다.(Boguet, ch.40 121~122)

마녀들은 오른쪽 눈에서 겨우 세 방울의 눈물을 흘릴 수 있을 뿐이라고 자백한 여인의 이야기를 읽은 적이 있다. 박식한 박사들은 이것을 마녀로 추정할 수 있는 가장 강력한 증거 중 하나로 친다. 나는 이 문제와 관련하여 내 경험을 이야기하고자 한다. 내가 판사의 자격으로 조사한 모든 마녀들은 결코 내 앞에서 눈물을 흘리지 못했다. 눈물을 흘리는 경우가 있다 해도 너무 적어 거의 알아챌 수 없을 정도였다. 우는 것으로 보이는 사람들이 없지 않았지만 그것은 순전히 위장이었다는 것을 의심치 않는다. 혹시 그것이 위장이 아니라고 해도 아주 힘들게 눈물을 억지로 쥐어짰다는 것은 적어도 확실하다. … 자백하고 나면 아주 풍부하게 흥건히 눈물을 흘린다. 이때 눈물은 이전보다 가볍고 행복해 보인다. 마치 무거운 짐을 벗어던진 것처럼 말이다.

마녀가 울지 못한다는 가정을 여전히 있는 그대로 믿는다는 게 놀라울 정도이다. 그런데 그의 서술을 보면 어떤 여인들은 분명 그의 앞에서 눈물을 보였음에도 자신의 주장을 굽히지 않는다. 운 것은 위장이고, 설사 위장이 아니더라도 '힘들게 울었다'는 주장은 그의 지적 수준을 의심케 하는 지경이다. 선입견으로 인해 그가 눈으로 보는 현실마저 완전히 무시하고 있는 것이다. 프랑수아즈 서크레텡은 결국 감옥에서 죽음을 맞았다. 정황상 모진 고문에 못 이겨 사망한 것에 틀림없다. 그런데 이에 대해 저자는 또 다시 가혹하고도 어리석은 정당화만 하고 있다. "그녀는 죽을 만한 여자고 또 태워 죽여 마땅하다는 것에 누구나 동의할 것"이라고 주장하면서, 마녀는 그런 사실을 알고 스스로 죽음을 택한다고 결론을 내린다. "그녀는 그것을 예견한 것이다. 그래서 우리가 판결을 내리려는 때에 그녀는 감방 안에서 죽어 있었다."(Boguet, ch.45)

어떻게 마녀가 스스로 죽었단 말인가? 어떤 때는 마녀가 스스로 목을 졸라 죽는데, 이는 분명 사탄의 지시에 따른 것이다. 사법 정의의 손으로 죽게 되면 참회할 우려가 있으므로 사탄은 마녀들을 직접 죽이거나 혹은 죽도록 사주해서 그들이 자기 수중에서 벗어나지 못하도록 한다는 것이다.(Boguet, 130~132)

앙티드 콜라가 베통쿠르 성에 감금되자 사흘 후 악마가 흑인 거인 형상으로 그녀에게 나타나 창밖으로 뛰어내리거나 창에서 목을 매라고 사주했다. 나는 악마가 프랑수아즈 서크레텡을 질식사시킨 데 대해 의심치 않는다. 그녀는 살아 있을 때 우리에게 말하기를 그들이 감옥에서 4~5번 그녀를 불태우려 시도했고 심지어 목구멍 아래로 불을 밀어넣을 정도였다고 했기 때문이다.

그가 묘사하는 처형 장면은 비인간적이다 못해 비현실적이기까지 하다.

판사는 그녀[비에브르의 마녀 혐의자]를 먼저 교살하고 화형에 처하라고 판결했다. 그런데 집행관의 실수로 산 채로 화형에 처해졌다. 이곳에서 처형당한 클로다 장기욤Clauda Jamguillaume은 산 채로 화형당하게 되어 화형대에 묶였는데, 집행관에게 '당신은 나를 괴롭히기 위해 서서히 죽게 만들 거지' 하고 말했다. 실제 그런 일이 일어났다. 그녀는 끈을 풀고 불속에서 뛰쳐나오는 걸 세 번이나 했고 집행관은 처형을 완수하기 위해 그녀를 기절시켜야 했다.

마녀의 화형

　보게의 책은 『말레우스』와 동급의 악마론이라 할 만하다. 이 책은 『말레우스』에 비해 다른 내용이 거의 없는데, 사실 바로 그 점이 진정 놀라운 일이다. 다시 말하면 이제 악마론의 내용이 현실에 있는 그대로 적용되고 있음을 알 수 있다. 이 책은 마녀사냥이 절정기에 이르렀을 때 사람들의 사고가 어느 정도 마비될 수 있는가를 보여준다.

　『말레우스』나 앙리 보게의 논의는 이단에 떨어진 자들을 처형해야 한다는 주장으로 최종 귀결된다.(Malleus, 192A-B) 이 일을 어떤 방식으로 처리할 것인가?

　계속 이단을 고집하는 자들에 대해서는 결정하기 편하다. 당국에 넘겨 처형하면 된다. 그렇다면 이단에 빠졌다가 회개하고 원래의 신앙으로 되돌아오려 하면 어떻게 할 것인가? 회개한 자로서 교회가 받아들여야 한다. 그러나 이는 결코 완전한 사면을 의미하지는 않는다. 죽음의 위협 때문에 이단을 강요당했으나 후일 다시 원래의 신앙으로 돌아오려는 사람을 두고 차라리 죽는 게 당당한 거지 이단과 이교를 수용하고 악마의 편에 선 것은 옳지 않다고 주장한다. 따라서 기독교 신앙으로 돌아온다고 해도 이들은 무고한 사람이 되는 게 아니며, 일단 이단 판정을 내리고 그 후 '회개한 이단'의 자격으로 수용된다. 그런 사람들은 무사하게 살 수 있을까? 꼭 그런 건 아니다. 교회는 영혼의 문제로 그들을 세속 당국에 넘기는 것tradere(당국에 처벌을 맡기는 것)을 하지는 않지만 세속적 피해에 대한 판단을 세속 당국에 맡긴다. 그러므로 회개한 후에도 처벌 가능성은 열려 있다.

사실 『말레우스』의 논리에 따르면 처벌 가능성이 더 높아 보인다. 같은 문제에 대해 질문 19에서는 조금 더 명확하게, 그리고 조금 더 가혹하게 설명한다.(Malleus, 224C) 여기에서는 회개하고 자신의 잘못된 신앙을 포기한 사람 중 '종신형'을 받은 사람을 교회가 품에 안아야 하다고 말한다. 덧붙여 설명하는 바로는, 종교적으로는 받아줄 수 있지만 세속에 입힌 피해에 대해 세속 당국이 사형을 선고할 수 있으며, 이때 교회는 그런 행위를 방해해서는 안 된다. 즉, 교회는 회개한 자를 넘기지는 않지만 방기abandon할 수는 있다. 문맥으로 보면 일단 마녀의 길을 걸은 사람은 설사 회개하려 한다고 해도 처벌을 피할 수 없으며, 이는 사형도 포함한다는 뜻이다.

『말레우스』의 궁극적 주장은 이 세상에 존재하는 마녀들을 다 잡아서 처형해야 한다는 것이다. 이단 혹은 마녀의 죄는 영혼의 죄이면서 동시에 세상에 지대한 피해를 입힌 세속의 죄이기도 하므로, 이중의 중죄인인 그들을 잡아들여 교회의 이름으로, 선의 이름으로 없애야 한다는 것이다. 이 책은 마녀사냥을 정당화하는 강력한 논리를 제공했다. 장차 이 책에서 설명한 내용들이 세상에서 구체적으로 실행될 것이다. 조만간 지옥의 불길이 세상을 뒤덮게 된다.

IX

광기의 폭발

마녀사냥은 대체로 15세기 말에 일부 지역에서 모습을 드러낸 후 16세기 동안 서서히 확산되다가 17세기 전반기에 폭발했다. 처음 마녀사냥이 시작된 곳은 알프스 산지였으나 그 후 평지로 내려와 주변으로 확산해 갔다. 불길은 독일 지역으로 크게 확산되어 전반적으로 동진東進하는 양상을 보였다. 그와 동시에 폭력성이 지극히 강해졌으며, 잔인한 고문과 화형이 잇달았다. 바덴-뷔르템부르크의 오버마르탈Obermachtal에서는 1586~1588년 사이 43명의 여자와 11명의 남자가 화형당했는데, 이는 700명 주민 중 7%에 해당한다. 트리어 대주교구 중 22개 마을에서 1587~1593년 중 368명이, 헤센의 풀다Fulda에서는 1593~1606년 중 200명이 화형에 처해졌다. 뷔르츠부르크 주교구의 주교-영주인 에

렌부르크Philip Adolf von Ehrenburg는 1623~1631년 사이 900명을 처형했고, 거의 같은 시기인 1623~1633년 사이 밤베르크에서 요한 게오르크 2세Johann Georg II Fuchs von Dornheim는 600명을 처형했다. 광기witch craze, Hexenwahn의 불길이 사방에서 타올랐다. 『말레우스』에서 거론한 내용들이 이제 책에만 있는 게 아니라 실제 세상에서 실현되었다. 마녀사냥이 본격화된 것이다.

1. 광기의 폭발

마녀사냥의 희생자가 얼마인지는 정확하지 않으며, 여전히 학술적 논란의 대상으로 남아 있다. 우리는 앞에서 '1400~1775년 사이 유럽과 아메리카 식민지에서 10만 명 정도가 고소되었고, 그 중 5만 명 정도가 처형되었다'는 것이 현재 학계에서 교과서적으로 언급하는 추산치라고 밝힌 바 있다. 그렇지만 문제의 성격상 그리고 자료의 상태로 보건대 정확한 수치를 얻는 것은 거의 불가능할 것이다. 지역적으로는 어떠한가? 전체 마녀사냥의 3/4은 독일, 프랑스, 스위스 내 지역들에서 일어났으니, 이 나라들이 마녀사냥의 중심 지역이라 할 수 있다. 특히 전체 희생자의 절반 정도가 신성로마제국 영토 안에서 일어난 것으로 추산된다. 그러나 이 나라의 모든 지역에서 마녀사냥이 극심했던 것은 아니고, 유독 극성을 부린 중심 지역들hot spots이 따로 존재한다. 예컨대 쾰른, 마인츠, 트리어 같은 지역에서 16세기 말에 마녀사냥이 폭발하여 약 2,000명의 희생자를 냈다. 말하자면 대체로 '독일 지역'이 가장 중요한 마녀사냥 지역이고, 그중 일부 지역들이 유독 극심한 양태를 보였다고 할 수 있다.(Robisheaux, 179)

마녀사냥의 폭력성이야 두말할 나위가 없다. 고문을 통해 무고한 사람을 유죄로 몰아갈 뿐 아니라 다른 희생자들의 이름을 불도록 강요했다. 그 결과 집단적인 체포와 무리한 조사, 잔혹한 처형이 벌어졌다. 피소된 사람이 고문 끝에 다른 사람들 이름을 불면 그들을 잡아와 고문하고 다시 다른 사람을 거명하는 악순환이 이어졌다. 17세기 초에 밤베르크에서 예수회 신부 바졸트Ernst Vasoldt는 고문을 통해 100명 단위씩 이름을 짜내곤 했다. 16세기 말 트리어의 악명 높은 사례에서도 마찬가지로 100~150명씩 혐의자를 체포하는 일들이 벌어졌다. 트리어 대주교령은 이웃 로렌과 룩셈부르크까지 종교 관할권으로 두고 있었는데, 이 두 지역으로부터 많은 마녀 혐의자들이 몰려온 것으로 보인다. 이 지역에서 활동했던 저명한 마녀재판관 니콜라 레미Nicolas Rémy는 자신이 1581~1595년 사이 900명을 화형에 처했다고 자랑했다. 이 말을 문자 그대로 믿을 수 있을지는 모르겠으나, 당시 이 지역의 분위기가 어떠했는지 짐작할 수 있다.

이런 지역들에서는 극도의 폭력이 자행되었다. 특히 놀라운 일은 집단적인 체포와 조사 과정에서 아이들 역시 피고 혹은 증인이 되었다는 점이다. 어떤 범죄이든 미성년은 처형까지는 안 하는 게 일반적이지만 마법은 예외적인 범죄crimen exceptum이므로 사형이 가능했다. 실제로 1611~1612년에 남부 네덜란드의 부셍Bouchain에서 13명, 1627~1629년 부르츠부르크에서 41명의 어린이를 처형한 사례가 있다. 어린이를 마녀로 몰아가는 것은 흔히 마녀사냥의 마지막 단계에서 벌어지는 일이다. 어린이들은 흔히 친척들, 특히 어머니나 할머니가 마녀로 체포되어 조사받는 과정에서 추가로 마녀 혐의를 받았다. 마녀는 자기 아이를 마녀로 만들려는 경향이 강하다는 주장들이 많이 제기되었다. 경건파 목사인 고트리브 슈피첼Gottlieb Spizel은 이런 내용을 정리하여 자신의 책(*The Broken Power of Darkness*, 1687)에서 두 장을 이런 주장으로 채웠다. (Stephens, 107~109)

구체적인 사례를 보도록 하자. 1630년, 자우어란트Sauerland의 오버른키르헨Obernkirchen에서 9세 소녀 슈티네 타이펠Stine Teipel은 재판정에서 이렇게 증언했다.(Blécourt, 96~98)

내가 팔 아래 고약을 바르고 마녀 집회에 날아갔는데, 그곳에서 여러 사람을 알아보았다. 두 시간 정도 춤을 추며 놀다가 내 파트너가 '물건'을 나의 '그곳'에 넣었지만 즐거움을 느끼지는 못했다. 산 위로 올라가 보니 그곳에 악마가 모든 사람들에게 아름다운 옷과 금 술통 안에 든 포도주와 맥주를 나누어 주었다.

이 아이의 마음속에 사바스는 사람들이 맛있는 음식을 먹으며 노는 가장무도회, 혹은 일종의 코케인의 나라Schlaraffenland였던 것 같다. 타이펠이 파티에서 누구를 보았다고 이야기하는지에 따라 마을 사람들의 생사가 결정되었다. 이 아이는 마녀재판이 시작된 이래 1년 반이나 계속 이런 이야기를 했다. 결국 이 아이를 포함하여 수많은 사람들이 처형되었다. 타이펠은 어떻게 하여 그런 이야기를 했을까? 당시 사바스 관련 이야기들이 수집되고 때로 외국어로 번역되어 퍼졌으며, 또 프로파간다 재료로 널리 쓰였다. 아이들이 그런 책을 직접 읽었을 리는 없고 아마 교회에서 설교를 통해 들었을 가능성이 높다. 아이들은 이 이야기를 자신이 주인공이 되는 식으로 각색하여 자기가 이상한 방식으로 납치되었다고 이야기하곤 했다. 그리고 자기가 그런 이야기를 하면 특별한 힘을 행사한다고 느꼈을 것이다. 1668~1675년 스웨덴의 블라클라Blåkulla 재판에서도 어린이들이 재판에서 증언을 했다. 많은 아이들이 비슷한 이야기를 하자 당국도 이들을 진지하게 고려하기 시작한 후 대규모 재판이 개시되었다. 베링어에 따르면 어린아이 증언이 동원된 마녀재판은 16세기에 이미 시작되었으나 뒷시기로 갈수록 수가 늘어났다.(Behringer 1989, 31~47)

미국의 매사추세츠 주 세일럼의 마녀재판에서도 어린 소녀들이 많이 희생되었다.(Boyer 1974) 1692년 1월에 새뮤얼 패리스Samuel Parris의 질녀가 병에 걸렸다. 의사가 아무리 노력해도 병이 낫지 않자 마녀가 사악한 힘을 행사했기 때문이라는 주장이 제기되었다. 그 결과 19명이 교수형을 당하고 1명이 압살당했으며 17명이 감옥에서 목숨을 잃었다. 잦은 전염병과 전쟁의 위협 속에서 공포 분위기가 확산되자 사람들이 악마의 저주를 의심하게 되었던 것이다. 소녀들이 자신에게 위해를 가했으리라 생각되는 사람들 이름을 마구 불러대기 시작했다. 곧 특별법정이 세워져서, 마녀 혹은 마법사 피고들을 불러내다가 심문을 했다. 6월 10일에 브리지트 비숍이라는 사람이 처음 교수형을 당하고 곧 이어서 사흘 동안 13명의 여자와 5명의 남자가 교수형을 당했다. 10월에 주지사가 이 특별법정을 해산시키고, 그 다음에 세워진 법정이 재판을 기다리던 사람들을 석방시키고 나서야 광풍이 가라앉았다. 보이지 않는 귀신을 부

1692년 미국 세일럼의 마녀재판

려서 남을 고통스럽게 했다는 주장도 사그라들었다. 이런 것이 계몽의 시대, 이성의 시대라는 18세기 초입에 유럽과 미국에서 일어난 일이다.

왜 그토록 많은 희생자들이 발생했을까? 어떤 갈등이 이런 식의 격렬한 폭력으로 표출되었을까?

기존 연구들은 여러 가능성을 타진했다. 우선 흉년, 전쟁, 전염병 등 재난이 심해졌을 때 그에 대한 반응으로 마녀재판이 많이 벌어졌으리라 생각해 볼 수 있다. 1590년대처럼 기근과 전염병이 심했던 때가 마녀재판의 1차 극성기였고, 또 많은 마녀들이 병을 일으켰다는 고소를 받은 점을 보면 그와 같은 주장이 일리가 있어 보이지만, 그렇지 않은 시기에도 마녀사냥이 많이 발생했던 점을 보건대 완전한 설명은 못 된다. 혹시 종교 갈등이 주요 동력을 제공했을까? 예컨대 개신교와 가톨릭이 서로 상대방을 마녀로 몰아서 공격했을까? 그러나 실제 연구 결과를 보면 예외적인 사례들을 제외하면 신구교 간 갈등은 거의 중요한 원인이 되지 못했다. 희생자들의 재산을 빼앗기 위해서 꾸민 일일까? 많은 경우 사후적으로 재산을 압류한 것은 분명하지만 그렇다고 인과관계를 바꾸어 재산을 약탈하기 위해 수많은 사람을 마녀로 몰아 화형에 처했다고 할 수는 없다.

그러므로 앞서 거론한 원인들은 하나같이 안 맞을 수도 있고 부분적으로는 다 맞을 수도 있다. 무슨 말이냐 하면, 공동체 내의 갈등은 여러 종류가 있을 수 있어서 딱히 어떤 종류의 갈등이 유독 마녀사냥으로 이어진다고 하기 힘들다는 것이다. 중요한 것은 다양한 사회 내 갈등이 폭력적으로 분출할 수 있는 기제가 장기간에 걸쳐 준비되었고, 그것이 특정 지역의 특정 국면에 따라 크게 혹은 작게 터졌다는 것이다.

이 문제에 대한 키스 토마스의 고전적 연구를 참조해 볼 만하다.

그는 피해자들 집단 안에서 어떻게 '마녀 만들기'가 일어나는지 연구했다. 그가 수행한 소위 '마녀 고발의 사회학sociology of accusation'의 핵심 주장은 '거부된 자선 모델charity refused model'이라 칭할 수 있다. 마을 내에서 전통적으로 유지되어 오던 기독교적 자선 혹은 부조를 하지 못한 사람들이 죄책감을 느끼게 되고, 그 결과 차라리 자선의 대상을 악마화하여 제거하는 경향이 생겨났다는 것이다.

마녀로 몰린 사람은 대개 극도의 부적응자이기 십상이고 따라서 공동체 내에서 각종 폭력에 노출되곤 했다.(토마스, 3권 192~193) 1653년 직조업자인 데비제스Davizes라는 자의 아내가 주술사로 무고당했을 때, 마을 빵집 주인들은 그녀가 빵집에 밀가루 반죽을 들이는 것을 허용하지 않았다. 1710년 그레이트야머스에서 죽은 세러 리픈Sarah Liffen은 주술사라는 비판을 받아가면서 일했고, 걸을 때나 집에 있을 때나 마을 청년들과 무뢰배들이 수시로 그녀를 공격하고 모욕할 정도로 외롭고 불쌍한 여인이었다. 1604년 아그네스 펜Agnes Fenn이라는 94세 노파는 자신이 주술 혐의로 고발된 이후로 토마스 그로스 경Sir Thomas Grosse을 위시한 여러 사람들이 자신을 치고 때리고 찌르고, 불붙은 장작과 화약으로 위협하다가, 마침내는 칼로 얼굴을 찌르기까지 했다고 주장했다.

이런 식의 공동체 내 갈등이 끝내 마녀 고소로 이어지는 때는 대개 불쌍한 피해자에게 자선을 하지 못하거나 안한 경우들이다.(토마스, 3권 233~240) 예컨대 음식이나 가사용품을 구걸하러 온 노파를 문간에서 내쫓은 직후 안 좋은 일이 일어났을 때 보이기 쉬운 반응은 이런 식이다.

집주인은 즉시 어떤 가난하고 무고한 이웃 사람이 자신에게 주술을 걸었다고 외친다. 그리고는 덧붙이기를, 예전에 그런 노인이나 노파가 내 집 문간에 와서 뭔가 도움을 청했을 때 내가 거부한 적이 있었으니, 하느님 용서하세요, 내 마음이 그녀를 거슬리자… 그 즉시 내 자식, 내 아내, 나 자신, 내가 가진 말, 암소, 양, 암돼지와 수돼지, 개, 고양이 등이 이런저런 이상한 꼴을 당했으니, 내가 감히 맹세컨대 그녀는 주술사[마녀]입니다. 아니라면 어떻게 이런 일들이 있을 수 있겠습니까?(토마스, 3권 234)

피해자는 빈손으로 쫓겨나면서 악담을 중얼거렸을 수 있다. 그때 마침 그 집에서 뭔가 좋지 않은 일이 일어나면 즉시 그녀에게 책임을 돌리는 것이다. 1579년 첼므즈퍼드에서 주술 혐의로 재판을 받은 윔비시 주민 마저리 스탠튼 사건이 전형적이다. 그녀의 첫 번째 피해자인 토마스 프랫은 그녀 얼굴에 바늘로 생채기를 내고 나서 통증에 시달렸고, 이후에 다시 그녀로부터 곡식 한 줌을 빼앗아 닭 모이로 주었더니 거의 모든 닭들이 곧 죽어버렸다. 리처드 손더스의 아내가 그녀에게 이스트를 주지 않았더니 자식이 괴이하리만치 이상하게도 심한 병을 앓게 되었다. 로버트 페티의 아내가 그녀를 문전박대한 후에도 자식이 병들었다. 윌리엄 토너가 그녀가 간청한 것을 거절했더니 자식이 발작을 일으켰다. 로버트 크롬웰의 아내는 우유를 거절하고 나서 몹시 부어오르는 병에 걸렸다. 존 홉우드가 가죽 끈을 주지 않았더니 그의 말이 급사했다. 존 콘웰이 그녀가 요구한 것을 주지 않자 그의 암소들은 우유 대신 피를 내보냈다. 소교구 사제의 아내가 그녀를 문전박대했더니 어린 아들이 병들었다. 마지막으로, 로버트투 래스베리는 그녀의 요구를 거부한 후 수퇘지 20마리를 잃었다. 하필 이런 일들이 여러 차례 겹치니 그녀를 마녀로 의심하게 된 것이다.

위의 사례들을 보면 잉글랜드 공동체 내의 상호부조 전통이 무너져가는 것을 알 수 있다. 장비나 음식을 빌려주는 것은 오랜 전통이었다. 위에서 본 매저리 스탠튼의 요구들은 사실 흔하디 흔한 것들이었다. 그녀를 마법 혐의로 고발한 사람들은 바로 그 요구를 거절한 사람들이었다. 그러니까 마녀 고발은 원래 도와주어야 마땅한 부조를 거부한 데서 오는 내적 갈등과 긴장으로부터 발생했을 것이다. 키스 토마스의 설명은 죄책감이 결정적 요소라는 것이다. 불쌍한 피해자를 악마 숭배자로 고발한 자들은 대개 어떤 식으로든 그들을 인색하게 대한 적이 있는 자들이었다. 죄책감을 떠안느니 차라리 고발해서 상대를 제거하려 했다는 것이다.

이런 점을 보면, 일반적으로 여성성이 마성과 통하며 따라서 모든 여성이 마녀가 될 수 있다는 악마론의 주장이 현실에 실제로 적용될 때에는 이론과는 다른 결과를 가져왔다. 정말로 아무 여성이나 다 마녀가 된다기보다는 가난하고 교육받지 않고 대개 미혼이고 그러면서도 성적으로 욕구가 강한 (혹은 강해 보이는) 여성, 특히 늙고 싸움 잘하는 오명을 가지고 있어서 주위에서 비난받기 쉬운 여성들이 마녀로 몰리기 십상이었다. 이들에 대한 선입견이 작동하여 재판에서 강압적으로 대하면 누구도 빠져나가기 힘들었다. 무고한 사람들도 심문에 시달리다 보면 스스로 유죄라고 믿을 수도 있었을 것이다. 말하자면 사회는 불행한 피고인들에게 마녀 역할을 강제로 부과했다.

사람들은 나를 주술사로 부른다네.
나에 관해 아무것도 알지 못하는 그들은
어찌하면 주술사가 되는지를 내게 열심히 가르치면서,
(저들의 더러운 말로 인해 그렇게 된) 내 더러운 혀로
저들의 가축을 저주하고, 저들의 곡식에게, 저들 자신에게,
저들의 하인들에게, 유모 품에 있는 저들의 아기들에게
주술을 걸라고 재촉한다네.
저들이 내게 강요한 그것이, 어느 정도는
나도 그것을 믿게 만든다네.[1]

키스 토마스의 연구는 우선 가해자가 아니라 피해자를 들여다보았다는 점에서 매우 혁신적이고 유용한 연구이며, 마을 내부의 사정을 섬세

하게 읽어내서 다각적 이해를 가능케 해주는 장점이 있다. 다만 연구의 성격상 편벽된 자료에 근거해서 정확성 등에서 문제가 있을 수 있다는 비판이 제기되었다. 저자의 주장은 마녀재판이 결과적으로 공동체 내에서 많은 사람들이 느끼는 불편한 관계를 해소하는 '기능'을 수행한 것으로 해석할 수 있다. 마녀사냥은 사람들의 죄책감이 기형적으로 발동하여 그런 감정의 대상이 되는 사람들을 아예 제거하는 방향으로 작동했다는 것인데, 마녀사냥이 배운 자들의 덤터기 씌우기였다는 식의 설명만으로 부족한 부분, 즉 일반인들의 심리를 고려하고 있고, 또 마녀사냥이 하여튼 어떤 기능을 맡아가지고 있는 측면을 보여준다는 점에서 고려해 볼 가치가 있는 설명이다.

이와 연관해서 생각해 볼 수 있는 점은 희생양 이론이다. 마녀사냥 현상에 대해 일부 사람들을 희생양으로 삼아 일시적으로 집단 내 폭력을 배출시켜 갈등을 완화시킨 것으로 이해하는 것이다.(지라르) 그러나 이 이론이 모든 사례에 다 적용되지는 않는다. 희생양 이론에 따르면 어느 정도 폭력이 분출되면 압력이 완화되고 공동체는 원래의 질서를 회복해야 하는데, 반드시 그런 결과로 귀결되지는 않는다. 한번 분출한 폭력이 공동체 전체를 소진시켜 버릴 듯 걷잡을 수 없이 증폭되는 사례들이 있다. 아래에서 살펴볼 밤베르크나 라인-모젤 지역 사례가 대표적이다.

2. 밤베르크 사례: 폭력성의 정점

가장 야만적인 처형이 이루어진 곳 중 하나가 밤베르크이다. 이 책의 서

두에 소개한 요한네스 유니우스 시장이 잔인한 고문 끝에 화형에 처해진 곳이 바로 이 지역이다. 이 지역은 관련 자료가 많이 보관되어 있으며, 특히 시립도서관Staatliche Bibliothek Bamberg에 보존된 많은 일차 사료들 덕분에 심층적인 연구가 가능하다.(Golden, 87~89)

밤베르크 최초의 마녀재판은 1595년에 있었다. 마르가레타 뵈머린 Margaretha Böhmerin은 전통적인 '마술Zauberei'이 아니라 악마적 '마법Hexerei' 혐의로 기소되었고, 고문 끝에 악마와 성관계를 맺고 자신의 영혼을 바쳤으며 마녀 집회에 참가했다고 자백한 후 처형당했다. 이 재판이 본격적인 마녀사냥의 시초였다. 그 후 1612~1613년에 15명이 체포되는 비교적 소규모 공황상태가 일어나더니, 1616~1619년 집중적인 처형 사태가 발생했다. 이때 적어도 155명이 악마 숭배 집회에 참여했다는 혐의로 재판에 회부되었다.

본격적으로 마녀사냥의 광기가 폭발한 것은 1620년대이다. 수백 명이 감옥에 갇혔고, 놀랍게도 이들 대부분이 사형에 처해졌다. 이 시기의 심각한 흉작이 긴장과 갈등을 격화시키는 중요한 요인이었음에 틀림없다. 농민들 사이에 흉작을 일으킨 '마법사들'을 제거하라는 압력이 폭발했다. 그러나 흉년이 들었다고 해서 매번 마녀사냥이 일어나는 것은 물론 아니다. 이때 대규모 마녀사냥의 뇌관을 터뜨린 책임은 주교와 그 하수인들에게 있다. 주교 아쉬하우젠Johann Gottfried von Aschhausen은 약 300명을 화형에 처했으며, 특히 1617년 한 해에만 102명을 처형했다.

그의 후계인 요한 게오르크 2세(재직 1623~1633년)는 극악한 마녀사냥을 시행하여 별명이 '마녀 주교Hexenbischof'로 불릴 정도였다. 그는 마녀 기소 전반을 관리 감독하는 기구로 마녀위원회Hexen-Kommission를 설립했으며 바졸트 박사Dr. Ernst Vasoldt 같은 법률 전문가로 위원들을 구성했다. 1626~1630년 동안 이곳에 구금된 630명 중 다수가 혹독한 고문에 시달리다가 처형되었다. 바졸트는 악랄한 고문을 통해 많은 무고한 사람들의 이름을 불게하고는, 새로 잡혀온 희생자들에게 다시 고문을 가하는 식으로 재판의 규모를 키워갔다. 그는 또 이웃 지역의 요청으로 출장을 가서 활동하기도 했다. 1628년 9월 메르겐트하임Mergentheim에서 도움을 요청하자 바졸트가 그곳에 가서 마녀사냥을 지휘했는데, 12월에 그곳을 떠날 때까지 3개월 동안 140명 이상을 고발했다.

대규모 마녀사냥이 벌어지면 대개는 늙고 가난하고 성격이 거칠어서 평소 미움을 받던 여성들이 희생되는 경향이 크다. 밤베르크에서도 초기에는 상황이 비슷했다. 그러나 곧 그런 일반적 흐름과 다른 경향이 나타났다.(Midelfort 1972) 다른 독일 지역에서는 마녀 스테레오타입에 맞는 사람들이 많이 희생되고 나면 점차 사태가 진정 국면으로 들어가곤 했다. 그러나 밤베르크에서는 반대로 갈수록 더욱 광적인 상태가 벌어졌고, 결국 불똥이 엘리트층에까지 튀었다. 1628년부터 그런 상황이 시작되어 시장이나 시의원 등이 모두 희생되었다. 요한네스 유니우스 시장을 기소한 인물 중 한 명이며 주교의 재상이었던 게오르크 한 박사 Dr. Georg Haan도 결국 처형 대상이 되었다. 그가 상대적으로 온화한 태도를 보였기 때문이다. 그는 마녀를 추적하고 재판하는 절차가 점차 기괴한 방향으로 가고 있다고 판단하고 이를 개혁하고자 했으나 바로 그 이유 때문에 그 자신이 마법사로 몰렸고, 그를 석방하라는 제국 명령에도 불구하고 부인, 딸과 함께 화형당했다. 사실 그의 전임자인 디트리히 플라데 박사 역시 똑같은 이유로 처형되었었다. 재판 절차에 의문을 제기

약 300명을 마녀로 몰아 화형시킨
밤베르크의 주교 아쉬하우젠

하는 것은 극히 위험한 일이 되었다. 온건한 태도를 보이면 악마적인 동료들을 보호하려 한다는 혐의를 뒤집어썼고, 그 때문에 마녀·마법사로 몰려 처형 대상이 되었다.

체포 이후 고문을 통한 조사와 처형에 이르는 과정은 놀라울 정도로 신속했다. 1629년에 체포된 안나 한센Frau Anna Hansen이라는 여성의 경우를 보면 다음과 같다.

6월 17일 마법 혐의로 감금
6월 18일 자백을 거부하자 채찍질
6월 20일 엄지 죄기 고문 끝에 자백
6월 28일 자백 내용을 그녀에게 읽어줌

6월 30일 자신의 의지로 자백했다고 인정, 사형 선고

7월 4일 처형일 알려줌

7월 7일 참수 후 사체를 태움

못 박힌 의자, 밑바닥에 불을 지피는 의자 같은 특별 고문 도구가 사용되는 것을 보면 사법 당국이 고문을 묵인하는 정도가 아니라 적극적으로 수용했음을 알 수 있다. 이런 특별한 방식을 동원해서라도 마녀를 반드시 잡아서 처형해야 한다는 의견에 공감했기 때문이다. 마녀사냥을 주도한 부주교 프리드리히 푀르너는 악마론에 정통한 인물이었다. 그는 1626년에 35편의 반反마녀 설교를 모아 출판했는데, 이것이 희생자들을 감금하고 악랄한 고문을 감행하는 이론적 근거가 되었다. 그 핵심은 마녀의 범죄가 예외적 범죄라는 주장이다. 이는 통상적 사법 절차에서 벗어난 범죄, 즉 너무나도 위중하면서도 밝혀내기 어려운 범죄이므로 특별한 조치가 필요한 범죄를 의미한다. 마녀의 범죄는 인간 세상에 지극히 큰 위험인데다가 너무나 비밀스럽게 이루어지기 때문에 고문을 통해서라도 반드시 밝혀내야 한다는 것이다.

밤베르크에서 벌어진 기이할 정도의 가혹한 사태는 분명 지배자들의 독특한 심리와 깊은 관련이 있다. 굳은 신앙심, 비관적인 죄의식, 도그마적인 심성이 16세기 후반부터 이들의 심성을 지배했다. 17세기 초 밤베르크의 주교 지배자들은 자기 땅에서 죄를 말끔히 지우는 것을 신성한 사명으로 여겼다. 그들이 신성한 국토를 지키려는데, 이를 저해하는 죄인들을 없애는 것은 당연한 일로 쳤다. 이들은 신민들의 매너와 도덕을 닦고, 일탈 행동을 교정하겠다는 의식을 가지고 있었다. 그래서 사제들

의 축첩, 매춘, 혹은 축제 기간 중의 방탕한 행위들을 용납하려 하지 않았다. 더 나아가서 신교라는 이단을 완전히 청소하여 정결한 가톨릭 국가를 이 땅에 건설하려 했다는 점에서 가톨릭 종교개혁으로부터 강력한 에너지를 끌어온 측면도 있다.(Smith) 이와 같은 강력한 의지가 결국 마녀사냥이라는 극단적 현상으로 이어진 것이다.

마녀사냥은 누구에 의해 어떤 식으로 조직되느냐에 따라 매우 다른 성격을 띠게 된다. 밤베르크처럼 최고 권력을 장악한 지배자가 마녀사냥을 지휘하고 밀어붙일 때 규모와 강도가 훨씬 더 커진다.

3. 고문과 처형

중세와 근대 초에 고문은 제한이 없지 않았지만 기본적으로 합법이었다. 더구나 마녀재판에서는 고문이 매우 빈번했을 뿐 아니라 경우에 따라서는 장려되었다. 자백보다 더 확실한 입증 수단이 없다고 생각했기 때문에 재판관들로서는 고문을 사용해서라도 피고로부터 자백을 받아내려는 유혹에 넘어갈 수밖에 없었다. 거의 전적으로 재판관 개인의 책임하에 조사가 이루어지니 제도적으로 자의적_{恣意的} 권력 남용이 이루어지기 십상이었다. 한 단계 더 나아가서 고문 집행관이 사디스트적인 행태를 보여도 이를 제어하기 힘들었다. 고문에 들어간 경우에는 사실상 재판관이 피고의 유죄를 확신하는 경우가 많았기 때문에 조사의 방편이라기보다는 이미 그 자체가 처벌의 성격을 가지고 있었다. 시대의 지성인 장 보댕의 태도가 이런 사정을 말해 준다.

신의 분노를 완화하고 신의 축복을 얻으며 다른 사람들의 처벌을 통해 사람들에게 두려움을 주며 다른 사람들의 감염을 막고 사악한 행위를 하는 자들의 수를 경감하며 선량한 사람들의 생명을 안전하게 지키고 인류의 정신이 파악할 수 있는 최악의 범죄를 벌하는 데 필요한 수단들이 있다면, 가장 엄격한 방식으로 마녀들을 벌해야 한다.(Robbins, 498)

혐의를 받는 사람이 처음 수용소에 끌려오는 순간 사실상 고문이 시작되었다 해도 과언이 아니다. 그곳은 요즘 교도소와는 차원이 다르게 사정이 열악했다. 불결하기 그지없고 악취가 심한 지하 감옥dungeon에 갇히면 그 자체가 고통이었다. 많은 사람들이 이 상황에서 병에 걸렸고, 병사하는 경우도 적지 않았다.[2]

예비 조사의 가혹 행위는 아예 고문으로 치지도 않아서, 이 단계에서 굴복하면 기록에 '고문 없이 자백했다'고 나온다.(Robbins, 502~505) 그러나 사실 이 단계도 극심한 고통의 과정이었다. 1635년 요한 마이파르트 Johann Meyfarth 교수의 기록을 보면 밤베르크에서는 "수인들에게 소금 친 음식만 주고 모든 음료수에는 청어 염수를 섞으면서 순수한 물, 포도주, 맥주 등은 주지 않아서 불타는 듯한 갈증을 겪는다. ⋯ 그러나 이런 잔인하고 미칠 듯한 갈증은 고문으로 간주하지 않는다."

또 실제로는 극심한 고문을 가해 놓고도 '피고는 고문 없이 자백했다'고 기록하는 경우도 많다. 마이파르트 교수는 마가레트Margaret라는 여인의 사례를 이렇게 설명한다. 고문을 통해 자백을 얻은 후 간수는 이렇게 말한다. "넌 이제 자백했어. 이것을 부인할 거냐? 내가 여기 있는 동안 말해. 만일 부인하면 한 번 더 해 주지. 만일 네가 내일, 모레 혹은 재판 전에 번복하면 넌 다시 나한테 돌아올 테고, 그러면 지금까지 한 것은 장난에 불과하다는 것을 알게 될 거야. 그때에는 돌이라 해도 연민을 느껴 울 게야." 재판 당일 마가레트는 수레에 실려 끌려가는데 손을 어찌나 단단히 묶었는지 피가 스며 나올 정도였다. 그리고 간수가 직접 그녀에게 자기 의사에 의한 자백이었는지 묻자 마가레트는 그렇다고 답했다. 이것이 소위 말하는 자의에 의한 자백의 실상이다.

고문을 통한 조사가 얼마나 끔찍한 일인지를 말해 주는 기록이 많다. 1629년 독일의 프로스네크Prossneck지방에서 마녀 혐의로 고발당한 여인이 첫날 당한 고문 내용은 다음과 같다.[3]

1. 손을 묶고 머리를 민다. 사다리에 묶은 다음 머리에 알코올을 붓고 불을 붙여 머리카락 뿌리까지 태운다.
2. 팔 아래와 등에 유황 조각들을 뿌리고 불을 붙인다.
3. 팔을 뒤로 하여 묶은 다음 천장까지 들어올린다.
4. 간수가 밥 먹으러 나간 사이 그런 상태로 3~4시간 묶여 있다.
5. 간수가 돌아와 그녀 등에 알코올을 뿌리고 불을 붙인다.
6. 무거운 추를 발에 매달고 천장까지 들어올린다. 다시 그녀를 사다리에 묶고 뾰족한 것들이 잔뜩 달린 판자를 그녀 몸에 문지른다. 그리고 다시 그녀 몸을 들어올린다.
7. 엄지손가락, 엄지발가락을 쥔다. 그리고 막대기를 이용해 팔을 묶어 15분 정도 들어 올려 그녀는 여러 번 졸도한다.
8. 정강이와 다리를 죄며 심문한다.
9. 가죽 채찍으로 때려 피가 몸을 적신다.

10. 다시 엄지손가락, 엄지발가락을 죈 다음 이런 자세로 오전 10시부터 오후 1시까지 둔다. 그 동안 간수와 판관은 점심 식사를 하러 나갔다.

오후에 감독관이 들어와 이런 방식을 비판했지만 간수는 아랑곳하지 않고 다시 채찍질을 했다. 이것이 첫날 일과였고, 다음 날 같은 일이 반복되었는데, 다만 이제 천천히 진행했다! 사법제도의 통제가 제대로 작동하지 않는 곳에서는 이와 같은 야만적인 악행이 얼마든지 가능했다.

여러 종류 고문 가운데 가장 널리 사용된 방식은 스트라파도이다. 혐의자를 뒷짐결박을 하여, 팔 밑에 꿰어 매단 밧줄을 잡아당겨 들어 올린 후 툭 떨어뜨리고는 중간에 낚아채는 방식이었다. '특별' 고문의 경우에는 이를 더 강화한 도구squassation를 사용했다. 이때에는 발에 무거운 추를 달아 시행하기 때문에 결과적으로 손, 발, 팔꿈치, 다리, 어깨 등이 모두 탈구될 정도의 큰 충격을 받게 된다. 프랑스의 경우 보통 40~220 파운드까지 추를 달았는데, 마콩Mâcon에서는 660 파운드 추를 사용한 적도 있었다. 사람을 들어 올렸다가 떨어뜨리는 도중 낚아채는 행위jerking는 대개 3번 이상 안 하지만 때로 그 이상 시행하면 희생자가 죽을 수도 있다.(Robbins, 484~485)

마지막 단계의 심한 고문은 특히 공범자들 이름을 불도록 할 때 자주 사용했다. 1597년 클라라 가이슬러Clara Geissler of Gelnhausen라는 69세 노파는 점차 강도 높은 고문에 시달렸다. 엄지손가락 죄기를 넘기자 더 혹독한 고문이 이어졌다.

발을 짓뭉개고 몸을 잡아당겨놓자 그녀는 가련하게 비명을 지르더니 그들이 질문한 모든 내용이 사실이라고 답했다. 밤에 날아서 훔쳐온 아이들 피를 마셨고 60명의 아이를 죽였다고 자백한 것이다. 그리고 사바스에서 자신과 함께 있었던 여자들 20명의 이름을 불었다. 또 죽은 시장의 부인이 사바스를 주재했노라고 말했다.

그러나 고문대에서 내리자 그녀는 자기가 말한 내용을 전부 부인했다. 자신은 단지 루머로 돌던 내용들을 말했을 뿐 자기가 언급한 사람들이 정말로 그런 일을 하는 걸 본 적은 없다고 말했다. 그렇지만 재판관은 이름이 거론된 여자들을 체포하라고 명령했다. 잡혀온 여자 중 한 명은 고문 끝에 클라라가 이야기한 것보다 더 엄청난 내용을 말했고, 그래서 그 내용을 확인하기 위해 클라라는 다시 고문을 당했다. 클라라는 두 번째로 자기가 말한 내용을 부인했고, 그래서 세 번째 고문을 당했다. 몇 시간 동안 '최고조의' 고문을 당하자 그녀는 모든 내용이 사실이라고 말했고 얼마 후 사망했다. 그녀의 죽음에 대한 기록은 이러하다. "악마는 그녀가 더 이상의 사실을 발설하지 못하도록 했고 그래서 그녀의 목을 비틀었다." 1597년 8월 23일 클라라의 시신은 태워졌다.

피의자에게 악랄한 고통을 가하는 사디즘적인 추가 고문에는 한계가 없어 보인다. 사실 단순한 것처럼 서술되는 엄지 죄기만 해도 간단한 일이 아니어서 손톱 뿌리 부분을 죄어 끔찍한 고통을 유발했다. 물론 이보다 훨씬 더 극심한 고통을 가하는 방식들이 등장했다. 못이 박힌 의자에 앉게 하고 그 밑에 불을 지피는 식의 끔찍한 방법도 선보이고, 부츠를 신기고 그 안에 뜨거운 물이나 끓는 납을 흘려 넣거나, 목구멍에 물과 함께 부드러운 천을 집어넣고는 나중에 그 천을 홱 잡아당겨 내장을 손상시키는 기이한 방법도 사용되었다. 더 심한 경우에는 손이나 발을 하나 끊어내고, 불로 빨갛게 달군 집게로 살을 짚거나 유방을 잘라내는 추가적인 고문도 가능했다.[4]

유죄로 입증된 사람들의 처형 방식 역시 사악함의 극을 달린다. 심문 당시 순순히 자백한 경우에는 교살 후 화형을 하여 그나마 고통을 줄여주었으나, 그렇지 않으면 산채로 화형에 처했다. 특히 이탈리아와 스페인에서 이런 일이 상대적으로 자주 있었다. 가혹한 화형 방식 역시 지방마다 달라서 불타는 피치(역청) 위에 앉혀 죽이거나, 서서히 죽이기 위해 생나무를 사용하거나—이는 보댕이 악랄한 마녀를 처벌하기 위해 권한 방법이기도 하다—혹은 화형 전에 온몸을 찢는 바퀴형에 처하기도 한다. 에르비테Erwitte 지방의 판사 슐트하이스Schultheis는 여성의 다리를 끊어내고 상처에 뜨거운 기름을 붓도록 했고, 1642년 샤모니에서는 성찬식 제병을 밟았다는 죄로 장 제오Jean Gehauds의 발을 끊어냈으며, 1629년 차일에서 한 여인은 제병을 4번 밟았다는 이유로 빨갛게 달군 쇠 집게로 4번 몸을 잘라냈다.

이처럼 극도의 비인간적인 폭력이 자행된 이유는 『말레우스』에서 보는 바와 같은 마녀관이 실제로 적용되었기 때문이다. 범죄자가 어쨌든 같은 인간이라고 생각한다면 이런 종류의 행동을 취할 수는 없을 것이다. 마녀는 더 이상 같은 인간이 아니라 악마 편에 넘어가서 인류의 파멸을 획책하는 원수로 쳤기에 이런 일들이 가능했다.

4. 라인-모젤 지역: 밤베르크와의 비교

16~17세기에 왜 그토록 극심한 마녀사냥이 벌어졌는지 심층적으로 이해하기 위해서는 여러 지역들을 비교해 볼 필요가 있다. 앞서 밤베르크 지역을 주로 살펴보았다. 이제 또 다른 마녀사냥 중심지인 라인-모젤 지역을 분석한 후 양자를 대조해 보기로 하자.(Briggs, 202)

라인-모젤 지역에서 마녀로 기소된 사람은 인구 1,000명 당 5명꼴이었는데, 이는 서유럽(엘베강 이서以西 지역) 평균의 5~6배에 해당하는 수치다. 다만 지역 내부의 편차가 커서, 마녀사냥이 유독 심했던 중심 지역들이 따로 있다. 키르시Kirsch 같은 마을이 대표적인 사례인데, 1587년에서 1596년 사이 인구 250명 중 67명이나 사망했다. 이곳을 포함하여 막시민 수도원 소속 마을들이 큰 피해를 입어서, 이곳들 전체로는 인구 2,200명 중 500명이 처형되었다.

이 지역의 극심한 마녀사냥 현상은 무엇보다 정치적 특성과 관련이 있다. 최상위 정치권력은 신성로마제국 정부가 쥐고 있다고 하나 제국은 멀리 떨어진 곳에 있는 부재 권력자였고, 실제로는 지방 대귀족들이 권력을 분점하는 상태였다. 이들의 지배하에 있는 세속 법정이 마녀재판을 주도하였는데, 이것이 교회가 마녀재판을 주도하는 다른 지역과 다른 점이다. 문제는 이 지방 법원들이 저급한 수준의 아마추어 법관들 수중에 있었다는 점이다.(Briggs, 203~204) 판사는 대개 문맹이어서 형식적 역할을 하고 나중에 그냥 자기 이름만 올리는 수준이기 십상이었으며, 실제 업무는 행정·사법 담당관이 맡아서 했다. 이들이 증인을 소환하고 심문과 고문을 가했다. 1532년에 발표된 카롤리나 형법령Constitutio

Criminalis Carolina에 따르면 고문 조사를 하고자 할 때에는 대학 법학부에 자문할 의무가 있으나 법원들은 대개 그런 것에 신경 쓰지 않고 바로 고문을 시작했다.[5] 이런 상태가 약간 개선된 것은 후일 1634년에 가서 프랑스 메스Metz의 고등법원 판사들이 이 지역 사법 문제에 손을 댄 이후부터이다. 그나마 프랑슈콩테, 로렌, 룩셈부르크 지역들에서는 고문의 기간, 강도 등에 제한을 두려 했지만, 더 동쪽으로 가면 그야말로 야만적인 고문이 이루어지곤 했다.

　마녀사냥을 주도하는 팀은 대개 임시 조직으로 꾸려지곤 했다.(Briggs, 204~205) 마을사람들이 모여 '마녀위원회Hexenausschüsse'를 선출하거나, 혹은 트리어 지역에서 그러하듯 비상 상황이 벌어졌을 때—예컨대 서리가 내려서 포도밭을 다 망쳤을 때—긴급 위원회가 조직되는 식이었다. 이들은 원칙과 법적 근거를 따르기보다는 즉흥적으로 일처리를 했으며, 자연히 폭력적이 되기 십상이었다. 이런 조직들이 적극 활동하면 당국도 통제하기 힘든 상황이 된다. 트리어 선제후는 처음에 마녀사냥에 열심이었다가 이런 풀뿌리 조직이 날뛰는 것을 보고 당황하게 되었다. 흥분 상태에서 과격한 폭력이 벌어지면 누구도 이들을 통제하기 힘들어지고, 자칫 이들에게 반대한 사람들이 오히려 희생되었다. 이런 상황에서 마을 내 불화가 극단화되면 가공할 살인 사태로 비화할 수 있다. 특히 마을 내 엘리트, 공직을 맡았던 사람들, 혹은 부농의 부인들이 마녀사냥으로 희생되기 십상이었다. 말하자면 이 현상은 민주적이라기보다는 일부 극렬분자들의 테러 행위에 가까웠다. 테이블 위에 올려놓은 철퇴, 나이프 등을 걸고 선서 의식을 하는 데에서 그 분위기를 짐작할 수 있다. 인건비, 처형 당일의 연회 비용 같은 활동비, 그리고 재판 비용이 필요하므로, 위원회는 때로 독단적으로 세금을 걷어 사용하고, 또 처형당한 사람의 재산을 빼앗아 썼다. 이때 특히 위협적인 사람들은 그 지방의 변호사들과 공증인들이었다.(Briggs, 206) 이들은 희생자들로부터 받아낸 자백 내용을 알고 있고 연관된 사람들의 명단도 가지고 있었다. 예컨대 막시민 수도원의 고위 인사인 클라디우스 무질Claudius Musiel은 1,400명의 이름을 기록한 명단을 보유하고 있었다. 여러 종류의 명단에 계속 이름이 올라 있는 사람은 희생될 위험이 아주 컸다.

마녀사냥의 희생자들을 보면 대개 가난한 서민들이었다. 통설처럼 여자가 남자보다 많고, 노인이 청년보다 많았으며, 특히 생존 자식이 없는 과부, 걸인, 목동 등의 비중이 상대적으로 높았다. 그러나 이런 구분이 결정적이지는 않았으며, 종내 구분이 흐려졌다. 급조된 위원회의 활동이 격화되면 부농들도 많이 당할 수 있으며, 그런 때에는 누구도 안심 못 했다.

상황이 더욱 극단적으로 되면 최상위 엘리트까지 연루되기에 이른다.(Briggs, 208~210) 예컨대 디트리히 플라데Dietrich Flade는 트리어에서 선제후 다음으로 부유한 인물이며 시 집행관Stadtschultheiss 직을 맡고 있었다. 그는 선제후와 시 사이에 갈등이 벌어질 때마다 늘 선제후 편을 들어 시의 재정 부담을 가중시켰고, 그러는 동안 그 자신은 여러 방면에서 이익을 누려왔으므로 당연히 시민들의 증오의 대상이었다. 위기 상황이 닥치자 결국 그는 파멸을 피하지 못했다. 대흉년이 들어 갈등이 격화되었을 때 이 사태를 초래한 악마 세력들을 제거해야 한다는 민중 신앙이 작동했고, 곧 그가 마녀·마법사의 수괴로 지목되었다. 사실 그가 기소당하여 몰락하는 과정을 보면 민중 세력의 봉기도 중요하지만 이

면에서 이런 갈등을 이용하는 정치 투쟁이 벌어진 것을 확인할 수 있다. 1587~1589년 그의 라이벌인 요한 잔트 폰 메를Johann Zandt von Merl이 증인을 조작하여 그를 끌고 들어간 것이다. 결국 선제후도 설득당해서 자기의 심복이었던 플라데를 포기할 수밖에 없었다. 고문 끝에 그는 마법사라고 자백했다. 곧이어 다른 고위직 인사들 역시 줄줄이 소환되었다. 이전에 소송에서 시의 이익을 침해했던 사람들이 마녀·마법사로 몰려 희생당했다.

이때 종교적·사법적 정당성을 만들어준 사람들은 예수회 인사들이었다. 이들은 마녀사냥을 옹호하는 강론을 했으며, 심지어 어린아이들까지 동원하여 무리한 주장을 폈다. 예수회 훈련을 받은 주교 페터 빈스펠트Peter Binsfeld는 『마법사와 마녀들의 자백에 관한 논고Tractatus de confessionibus maleficorum et sagarum』(1589)를 출판했다. 이 책은 라틴어 판본이 몇 번 출판되고 이후 독어로도 번역되었다. 여기에서 그는 '잠재적인 계약설'을 주장했다. 마법사와 마녀는 모두 이전에 악마와 계약을 맺은 상태여서, 그와 같은 힘으로 마법을 구사한다는 것이니, 『말레우스』와 같은 내용의 악마론의 입장에 서 있는 것이다. 그가 이런 논리를 가지고 플라데를 공격하는 총대를 멘 셈이다.

빈스펠트는 플라데가 악마가 주관하는 사바스에 간 것을 보았다는 증인을 들이대며 그를 마법사라고 비난했다. 플라데는 '사바스에서 내 모습을 본 것은 거짓이다. 악마는 어떤 형태든 자신이 원하는 모습을 띨 수 있다'고 반격했다. 그러자 빈스펠트는 답하기를 하느님은 무고한 사람이 마녀로 인해 고통받도록 그대로 방치하지 않으며, 악마는 오직 그 모습을 띠는 자의 동의를 받고 그렇게 하는 것이라고 주장했다. 말하자면 사바스 모임에서 누군가가 플라데의 모습을 보았다면 실제로 플라데 자신이 사바스에 간 게 틀림없다는 주장이다.

당시 트리어에 머물던 네덜란드 출신 가톨릭 신학자 코르넬리오 로스 Cornelio Loos는 이 주장을 반박했다. 그는 악마가 했다는 일들을 다 논파하고, 자백은 고문과 그에 따른 정신적 혼란의 결과이며, 재판이 얼마나 크게 조작될 수 있는지 설명했다. 그러자 빈스펠트는 로스를 체포하여 주장을 번복하게 만들었고, 그의 책의 출판을 막았다. 이제 이 지역에서 마녀를 믿지 않는 것은 이단의 죄로 처벌받게 되었다.

이처럼 민중의 압력과 정치적 투쟁, 이론화 등의 과정을 거쳐 서민들로부터 상층 엘리트까지 많은 사람들이 마녀와 마법사로 몰려 희생당했다. 그러나 이 지역은 여기까지 진행된 후 진정 단계로 돌아섰다. 이 갈림길에서 밤베르크처럼 최악의 단계로 나아가지는 않았다.

이곳에서도 물론 상당히 큰 규모로 폭력이 분출되었으나, 그나마 이 힘을 제어할 수 있는 기제가 작동했기 때문이다. 예컨대 프랑슈콩테는 재심제도로 인해 피해가 상대적으로 적고 고문도 덜 심한 편이었다. 반면 이런 제도가 미비했던 트리어에서는 막무가내의 야만적 행태가 더 심하게 벌어졌다. 이 단계에서 지식인들의 태도가 중요하다. 비판적 지식인들은 마녀 현상에 대한 냉정한 관찰을 통해 마녀사냥을 이론적으로 공격하는 책을 출판했다. 우리는 이와 관련하여 다음 장에서 마녀재판에서 자행되는 고문의 폐해를 비판한 프리드리히 슈페의 『경고Cautio』를 자세히 살펴볼 것이다. 17세기 중엽에 이르면 전반적으로 분위기가 한 고비를 넘긴 게 틀림없다. 엘리자베트 드 라인파잉Elisabeth de Rainfaing 이라는 신심 깊은 귀족 여인의 사례를 보자. 이 여인은 자신을 비판하는 사람들을 모두 고소하고 심지어 자신을 도우려는 박사까지 고발하여 마법 혐의로 처형했다. 그러자 곧 지식인들의 비판이 가해졌다. 그녀의 직접적인 공격을 피할 수 있는 프랑스령에서 안전하게 글을 쓸 수 있었던 클로드 피투아Claude Pithoys는 "그 여자를 비판하면 곧 악마가 들렸다고 주장하는데, 후대 사람들은 그런 천치같은 일을 믿을 만큼 단순한 인간들이 이 세상에 있었다는 것을 알고 놀랄 것"이라고 비판했다.

드디어는 영향력을 행사할 수 있는 상층 권력이 무리한 마녀사냥 현상에 제동을 걸게 된다. 1652년 트리어에서 카를 카스파르 폰 데어 라이엔Karl Kaspar von der Leyen 선제후는 아주 강경하게 모든 마녀재판을 금지시켰다. 이제 마녀로 기소하는 것 자체가 불법화되었으니, 공식적으로 마녀사냥이 종식된 셈이다.(Briggs, 211~212)

앞서 보았던 밤베르크와 라인-모젤 지역의 차이가 무엇일까? 왜 이곳에서는 최악의 상태로 가기 전에 진정 단계로 들어갔을까? 마녀사냥이 극단화되는 과정을 되짚어 보며 비교해 보도록 하자.

우선 제일 아래 층위에 민중들의 마술적 세계관이 놓여 있다. 초자연적 힘들을 끌어들여 세상의 일들을 설명하는 마술적 세계관이 기독교 틀 내에 자리 잡고 있는 것이다. 이런 세계관을 공유한 민중들은 불행한 사태가 닥쳤을 때 그 원인을 사악한 세력의 작용으로 파악한다. 병이나 흉작 같은 것을 악마적인 힘 또는 마녀의 간계로 해석하고, 그런 문제를 풀려면 그 원인인 사악한 마법을 없애야 한다고 주장한다. 우리는 이러한 믿음이 장구한 세월 존재해 왔다는 것을 이 책에서 확인했다.

이런 세계관과 실제 공동체 내의 갈등이 주기적으로 연결된다. 마녀사냥에서 드러난 사건들 내부를 들여다보면 수년, 심지어 수십 년 얽힌 에피소드들이 개재되어 있다. 어떤 다툼 뒤에 사람이나 동물이 죽은 사례가 대표적이다. 그런데 갈등이 곧바로 폭발하지 않고 의심 상태 속에 오래 잠재해 있을 수 있다. 이런 상태에서 대흉작과 같은 위기 상황이 벌어지면 그 동안 쌓였던 갈등이 터져나온다. 그렇다 하더라도 당사자들이 먼저 상대를 고소하는 경우는 거의 없다. 비용도 많이 들고 위험한 일이기 때문이다. 그때 마침 마녀재판이 시작되어 주민이 이웃을 고발할 기회가 주어질 때 본격적으로 오랜 원한이 분출된다. 그런데 처형 전에 읽어주는 자백 내용을 보면 구체적인 마법의 내용들이 대개 비슷하다는 것을 알 수 있다. 분노 혹은 절망 상태에서 악마가 유혹하고 그래서 사바스 참여를 강요받았으며, 다툼 뒤에 악마가 속삭여서 이웃을 해쳤다는 것이다. 완벽한 거짓이라기보다 실재하는 갈등 관계 그리고 민중 문화 속에서 공유하고 있는 마녀에 대한 관념으로 인해 어쩌면 피해자 자신도 정말로 자신의 저주가 상대를 해쳤다고 믿었을 가능성이 있다. 이런 내용들은 주민들이 공유하는 문화 속에서 꿈과 같은 방식으로 발현되었을 것이다.

이런 민중 에너지가 마녀사냥의 기본 동력 혹은 연료라 할 수 있다. 이 상황에서 라인-모젤 지역에서와 같은 민중 조직이 결성되어 활동하면 마녀사냥이 격화된다. 에너지가 본격적으로 분출되는 것이다. 상층의 세련된 마녀 개념, 이론화, 마녀재판 기구 등이 이 힘이 작동되는 채널이지만 기본 동력은 아래 층위에서 준비되어 있어야 한다. 즉 농민과 장인들의 투입input이 결정적이다. 흔히 하급 관리와 성직자가 중요한 역할을 하지만 그러려면 주민들이 의심스러운 사람을 특정해 주어야 한다. 그렇다면 이웃이 결정적 역할을 했고, 이웃이 이웃을 죽인 셈이다.

이렇게 공동체 내의 갈등 분출 기구와 상층 기구가 만났을 때 때로 매우 크게 폭력 사태가 발생한다. 밤베르크나 라인-모젤 지역은 모두 이런 상황까지 도달했다.

그리하여 한번 폭발한 힘이 전통적인 혐의자들을 해치고 더 나아가서 많은 무고한 사람들이 희생되기에 이른다. 여기에서 한 걸음 더 나가면 최상층 엘리트까지 희생되고, 어린이를 끌어들여 엄청난 희생을 초래하게 된다. 이 지점에서 향배를 결정하는 것은 지방의 권력층이다. 이들이 민중적 힘의 폭발 상태를 그대로 방치하거나 혹은 오히려 그것을 끌어들여 특정한 목적에 이용하려는 경우 걷잡을 수 없는 사태가 벌어진다. 밤베르크가 전형적인 사례이다. 그러나 지역 엘리트 권력층이 흐름에서 이탈하면 마녀사냥의 거친 동력은 곧 소진된다. 라인-모젤 지역의 경우가 이에 해당한다. 이곳의 엘리트들은 민중들의 폭발적인 에너지를 경험한 후 두려움을 느꼈고, 사태를 완화하는 방향으로 돌아섰다. 엘리트들 역시 마녀 현상을 믿는다 해도 사태가 도를 넘게 되면 그들이 민중층의 폭력에 굴복하게 된다는 것을 경험에서 배운 것이다. 특히 사법 질서가 다소라도 안정적으로 작동할 수 있는 기제가 마련되어 있으면 더 빨리 진정된다. 그러나 그것이 미비한 트리어 같은 곳에서는 상대적으로 더 오래 폭력이 지속되었다. 최악의 경우는 밤베르크처럼 지역의 지배 엘리트가 오히려 마녀사냥의 동력을 이용하여 자신의 종교·정치적 이상을 구현하려고 할 때이다.

마녀사냥은 어느 공동체에서나 작동할 가능성이 있지만, 그것이 폭발 상태로 가려면 몇 가지 조건이 갖추어져야 한다. 전통 문화와 공동체 갈등이 얽혀 누적된 폭발 에너지가 어떻게 분출하느냐 하는 것은 사법 기구와 지배 엘리트의 태도 등에 따라 다르게 나타난다. 지배 엘리트가 두려움을 느껴 방향을 선회했든지, 그렇지 않으면 어떤 이유에서든—예컨대 전쟁으로 인한 대 격변의 결과로—사회적 구성이 완전히 바뀌어 아래로부터의 압력이 소진되었을 때 마녀사냥은 종식된다.

지금까지 우리가 고려하지 않은 요소는 이 모든 지방적 사태 위에 존재하는 최상위 권력 기구, 곧, 프랑스, 잉글랜드 혹은 신성로마제국 같은 국가기구이다. 지방 권력 엘리트들의 태도는 그 상위 권력 기구와 관계 속에서 결정된다. 최상위 권력체가 어떻게 대처하느냐는 특히 마녀사냥의 종식 문제에서 중요한 요소로 작용한다.

X

마녀사냥의 쇠퇴

어떤 프랑스인 의사가 악마에게 사로잡혔다고 확신하는 환자를 맞이했다. 그 의사는 사제 한 명과 외과의 한 명을 초청했고, 그 자신은 산 박쥐 한 마리를 담은 부대를 준비했다. 환자는 간단한 수술로 치료할 것이라는 말을 들었다. 사제는 기도를 하기 시작했고 외과의는 환자의 옆구리를 조금 절개했다. 째진 틈이 생기자 그 의사는 부대를 풀어 박쥐를 방안으로 날려 보내면서, '보세요, 악마가 날아갑니다!'라고 외쳤다. 환자는 그 말을 믿었고 치료되었다. (토마스, 2권 76~77)

더럼 대학장을 지낸 테니스 그랜빌(재직 1684~1691년)이 전한 이 에피소드에서 우리는 두 가지 측면을 보게 된다. 하나는 17세기 후반에도 많은 사람들이 여전히 악마의 존재를 철석같이 믿었으며, 악마를 마치 박쥐처럼 검은 색에 날개를 달고 있는 존재로 그리고 있다는 점이다. 동시에 이제 사회 일부에서는(특히 엘리트층에서는) 순진한 사람들의 그런 믿음을 조롱하는 단계에 이르렀다는 점이다. 유럽 사회는 이렇게 서서히 악마의 환상에서 해방되어 갔다.

마녀사냥은 언제 어떻게 종식되었을까?

이는 실로 중요한 문제가 아닐 수 없다. 지금까지 연구자들은 마녀재판의 시작과 정점에 대해서는 많이 주목했으나 종식이라는 문제에 대해서는 상대적으로 덜 주목했다. 유럽 문명이 어떻게 마녀사냥이라는 암흑의 덫에서 벗어나게 되었는지 검토해 보자.

1. 마녀사냥 드디어 사라져 가다

마녀사냥은 언제 중단되었을까?

유럽과 유럽의 식민지에서 전반적으로 17~18세기에 마녀재판이 줄다가 결국 종식되는 장기간의 과정을 밟았다.(Levack 2013, 429~435) 점차 재판이 줄고 피고소인이 석방되고 판결이 번복되고 그리고 마침내 법 자체가 폐기되는 수순을 밟아 최종적으로 마녀라는 죄가 아예 성립되지 않는 단계가 되면 마녀사냥 현상이 종식되었다고 말할 수 있을 것이다. 그러나 실제 그 과정은 결코 단순하지도, 또 단선적이지도 않았다. 우선 지역적인 차이가 매우 컸다. 예컨대 네덜란드 공화국에서는 16세기 말에 이미 마녀사냥이 종식되었지만, 폴란드와 헝가리에서는 18세기까지 지속되었다. 종식 과정 자체도 차이가 커서 스코틀랜드의 경우 수십 년 걸렸지만, 프랑스의 프랑슈콩테 지방이나 미국의 매사추세츠 주 같은 경우는 일단 방향이 잡히자 수년 내에 급속히 완료되었다. 또 프로이센의 경우 법의 변화가 선행하지만, 영국이나 덴마크 같은 경우는 실제로 마녀사냥이 먼저 사라지고 법이 나중에 정비되었다.

마지막 마녀재판이 일어난 연도를 보면 마녀사냥이 실로 늦은 시기까지 지속되었음을 알 수 있다. 뷔르츠부르크는 1749년, 바이에른은 1792년, 뷔르템베르크는 1805년에 최후의 마녀재판이 진행되었다. 이처럼 한편에서 마녀재판이 여전히 진행되는 동시에 다른 한편에서 사라져가는 복잡한 움직임을 분석하는 것은 쉬운 일이 아니다.

마녀사냥 종식의 최종 과정은 마녀 자체를 '비범죄화decriminalization'하는 일이다.(Levack 2013, 433) 즉, 더 이상 마녀라는 죄로 기소하는 게 불가능해지는 것, 다시 말해서 법적으로 더 이상 마녀를 인정하지 않는 것을 의미한다. 19세기 이전에 이와 같은 법적인 변화를 겪은 나라는 프랑스(1682년), 프로이센(1714년), 영국(1736년), 오스트리아(1766년), 러시아(1770년), 폴란드(1776년), 스웨덴(1779년) 등 7개국이었다. 특히 마지막 두 나라는 명시적으로 마녀재판을 완전히 금지시키는 법을 제정했다. 폴란드의 경우 도루후프Doruchów 처형 사건 이후 의회sejm에서 마녀재판을 금지시키는 법령을 제정한 것으로 알려졌다.[1] 영국은 마녀 기소에 관한 1604년 법을 1736년에 폐지했고, 프랑스는 1682년에 루이 14세의 왕령으로 마녀재판을 금지했다(그렇지만 실질적으로 마녀재판이 완전히 금지된 것은 프랑스혁명 중인 1791년에 가서의 일이다). 오스트리아 경우를 보면 마리아 테레사가 추진한 개혁의 일환으로 마녀재판을 규제하는 법령이 나왔으나 그렇다고 이 법으로 마녀를 완전히 부정한 것은 아니었다. 말하자면 무고한 사람들을 마구잡이로 마녀로 몰아 사형에 처하는 행위를 막고자 한 것이지, 마술 행위의 존재 자체를 부인한 것은 아니다. 악마와 결탁하여 사악한 행위를 행하는 사람들에 대한 사형은 법적으로 여전히 가능했다. 프로이센의 경우도 비슷하다. 이곳에서도 마녀의 '비범죄화'와는 거리가 멀고 단지 일종의 사법개혁에 가까웠다. 즉, 고문과 처형 시에 반드시 국왕에게 보고하여 승인을 얻으라는 의미였다. 이런 사정들을 감안할 때 마녀재판을 법적으로 금지하는 것이 매우 중요한 마무리 과정이라는 것은 맞지만, 다만 법의 변화만을 놓고 마녀재판의 종식 과정을 판단할 수는 없다. 따라서 실질적인 종식 과정과 법의 변화를 함께 고려해야 한다.

그렇다면 마녀재판을 종식시킨 동력은 어디에서 찾을 수 있을까?

기존 정설은 교육받은 엘리트에서층부터 시작된 의식 변화에서 원인을 찾았다. 앞에서 인용한 데니스 그랜빌의 이야기가 그런 점을 말해 준다. 계몽주의 영향을 받은 사상적 변화가 기본 동력이라는 것이다. 철학자와 신학자들의 사고가 변화했고, 이들의 영향으로 점차 많은 사람들의 의식이 깨어났다는 논리다. 곧 근대적 의식, 과학적 사고, 기계적 우주론, 미신 타파, 계몽주의 영향을 강조하는 자유주의적·휘그적 해석이라 할 수 있다. 이러한 주장은 그 근거 자료로 대개 계몽적인 지식인들의 저서들을 제시했다.

이것이 20세기 말까지 지배적인 접근법이었다. 그러나 이제는 이와 같은 설명 방식은 더 이상 타당하지 않은 것으로 여겨지게 되었다. 무엇보다 시기상으로 맞지 않기 때문이다. 일부 선진 지역에서는 17세기 중

엽부터 마녀사냥이 중단되었으나 마녀와 마법을 부인하는 새로운 철학은 그보다 더 뒷시기에 등장했고, 그 영향력 또한 미미했다. 베이어Johann Weyer(1515~1588년), 홉스, 스피노자 등의 영향은 결정적이지 않았을 뿐 아니라 그들의 철학은 아주 느리게 전파되었다. 심지어 마녀사냥의 폐지에 찬성하는 판결을 내린 재판관이나 행정 관료들도 여전히 마녀의 존재를 믿고 있었다. 사실 그 당시 악마나 마녀가 존재하지 않는다고 보는 것은 무신론만큼이나 낯선 의견이었을 것이다. 그들이 마녀재판을 중단한 이유는 그들의 종교 신념이 완전히 변화했기 때문이라기보다는 다른 데 있었다. 아래에서 살펴볼 슈페 같은 경우가 대표적인데, 그는 고문을 통해 무고한 사람을 마녀로 몰아가는 방식을 통렬히 비판했을 뿐, 마녀의 존재를 부인한 것은 결코 아니었다.

사실 새로운 철학과 마술은 공존 가능했다. 데카르트는 '우주의 법칙에 악마가 끼어들 여지가 없다'는 설명을 했지만, 사실은 기계론적 철학과 마술이 공존했다. 로버트 보일이나 조세프 글랜빌이 그러하다. 데카르트의 시대에 지식인들의 태도는 어떠했을까? 1632년부터 1642년까지 파리 시 중심지에 위치한 의사 르노도Théophraste Renaudot의 대저택에서 매주 월요일마다 지식인들이 모여 모두 346번의 토론을 했다. 이 자료를 분석한 연구에 의하면 이 모임에서 논의했던 중요한 주제는 마법을 어떻게 푸는가, 재에서 부활하는 새 피닉스의 나이는 얼마인가(1,461세라는 답이 제시되었다!), 악마가 초래한 성적 무능력의 성격이 무엇인가, 일각수의 속성이 무엇인가, 종소리가 악마를 축출할 수 있는가 같은 것들이었다. 과학혁명의 시대라고 하지만 당대 일반적인 분위기는 과학과는 거리가 멀었다.(Mazauric)

한 가지 더 고려할 사항은 정신적 영향이라는 면에서 철학보다 오히려 성경 연구가 더 큰 공헌을 했다는 사실이다. 예컨대 출애굽기 22장 18절의 구절(Exod 22.18 Thou shall not suffer a witch to live)은 오랫동안 마녀사냥의 가장 중요한 성경상의 근거 중 하나로 제시되었다. 그런데 헤브루어 성경을 연구하니 이때 witch의 원어는 '독으로 살해하는 사람' 혹은 '점복술사'를 의미하지 악마와 계약을 맺은 마녀가 아니라는 점이 밝혀졌다.[2] 이런 연구 성과는 마녀재판을 옹호하는 사람들에게 정신적 기반을 뒤흔드는 큰 충격을 주었다.

2. 고문에 대한 비판

정신적 변화가 아무런 의미가 없다는 것은 물론 아니다. 그것이 직접적인 촉발 요인이 아니라는 점은 분명하지만 '장기적' 관점에서는 그와 같은 변화가 역사의 흐름에 큰 영향을 미쳤다는 점을 부인할 수 없다. 다시 말해 정신적 각성 혹은 계몽은 마녀재판의 종식과 같은 방향을 취하고 있었던 것이다.

특히 고문에 의한 자백의 강요를 비판하는 것은 마녀재판의 종식과 연관이 깊다.(Levack 2013, 440) 앞에서 살펴본 바와 같이 마녀재판에서 고문은 지극히 중요한 역할을 했다. 조건들이 부가되어 있긴 했지만 원칙적으로 중세 말 법률가들에게 고문은 합법적이었다. 고문을 통해 자백을 얻어내면 그것이 마녀 혐의를 입증하는 결정적 근거가 되었고, 반대로 고문에도 불구하고 자백을 하지 않고 오래 버티면 그 자체가 악마의 도움을 받고 있다는 유력한 방증이 되었다. 이런 말도 안 되는 논리를 깨부수어야만 마녀재판이 사라질 수 있었다.

일찍이 16세기에 베이어가 고문을 비판한 이후 17세기부터는 그런 주장이 크게 늘어났다.[3] 독어권 예수회 출신 인사들로는 프리드리히 슈페, 아담 탄너Adam Tanner, 파울 라이만Paul Laymann 등이 대표적인데, 이들은 모두 마녀재판에 참여한 경험이 있었다. 그들 자신이 마녀재판을 경험해 본 다음에 그것이 얼마나 부조리한지, 그 오류가 얼마나 심각한지 깨달은 것이다. 한편 신교 측에서는 크리스티안 토마지우스Christian Thomasius가 대표적 인물인데, 그는 고문 행위가 성경에 없는 비기독교적 방식이며, 그 동안 가톨릭 측이 이단이나 마녀를 잡는다는 평계로 신교도를 공격하는 방식으로 악용되었다고 비판했다.

고문을 비판한 인사 중 가장 대표적인 인물로 프리드리히 슈페 폰 랑엔펠트Friedrich Spee von Langenfeld(1591~1635년)를 들 수 있다.

그가 1610년대 다름 아닌 뷔르츠부르크에서 공부하고 1623~1635년 사이에 파더보른, 쾰른, 트리어에서 강론한 인물이었던 것은 우연이 아니다. 이 지역들은 마녀사냥의 광기가 가장 심했던 곳들에 속한다. 그는 법정, 고문 장소, 처형장 등지를 모두 경험한 후 고문에 의한 조사가 얼마나 위험하고 무의미한 일인지 스스로 깨달았다. 특히 그는 뷔르츠부르크에서 '마녀 고해사witch confessor'로 일했기 때문에 마녀로 몰려 억울하게 죽은 사람들을 많이 보았고, 그들의 내면 세계를 잘 알고 있었다. 그는 고문의 문제점을 바로잡기 위한 사법 개혁을 요구했다. 예컨대 새로운 독일제국법령을 요구하고 또 재판관들의 법적 책임을 강조했다. 실제 그의 책이 큰 영향을 미친 마인츠 등지에서 마녀의 화형이 중단되었다.

그는 1631년 린텔른Rinteln에서 『형법과 관련된 경고Cautio Criminalis』
를 익명으로 출판했다. 부제는 '마녀재판에 관한 책seu de Processibus contra
Sagas Liber'이다. 이 책에 '고문', '고통' 같은 단어가 600번 이상 나올 정
도로 저자는 집요하게 고문의 문제점을 공격한다. 그는 육체적 고통을
통해 진실을 끌어낼 수는 없다는 점을 주장하며 고문을 본격적으로 비
판한 최초의 작가라 할 수 있다. 사실 웬만한 지적 능력과 이성을 가진
사람들은 고문이 어떤 문제점들을 안고 있는지 쉽게 판단할 수 있다. 그
러나 이 시대에 그것을 명료하게 주장하는 것이 쉽지는 않았을 터이다.
그는 무고한 희생자들을 접한 후 많은 학자들이 고문에 의한 유죄 조작
사실을 알고 있음에도 불구하고 진실을 이야기하지 않으므로 자신이 나
서겠다는 용기 있는 행동을 한 것이다.

여기에서 한 가지 사실을 명확히 밝힐 필요가 있다. 그는 고문을 동반
한 무리한 방식의 마녀사냥을 비판했지, 마녀의 존재 자체를 부인한 것
은 아니었다. 이 점은 그의 책 제일 앞부분에 명확히 나온다.(Spee, Q1)

질문1 마녀, 마귀할멈, 마법사 등이 실제로 존재하는가?
답: 분명히 존재한다.

그러나 그는 "많은 사람들이 의심을 품고, 또 한때는 가톨릭교회에서
도 실제로 사바스가 존재하지 않는다고 믿었던 적도 있지만…"이라고
말하며 단서를 단다. 마녀, 마녀 집회 같은 것들이 실재하는지 쉽게 단
정지을 수 없다는 점을 놓고 그는 자신의 심정을 이렇게 밝힌다. "내 심
정이 너무나 압도되어서 이 문제에 대해서 무엇을 믿어야 할지 알 수 없

다." 그러고는 독자들에게 이렇게 제안한다. "누군가가 마녀의 죄에 대해 이를 갈고 있다면 우선은 잠시 진정하고 그의 열성에다가 지식과 심사숙고를 더하도록 하자."

그 동안 무고한 사람을 억울하게 희생시킨 많은 잘못된 방식들에 대해 그는 하나하나씩 새롭게 질문을 던진다. 그중 대표적인 것이 소위 '침묵의 마법'이다.

질문 25 침묵의 마법은 새로운 고문의 증거가 되는가?

누군가 사악한 술수를 써서 고문의 고통을 이겨낼 때 이를 침묵의 마법이라 부른다. … 그래서 오늘날 어떤 여인이 2~3번 고문을 당했는데도 아무것도 자백하지 않는다면 사람들은 곧바로 그 여인이 마법을 쓴다거나, 악마가 그녀의 혀를 붙잡고 있어서 자백을 못한다고 말한다. 그래서 이런 사실 자체가 유죄의 증거이며, 따라서 구마의식을 하고 다시 고문을 가해야 한다고 한다. … 마녀가 아닌 바에야 그런 심한 고문을 두세 번 견딜 수가 없지. 악마의 도움이나 신의 도움이 없었다면 그렇게 할 수 없을 거야. 나는 최근 이런 정형화된 말을 한 신부로부터 들었다. 그는 아직 젊고 무식해서 그렇다고 치자. 그런데 다른 재판관들로부터도 그런 말을 들었다. 그래서 이렇게 물어야 할 것 같다. 그것은 맞는 말인가?

대답한다. 절대 그렇지 않다.(Spee, Q25)

그는 침묵의 마법이란 허위에 불과하다는 이유를 여섯 가지 제시한다.

첫째, 사람은 여러 가지 것들을 자연히 견뎌낸다. 고문도 그중 하나다. 왜 아니라고 단정하며, 왜 마법에 의한 것이라고 단정하는가?

둘째, 만일 신의 도움 혹은 악마의 도움으로 견뎌낸 것이라면 그 고문은 정말로 부당하고 따라서 모든 법에 의해 무효이다. … 당신네 독일에서는 매일 얼마나 많은 사람이 죽고 또 앞으로도 얼마나 많이 죽을 것인가?

셋째, 같은 내용을 다른 방식으로 서술해 보겠다. 재판관들은 새로운 증거가 나왔기 때문에 새로 고문한다고 주장한다. 새로운 증거란? 고문을 잘 참아냈다는 것이다. 고문을 참아낸 것이 마법 때문이라는 건데, 그것을 어떻게 증명하는가? 만일 마법이 아니라면 참을 수 없는 고문을 가했다면 그것은 재판관이 지극히 부당한 일을 했다는 의미다.

넷째, 악마의 도움 아니면 신의 도움이라고 했는데, 왜 반드시 악마의 도움이라고 단정하는가?

다섯째, 가장 가혹한 고문을 했는데도 자백하지 않았다면, 그리고 그것이 새로운 증거라고 한다면, 그 가혹한 고문은 아무 소용이 없었던 일이다. 고문을 가할 때 그들은 이미 그녀가 유죄라는 생각을 하고 있다. 어차피 단정할 것을 더 일찍 할 수도 있었다. 자백을 해도 유죄고 자백을 안 해도 유죄가 된다면 재판관들은 고문하기 전에 이미 그녀가 유죄라는 것을 알고 있다는 의미다. 그렇다면 그들이 그런 고문을 함으로써 무엇을 기대했다는 말인가? 단지 잔인함을 즐기고 야만적으로 사람을 상하게 했을 뿐이다. 이야말로 신의 분노를 초래할 일이다.

여섯째, 법학자들은 고문을 통해 진리가 빛으로 나오도록 한다고 주장한다. 그런데 앞에 말한 그런 사람들이 가득한데 어떻게 진리가 빛으로 나오겠는가? 고문에 처해진 사람은 고문을 이겨내든지 짓이겨지든지 이미 모두 유죄라는 점 말고는 어떤 진리도 없다. 그런데 만일 그 사람이 사실은 무죄였다면 진리가 어떻게 빛으로 나올 수 있는가? … 그토록 저급한 주장을 하고 그럼으로써 무고한 사람을 죽음으로 몰아넣은 사제들은 자신들의 무지에 대해 수치심을 가져야 한다.(Spee, Q25)

이 인용문은 고문을 했는데도 자백하지 않는다는 사실이 마녀의 증거라며 고문을 지속하는 것이 얼마나 무지막지한 잘못인지 여러 각도에서 맹렬한 비판을 가하고 있다.

그의 논의 중 핵심 사항은 20번일 것이다. 그것은 고문이 무고한 사람을 유죄로 만드는 잘못을 범할 위험에 대해 직설적으로 묻는다.

질문 20 고문 혹은 고문을 통한 조사에 대해 어떻게 생각하는가? 그것이 무고한 사람들을 도덕적이고 빈번한 위험에 빠뜨리지 않는가?(Spee, Q20)

여기에서 '도덕적 위험'이란 다른 무고한 사람들을 고발하는 것을 말한다. 고통에 못 이겨 다른 어떤 사람이 결코 잘못이 없다는 것을 알면서도 고발하게 되니 이는 사악한 행위를 자행하는 게 아닌가. 그의 답은 이러하다.

내가 보고 읽고 들은 일들에 대해 내 기억 속에서 모든 각도에서 심사숙고해 본 결과 고문은 무고한 사람들을 도덕적인 위험에 빠뜨리며 독일뿐 아니라 모든 지역에 마녀의 죄나 그 외 못 들어본 죄들로 가득 차게 만든다는 결론 이외에 다른 어떤 다른 결론도 생각할 수 없다.(Spee, Q20)

그는 실로 단호하게 고문의 폐해를 비판하고 있다. 그리고 이를 설명하기 위해 16가지에 달하는 추론들을 제시한다. 그 가운데 중요한 내용을 추려보면 다음과 같다.

1. 고문은 차라리 죽는 게 좋다고 생각할 정도로 극심한 고통을 가한다. 그래서 자신이 짓지도 않은 죄들을 자백하도록 한다. 재판관들이 유도한 내용 혹은 자신이 미리 준비한 내용들을 기꺼이 자백하게 된다.

2. 가장 강한 사람도 일단 당장 겪게 될 고통을 피하기 위해 최악의 범죄라도 자백한다. 다시 고문실로 끌려가느니 차라리 10번이라도 죽겠다는 생각을 한다.

3. 고문에 못 이겨 허위로 다른 사람을 고발하는 자가 많다. 이 점은 재판관들이 주의해야 한다. 그런데 이는 매우 중한 죄이므로 이를 번복하려 하지만 다시 고문당할 두려움에 차마 그렇게 하지 못한다. 자신의 구원이 달린 문제인데도 그러하다.

5. 여성이라는 약한 존재가 이런 위험에 더 크게 노출되어 있으니 여자 마녀가 늘어난다.

8. 이런 사실에 대해 누구도 양심의 가책을 느끼지 않는다는 게 큰 문제다. 여기에서 특히 고문 시간에 대해 이야기하도록 하겠다. 쿼터(15분)의 절반, 다시 그것의 절반만 해도 극심한 고통을 느낀다. 그런데 쿼터 혹은 그 두 배가 지속된다면? 한 시간 지속된다면? 그래서 교황 바오로 3세가 너무 오랜 시간 고문을 지속하지 못하도록 칙령을 내린 바 있다. 그런데 현재 가장 온건한 재판관도 쿼터 혹은 두 쿼터의 고문을 습관적으로 시행한다. 그보다 짧은 것은 고문이라고 보지 않는다. 누가 이런 것을 견디겠는가?

누군들 600개의 거짓말이라도 해서 이 고통에서 벗어나려 하지 않겠는가? 그런데 간혹 여성들 중에 이런 고통을 참아내는 사람들이 있다. 여기에는 숨겨진 이유가 있다. 이들은 자신의 영혼이 구원받지 못할까 두려워하여 전력을 다해 참고 있는 것이다. 그러고는 마침내 그들의 인내력이 소진되었을 때 무너지고 만다. 마침내 자신이 영원한 구원을 잃었다고 생각하고는 감옥 안에서 얼마나 엄청난 슬픔 속에 자신을 자책하는지 믿기 힘들 정도다.

9. 재판관들은 이런 고문의 가혹함에 대해 인지하지 못한다. 그들은 간혹 '고문 없이 자백했다'는 말을 하곤 한다. 그러나 실상은 다르다. 내가 실상이 어떤지 조사해 보았을 때 모든 여인들은 사실 고문을 당했었다. 쇠로 만든 넓은 프레스의 한쪽 면에 날카롭고 뾰족하게 솟아나온 날들이 있어서 이것으로 정강이를 누르면 극심한 통증을 느끼면서 피가 솟구쳐 나오고 그 아래 살이 케이크처럼 짓눌린다. 이는 아무리 강한 남자라 해도 감당하지 못할 정도이다. 그런데 재판관들은 고문 없이 여성들이 자백했다고 말한다.

11. 고문 집행관들이 마음대로 고문을 행한다. 원래 재판관들이 명령하는 바에 따라서만 해야 하는데 오히려 이들이 마음대로 협박하고 고문을 더 심하게 가해서 도저히 참을 수 없는 수준에 이른다. 이런 사람들이 한번에 자백을 받아내면 월계관을 쓰고, 그래서 다른 사람들이 실패한 조사에 이들이 불려나온다,

12. 고문 조사를 수행하는 재판관들의 양심 문제가 심각하다. 이들은 유도 심문을 통해 다른 무고한 사람들을 연루시키려 한다. … 한 가지 기발한 아이디어를 낸 사람 이야기를 해 보자. 차라리 마녀 혐의 여성들을 때리면서 그들이 고위 성직자도 한패냐고 묻게 하라. 그리고 끝내 말할 때까지

패라! 그런데 어떤 영주는 이미 이런 점을 간파했는지, 교회 인사들의 이름은 꺼내지 못하도록 이미 조치를 취해놓았다고 한다! 이제는 이런 지경까지 갔다. 재판관은 어떤 지역에 가서 조사할 때 제일 먼저 시의회 의원들 중 아는 사람이 없는지 물어서 그들을 먼저 유죄로 만든다. 이렇게 고위 시민부터 방해되지 않게 제거해 버리면 나머지 사람들을 학살 장소로 몰아가는 데에 어려움이 없다.

13. 유도심문과 고문은 갈수록 더 성공적이 되어 간다. 말을 잘 들으면 그나마 자비를 베푼다. 그러면서 다른 사람들은 어떤 내용을 자백했는지 알려주어서 그들 자신도 어떻게 자백하면 되는지 가르쳐 준다. 그 결과 자백한 내용들이 서로 일치하여 완벽하게 범죄가 성립되도록 만든다.

16. 고문을 이겨내려는 의지를 강하게 가진다 해도 매일 끌려가서 채찍질, 불로 태우기 같은 고문을 당하면 결국 무너지고 말 것이다. 어느 법률 토론에서 누군가가 정말로 무고한 사람이 끌려가서 고문을 당하게 되었다면 이 사람이 자신의 무죄를 입증하는 방법이 과연 무엇이냐고 집요하게 물었더니 담당자가 끝내 대답을 하지 못했다. "보라! 지금까지 그토록 많은 화형대에 불을 지핀 자들은 그런 식으로 재판을 해 왔기 때문에 진실로 무고한 사람이 그들의 수중에서 벗어날 수 있는 적절한 방법을 제시하지 못한다. … 사방에 마녀들이 넘쳐나는 데 대해 놀랄 필요가 없다. 우리는 독일의 맹목성과 전문가들의 어리석음에 놀라야 한다."(Spee, Q20)

그는 결론적으로 실로 날카로운 풍자를 다음과 같이 던진다.

왜 우리가 그토록 열심히 마녀·마법사를 찾으러 다녀야 하지요? 이봐요 판사님들! 어디 가면 그런 사람들 많은지 알려드리지요. 카푸친 수도회, 예수회 같은 곳에 가서 모든 수사들을 잡아다가 고문하세요. 자백할 겁니다. 만일 부인하면 세 번, 네 번 고문하시면 자백할 겁니다. 그래도 고집부리는 자가 있으면 퇴마 의식을 하고 털을 미세요. 그들은 마법을 쓰는 중이니까요. 악마가 이 사람들로 하여금 고통에 둔감하게 만들어 준 겁니다. 계속 하세요. 그러면 결국은 굴복할 겁니다. 더 많은 마녀를 원하시면 고위 성직자들, 교회법학자들, 박사들도 잡아들이세요. 그들도 자백할 겁니다. 그 가련하고 섬세한 인간들이 어떻게 버티겠습니까? 만일 그래도 더 원하신다면 제가 당신을 고문할 테니 당신은 저를 고문하세요. 저는 당신이 저에 대해 자백한 것을 부인하지 않을 겁니다. 이렇게 해서 우리 모두 마녀와 마법사가 되는 겁니다.(Spee, Q20)

위 문장은 고문의 폐해와 어리석음에 대해 가장 신랄한 비판을 가한 명문이라 할 것이다.

저자의 핵심 주장은 그가 인용하는 마태복음 13장 24~29절의 내용이 아닐까?

예수께서 그들 앞에 또 비유를 들어 이르시되 천국은 좋은 씨를 제 밭에 뿌린 사람과 같으니 사람들이 잘 때에 그 원수가 와서 곡식 가운데 가라지를 덧뿌리고 갔더니 싹이 나고 결실할 때에 가라지도 보이거늘 집 주인의 종들이 와서 말하되 주여 밭에 좋은 씨를 뿌리지 아니하였나이까 그런데 가라지가 어디서 생겼나이까 주인이 이르되 원수가 이렇게 하였구나 종들이 말하되 그러면 우리가 가서 이것을 뽑기를 원하시나이까 주인이 이르되 가만 두라 가라지를 뽑다가 곡식까지 뽑을까 염려하노라(마태 13: 24~29)

슈페는 마녀의 존재를 전적으로 부정한 것은 아니다. 다만 마녀들을 잡겠다고 무리한 방법을 사용하다 보면 무고한 사람들을 숱하게 희생시키므로, 차라리 일부 유죄인 사람을 놓아주더라도 무고한 사람들의 희생을 막아야 한다는 것이다. 그러기 위해 무엇보다 고문을 폐지해야 한다고 주장했다. 이는 마녀사냥을 없애고 결국 마녀 개념이 사라져 가는 가장 중요한 첫걸음이라 할 것이다.

3. 마녀사냥 폐지의 동력: 사법 개선

정신적 각성이나 사상적 영향 같은 것은 장기적으로 마녀사냥 종식의 큰 흐름과 일치하지만 그것이 마녀재판을 중지시킨 결정적 요인은 되지 못했다. 앞서 본 것처럼 무엇보다 시기상으로 일치하지 않기 때문이다. 슈페가 그의 저서에서 주장하다시피, 마녀사냥의 폐해를 줄이는 데에 직접적인 영향을 끼친 것은 사법개혁이었다. 결국 정치 변화가 중요하다는 의미다.(Levack 2013, 438) 특히 중앙 정부의 지배력이 강화되어 지방의 사법 행정을 통제할 필요가 있었다. 잔혹한 마녀 처형을 주도한 것은 주로 지방 사법당국이기 때문이다. 중앙 정부 인사들은 대개 더 많은 트레이닝을 거쳤고, 마녀나 악마 문제에 신중하게 접근했다. 또한 이들은 마녀 피의자와 동향인이 아니기 때문에 사적인 사정에 휘둘리지 않고 객관적으로 대했다. 따라서 중앙 정부의 영향력이 커지면 마녀재판이 위축되는 경향을 보인다. 영국이 대표적이다. 웨스트민스터에서 파견된 재판관들이 지방에서 재판을 주도하면서 마녀재판이 대폭 줄었고, 반대로 1640년대에 그런 제도가 마비되었을 때 마녀재판이 급증했다. 또 뷔르템베르크 공작령의 사례를 보아도 슈투트가르트의 상위 통치기구가 지방을 통제하면서 어린아이나 우울한 노파들의 증언을 듣지 못하도록 조치했다. 반대 사례로는 폴란드를 들 수 있다. 중앙 정부가 약한 이 나라에서는 17세기 말부터 마녀재판이 급증하여 18세기 후반까지 지속되었다.

우리는 IV장에서 마녀 개념의 발전이 중세 말에 교회와 세속국가의 권위 확립 및 권력 강화와 내적으로 연관되어 있다는 점을 밝혔다. 현존하는 긴급한 악을 규정하는 것이 권력의 종교적·세속적 정당성을 세우는 데 매우 유용하게 작동했기 때문이다. 이런 수준의 정치 권위 확립이 여전히 필요한 곳은 스위스나 신성로마제국 내 작은 정치 단위였다. 그렇지만 선진 국가에서는 그와 같은 단계를 넘어섰다. 이제는 오히려 지방에서 마녀사냥 같은 구시대적인 방식으로 사법권을 장악하며 정치력을 행사하려는 움직임이 중앙의 권위 확립을 저해했다. 지방 내 갈등이 마녀사냥의 주요 배경인데, 중앙정부의 힘이 강해지면 공공선의 이름으로 이 하위의 갈등과 권력 관계를 포섭하고 평정했다. 정리하자면 중세 국가의 강화가 마녀재판의 시발과 관련이 깊다면 근대 국가의 강화는 마녀재판의 종식과 관련이 깊다고 할 수 있다.

이 점을 잘 보여주는 것이 프랑스 사례에 대한 앨프리드 소만Alfred Soman의 연구다.(Soman)

그는 16세기 말과 17세기 초 파리 고등법원 자료를 연구했다. 프랑스는 사법지역이 상이하므로 지역마다 다른 고등법원이 존재하고, 그 각각의 법원마다 사법 처리 과정이 달랐다. 그중 파리 고등법원은 프랑스 전역의 2/3를 포괄하여 기독교권 내 가장 광대한 사법지역과 800만 명에서 1,000만 명에 이르는 주민을 관할 대상으로 삼고 있었다. 또한 이 법원의 영향이 매우 커서 지방 법원에서 마녀재판으로 사형을 언도하는 경우 의무적으로 고등법원에 재심을 청구하도록 규정했다.

파리 고등법원 문서고에서 마녀사냥에 관한 자료들은 많이 없어졌으나 그래도 세 종류가 남아 있다. 그것은 감옥 대장, 판결문, 심문 당시 서기들이 기록한 노트들이다. 이 자료들을 검토한 후 소만은 파리 고등법원이 마녀 문제에 대해 생각보다 온건한 방향을 취하고 있었다는 결론을 내렸다. 그는 1564~1600년 기간 중 마법의 죄목으로 발생한 1,123건의 항소심과 25건의 초심 사건들을 연구했다. 지방에서 초심을 치르고 파리 고등법원에 항소한 사건 중 90%가 형량이 감형되었다. 사형 판결을 뒤집은 비율도 매우 높다. 사형 선고를 받고 항소한 249건 가운데 74건만 사형이 유지되어 그 비율은 30%였고, 나머지 70%에 해당하는 175건은 사형 판결이 뒤집어졌다. 심지어 사형 판결이 아예 무죄방면으로 바뀌는 비율도 상당히 높아서, 초심 사형 중 15%, 전체의 29.5%가 이에 해당한다. 이를 다른 범죄와 비교해 보면 그 의미가 더 분명하다. 남색, 부부 간 살인죄 관련 항소심 중 절반 정도가 사형 판결을 받았다. 무엇보다 유아 살해는 초심에서 90% 사형을 선고받고 이 중 70%는 사형이 유지되었다. 이렇게 보면 유아 살해야말로 '예외적 범죄'이고 마녀재판은 오히려 그렇지 않았다고 할 수 있다.

그러므로 파리 고등법원은 1580년대 이래 프랑스 내의 마녀사냥을 완화하는 데 결정적 역할을 했다고 할 수 있다. 그러나 모든 고등법원이 다 그런 역할을 한 것은 아니다. 포Pau나 보르도, 루앙 고등법원 관할 지역에서는 이와는 다른 흐름을 보인다. 파리 고등법원만 상대적으로 일찍 선구적인 방향으로 나아갔을 뿐이며, 프랑스 전역에 중앙 정부의 권력이 개입하여 마녀재판에 관해 균일한 과정을 확립한 것은 루이 14세 시대 이후의 일이다.

프랑스 사례는 더 큰 정당성과 합리성을 주장하는 국가 차원의 권위와 권력이 형성되면서 마녀재판이 사라지기 시작하는 사실을 말해 준다. 스위스나 독일 지역에서 마녀사냥이 더 오래 지속된 이유는 분명 중앙권력의 취약성과 관련이 깊다. 이는 프랑스 주권과 제국 주권이 겹치는 프랑슈콩테나 로렌 같은 지역에서 마녀사냥이 심했다는 데에서 간접적으로 읽을 수 있다. 이 지역들은 양국 간에 국가 권력이 분할된 상태였다. 명목상으로는 제국에 속했지만 실질적으로는 프랑스의 영향하에 있는 곳이라 결국 양국 모두로부터 간섭을 받지 않아 독립성이 강했다. 그 결과 실제로는 지방 당국이 강력한 지배력을 행사했다. 재판에서 일단 판정이 나면 제국 법원에 항소하는 게 힘들어 사실상 상소라는 것이 불가능한 상태였던 것이다. 따라서 한번 극단적인 마녀사냥의 바람이 불면 쉽게 억누를 수 없었다. 이와 달리 강력한 정당성을 장악한 국가 권력이 통제하는 경우, 무고한 사람을 처형한 데 대해 민중층이 저항하고 각성한 지식인이 비판을 제기했을 때 중앙 정부가 지방의 재판 과정을 엄격히 통제하려 하고 자의적인 고문도 금지하게 된다. 이렇게 되면 재판에서 아무렇게나 증거를 수용할 수 없고 따라서 피의자가 마녀라는 것을 입증하는 게 아주 어려워진다.

물론 독일 지역에서도 제국 권위가 전적으로 무력하게 남아 있지는 않았다. 예컨대 마녀사냥이 극성을 부리던 17세기 전반기에 밤베르크의 일부 인사들이 고문과 화형을 피해 황제가 있는 레겐스부르크로 피신한 후 제국의회에 청원을 했다. 예수회 인사 하인리히 튀르크Heinrich Türck of Paderborn는 "많은 사람들이 그런 불행한 희생자들에 대해 큰 동정을 느끼고 있습니다. 그리고 불 타 죽은 그토록 많은 사람들이 정말로 죄인이고 그런 참형을 당해 마땅한지 심각한 의심이 제기되고 있습니다"라고 탄원했다. 또 시의회 의원인 뒴러Dümler도 자신의 임신한 부인이 고문후 화형을 당했으며, 주교가 사람들의 재산을 빼앗고 있으니 이를 바로잡아야 한다고 주장했다. 마녀구치소에 3년 동안 갇혀 8번의 고문을 당한 후 가까스로 탈출한 사람도 탄원문을 보내왔다. 이런 사태에 맞서 밤베르크 측도 황제에게 사신을 보내 자신들의 정당성을 주장했지만 차가운 대접을 받았다. 급기야 황실 소속 신부인 라모르마이니Lamormaini 신부가 황제에게 이처럼 아무 행동을 취하지 않으면 황태자의 다음 황제 선출 과정에 악영향을 받을 수 있다고 언급했고, 심지어 이런 무법 상태를 계속 방치하면 황제에게 죄의 사면absolution을 허락하기 힘들다는 말까지 할 정도가 되었다. 제국의회는 1631년 6월 12일 밤베르크에 마녀위원회의 의장을 교체하고 위원들을 전부 바꾸라는 명령을 내렸다. 밤베르크는 제국 내 하부 정치 단위이므로 제국의 보편적인 법질서에 따르라는 것이다. 그러나 주교는 끝내 황제의 권위를 무시했다. 심지어 황제 페르디난트 2세가 밤베르크의 부유한 시민의 부인인 도로테아 블로크Dorothea Block를 구하기 위해 직접 개입했지만 무위로 그치고, 그녀의 아버지만 겨우 도망갔을 뿐이다. 강력한 고등법원이 통제하는 프랑스의 사례와 400개 정도의 하위 사법지역들이 존재하는 신성로마제국의 사례를 비교해 보면 마녀사냥의 종식 과정에서 첫 시발점은 국가 기구의 적절한 통제라는 점을 알 수 있다. 프랑스에서 마녀사냥이 일찍 마무리된 이유는 중앙 권력이 사법을 통제했기 때문이다.

마녀재판 역시 엄연히 재판의 일종이므로, 법제 개혁이 결정적 의미를 가진다. 이 장의 앞부분에서 강조했듯이 마녀사냥의 종식에서 법의 변화와 실질적 변화가 완전히 일치하지는 않지만, 결국은 사법제도라는 틀이 정비되어야 한다는 것은 분명하다. 그 후에 지식인들의 사상적 영향이 작용하고, 마을 공동체 내 민중층의 고발이 사그라드는 단계를 밟게 된다. 극심한 광기를 경험한 곳에서 한번 고발의 연쇄가 시작되면 누구도 안심할 수 없다는 사실을 자각하게 된 것 또한 마녀사냥의 종식에 영향을 미쳤을 것이다. 1630년대 이후 그 동안 풍미했던 반종교개혁 열정과 근본주의가 식어갔다. 그리고 30년전쟁(1618~1648년)이 엄청난 파괴를 가져와 기존 질서가 거의 붕괴된 이후 이제 완전히 새로운 판이 짜이기 시작했다. 공동체 내의 갈등이 분출할 때 최소한 악마의 하수인이라는 죄를 씌워 무고한 희생자들을 제거하는 방식은 점차 사라져 갔다.[4]

나가며

마녀사냥이라는 '광기'가 근대 유럽을 휩쓸었다. 밤에 짐승으로 변신하여 사바스에 날아가서 악마와 성관계를 맺고 그렇게 얻은 가공할 힘으로 사람을 죽이고 폭풍우를 일으킨다는 기이한 혐의로 수만 명이 목숨을 잃었다. 참혹한 고문을 가해 마녀 혐의를 인정하게 하고 다시 더 많은 사람의 이름을 불게 만들어 희생자가 기하급수적으로 늘어나곤 했다. 급기야는 어린아이들의 증언 한 마디에 많은 사람의 목숨이 왔다갔다 하는 일까지 벌어졌다.

이런 사태를 두고 '마녀 광기witch craze, Hexenwahn'라는 용어를 쓴다는 것이 전혀 이상해 보이지 않는다. 현재 우리의 눈으로 볼 때 그야말로 '미친 짓'이라는 말이 저절로 나올 지경이다. 실제로 이 책에서도 그런 표현을 사용했다. 그렇지만 엄밀히 말하면 이 말은 정확한 용어는 아니다. 마녀사냥의 참혹함에 대한 감성적인 표현일 뿐 학문적 정확성과는 거리가 멀다. 16~17세기에 대규모로 일어난 이 사건들은 당대인들의 정신 이상의 결과가 아니다. 당시 유럽은 '미친' 상태가 아니라 오히려 과학혁명이 시작되고 계몽주의가 싹트기 시작한 이성의 시대를 맞이했다. 마녀사냥은 비정상적인 일시적 일탈이 아니라 문명 내부에서 오랜 기간 준비되어 온 여러 요소들의 필연적 귀결로 보아야 한다.

지금까지의 논의를 정리해 보자.

중세 유럽은 표면적으로는 기독교가 지배적인 것처럼 보이지만, 그 내면적으로는 귀신이나 요정, 특정 장소에 고착된 영들, 고대 이교異敎 신들의 흔적 등이 강고하게 잔존해 있는 상태였다. 이와 같은 초자연적 힘들이 물질세계에 실제로 영향을 끼친다고 보는 마술적 세계관이 민중 문화 내에 뿌리 내리고 있었다. 사회의 주류 세력들은 이런 현상들이 결코 정당한 것은 아니지만 기독교를 뒤흔들 정도의 위협이 못 되는 미신으로 치부하고 방치했었다. 그러나 중세 중엽 이후 서서히 사정이 바뀌어갔다. 교회와 국가는 자신의 정체성을 명료하게 정립하고 신민에 대한 지배력을 탄탄히 하고자 했다. 그러기 위해서는 무엇이 올바르고 무엇이 그른가, 선과 악을 명확히 구분하는 것이 중요했다. 선을 수호하기 위해서는 그 반대인 악을 억눌러야 한다. 이런 의미에서 유럽 문명은 악을 필요로 했고, 악을 구현하는 존재로 마녀를 발명한 셈이다. 점을 치거나 불임을 치료해 주거나 풍요제 의식을 치르는 정도의 행위를 하는 사람들마저 어느덧 악마의 하수인으로 몰렸다. 이들이 인류의 구원을 방해하고 사악한 힘을 통해 세상에 엄청난 위해를 가하는 악의 존재라는 것이다. 이처럼 민간 신앙을 '악마화'하는 것은 다른 문명권에서는 좀처럼 찾기 힘든 특이한 현상이다.

선악의 재규정은 우선 기독교 교리의 정비와 관련이 있다. 기독교는 로마시대 이후 유럽의 유일한 공식 종교로 자리 잡았으나 내적으로는 애매한 성격을 가지고 있었다. 기본적으로는 하느님이 우주 만물을 주재하는 일신교임에 틀림없지만, 마리아와 여러 성인들이 하느님과 이 세상 사람들을 연결하는 기능을 행사한다는 점에서 다신교적 요소를 품고 있었고, 숲의 정령과 같은 초자연적 존재들이나 사후 세계에서 돌아온 혼령revenant들이 공존하는 점에서 애니미즘 요소도 발견할 수 있었다. 게다가 사탄이라는 요소가 강조되면 자칫 선신과 악신의 대립이라는 이원론적 종교로 변질될 수도 있었다. 따라서 이런 착종 상태를 근본적으로 정비할 필요가 있었다. 예수와 마리아, 성인들이 확고하게 선의 편에 서 있는 반면 그 외의 온갖 초자연적 존재들은 일괄적으로 악마의 편으로 포섭되었다. 악마론을 근거로 엄청난 그물을 만들어 민중 신앙의 바닥부터 훑어내는 방식의 공격이 시작되자 점장이, 수상가 같은 사람들마저 느닷없이 악마가 배후에서 조종하는 사악한 세력으로 몰렸다. 1400년경 급속히 진행된 이런 이론화는 『개미 나라』나 『말레우스』를 필두로 한 여러 텍스트들에 의해 정교하게 정비되었다. 급기야 이런 논리가 실제 현실에 적용되며 가공할 참상을 초래했다.

이 현상은 교리 정비로만 그치지 않았다. 세속 정치 권력들, 곧 위로는 제국으로부터 왕조 국가, 지방 정부에 이르기까지 통치권을 확고히 장악하려는 세력은 신민들에 대한 지배의 정당성을 원했다. 최고 권위의 확립을 위해서는 영혼 내부로부터 완전한 복종을 이끌어내야 한다. 이런 점에서 세속 정치권은 교회로부터 정신적 지지를 구했다. 예컨대 국왕은 하느님의 지상 대리인 자격으로 '신성한' 왕권을 행사한다는 주장을 펼쳤다. 이런 종류의 허구는 중세 이래 매우 강력한 힘을 발휘했다. 반대로 교회 역시 국가의 도움을 받아야 했다. 정신적 권위가 아무리 강하다 해도 실질적인 권력의 보호 없이는 자칫 무력하다. 국가와 교회는 일찍이 서임권 투쟁을 벌일 때부터 치열한 투쟁을 벌였지만 그 과정을 거치고 난 후 결국 경쟁과 협력을 병행하면서 영적·정치적 상위 질서를 구축해 나갔다. 그 결과물은 모든 사람들에게 죄책감을 불러일으켜서 악을 멀리하도록 하고, 국가와 교회가 지정하는 사악한 존재를 집단적으로 공격하는 죄의 문명, 속죄의 문화였다.

마녀 현상이 민중 문화에 대한 상층 문화의 공격이었다는 점을 강조하는 연구자로는 프랑스의 뮈상블레Muchembled 같은 학자가 대표적이다. (뮈상블레; Golden, 2~3; Bever, 58~62) 문화접변acculturation 이론에 근거한 그의 설명은 엘리트가 민중층의 무질서를 규제하면서 문화적으로 동질화시켜 갔다는 점을 강조한다. 이런 접근은 상층과 하층 간 차이와 단절, 양측 간 갈등에 주로 초점을 맞춘다. 이 이론에 의하면 마녀사냥의 기본 동력은 국가에서 나오며, 그 아래 지방 당국이나 공동체 지도자들은 이 큰 흐름에 때로 저항하고 때로 협력하는 모호한 태도를 보였다. 신민들에 대한 규율화와 자백의 강요 같은 현상이 강력한 국가의 형성으로 귀결된다고 보는 점에서 이 이론은 일종의 '근대화론'이다.

민중 문화와 민중 신앙을 이런 식으로 낮춰보는 전통은 오래전부터 있었다. 합리성을 강조하는 랑케의 전통을 따르는 19세기 말 독일 학자들이 볼 때 민중 마술 요소들은 단지 허구적이고 환상적인 현상에 불과하다. 광신적인 하급 사제들과 무지몽매한 농민들의 저급한 정신상태의 배설물, 여성들의 히스테리의 결과라는 것이다. 이런 것들은 가혹할 정도로 합리적인 근대 국가의 공격 앞에 스러지게 될 운명이다. 이에 대해 머레이Margaret Murray는 마술이 기독교 시대에도 여전히 살아 남아 있는 고대 종교의 풍요제 의례라는 주장을 폈다. 말하자면 마술이 전적으로 허구가 아니라 어떤 실체가 있었다는 것이다. 나중에 전혀 엉뚱한 방식으로 악마화되고 탄압받았지만, 마술과 마법이 순전히 꾸며낸 이야기가 아니며 최소한 어떤 실체가 존재했다는 것이 그녀가 강조하는 바였다. 머레이의 견해는 자료를 선택적으로 순진하게 해석한 결과라고 공격받아 폐기 처분 판정을 받았으나, 그 후 진즈부르그의 베난단테 연구를 통해 일부 복권되었다고 할 수 있다. 그는 장구한 세월 동안 샤머니즘의 요소가 유럽 사회 내에 살아 있는 신앙으로 존재해 왔다는 사실을 보여 주었다.[1]

완전히 근거 없는 허상으로 보든 고대 종교의 흔적으로 보든 이상의 접근들은 모두 하위 문화가 매우 허약한 상태에 있다가 상위 문화의 공격을 받아 사라진다는 측면을 강조한다. 그 공격 주체가 국가이고 교회가 그에 대한 정당성을 제공했으며, 이때 마녀라는 개념은 상위 문화가 하위 문화를 공격하기 위한 열쇠로서 창안되었다는 것이다. 그러나 이 이론은 많은 문제점을 노출한다. 무엇보다 실제 역사 사실과 맞지 않는 점이 많기 때문이다. 상위 문화와 하위 문화는 완전히 나뉘어 있는 것이 아니라 서로 소통하고 영향을 주고받았다. 마녀 개념 역시 엘리트 문화가 특정한 요소를 제공하고 일관성과 도덕적 의미를 부여했지만, 기본적으로 민중 문화에서 많은 것들을 끌어왔다. 마녀는 100% 엘리트가 창안한 순수한 개념이 아니라 다양한 요소들로 만들어낸 구조물이며, 여기에는 많은 민중 마술 요소들이 들어 있다. 이 개념이 재판에 적용되고, 거기에서 얻은 결과가 다시 개념화를 강화하는 식의 톱니바퀴 효과 ratchet effect(정해진 한쪽 방향으로만 가게 된다는 의미이다)를 낸 것이다.

또 한 가지 중요한 점은 마녀사냥의 주체가 국가 혹은 중앙정부라기보다는 그 아래 층위의 지방 권력과 마을 공동체라는 것이다. 마녀사냥이 정점에 이른 시기를 살펴본 결과는 분명 이 주장에 더 부합된다. 지방 당국, 공동체 지도자들이 마녀사냥에 열심이었던 반면, 중앙정부는 오히려 이것이 법질서를 지나치게 어지럽히지 못하도록 막으려 했다.

마녀사냥은 근대 국가 형성에 동력이 되었던가, 아니면 오히려 방해가 되었던가? 이에 대한 답을 구하기 위해서는 과연 공동체 내에서 어떤 일이 일어나고 있었는지 확인할 필요가 있다. 앞 장에서 우리는 수년, 심지어 수십 년 누적된 공동체 내의 갈등이 마녀사냥이라는 채널을 통해 폭발하는 현상을 분석했다. 전염병이나 흉작과 같은 위기 상황에서 마녀사냥의 기회가 주어지면 주민이 이웃을 고발하여 본격적으로 적대감이 분출된다. 오랫동안 쌓여 있던 갈등이 지방 권력체의 마녀사냥이라는 사법 틀 속에서 점화된 것이다. 이런 민중 에너지가 연료가 된 것은 분명하다. 마녀사냥을 주도한 풀뿌리 조직은 일종의 민중 테러 양태를 띠기도 했다. 처음에 지방 권력이 이를 부추길 수 있지만 어느 단계에 이르면 통제 불능 상태에 빠져서 극단적인 상황으로 치닫는다. 상층이 제공한 마녀 개념, 악마론, 사법 기구 등이 중요하다 해도 이것들이 힘을 얻어 작동하려면 하층의 도움을 받아야 한다. 결국 희생자들을 마녀로 몰아 죽이는 데에는 '이웃'이 결정적 역할을 했다. 이웃이 이웃을 죽인 셈이다. 다시 이야기하지만 과거 공동체는 따듯하고 인간적인 곳이라고 일방적으로 미화해서는 안 된다. 그곳은 늘 갈등이 잠재해 있다가 때로 강력하게 분출하는 장소이기도 했다.

특히 이런 측면을 부각시킨 연구자가 키스 토마스이다. 그는 마을 내에서 누가 누구를, 왜 마녀로 몰아갔는가를 살펴보았다. 그가 찾아낸 핵심 사항은 공동체 내 상호부조 전통의 붕괴다. 전통적으로 시행해 오던 부조 체제가 무너지고 있는 상황에서, 마땅히 도와주어야 할 약자를 차갑게 되돌린 데에서 오는 죄책감이 역으로 상대방을 희생자로 몰아 아예 제거해 버리려는 경향으로 나타났다는 것이다. 왜 여성들이 주로 희생자가 되었는가 하는 점도 이 문제와 관련이 있다. 원래 악마론의 설명에 의하면 여성성 그 자체가 마성을 띠며, 따라서 모든 여성이 마녀가될 수 있다고 한다. 그러나 실제로는 가난하고 교육받지 않고 늙고 싸움잘하는 여성들이 마녀로 몰렸는데, 이는 토마스가 말하는 방식의 희생자가 되기에 적합한 조건을 갖추었기 때문이다.

여성들이 훨씬 많이 희생되었다는 점에서 마녀사냥은 가부장제가 확립되는 과정에서 '불손한' 여성들을 공격하는 사건이었다고 거론되곤 했다. 분명 그런 측면이 없지 않지만 이 역시 전체의 큰 흐름 속에서 다시 정리해 볼 필요가 있다. 근대 이전 시기에는 초자연적 마술을 행하는 죄로 고소된 사람 중에 남성이 더 큰 비중을 차지했다는 점을 앞에서 설명한 바 있다. 여성 희생자가 남성 희생자보다 더 많아진 것은 중세 말 근대 초 이후의 일이다. 다만 이때에는 희생자뿐 아니라 고소자도 여성이 더 많았다는 점도 고려해야 한다.(Borst, 302; Bever 2002, 957) 그러므로 일방적으로 남성 중심의 질서가 여성을 공격하는 것이 마녀사냥의 본질이라고 속단해서는 안 된다. 다만 근대에 국가 질서, 가부장적 사회 질서가 강화되는 현상과 맞물려 여성에 대한 공격이 일층 강화되었다는 사실 자체는 명백하다.

이제 이 연구를 마감해야 할 때이다.

아직도 어떤 대담한 일반화를 시도하기에는 주저되는 것이 사실이다. 이 현상이 워낙 오랜 전통을 가지고 장구한 시간 동안 발전해 왔으며, 매우 다양한 요소들이 복합적으로 뒤섞인 일이기 때문이다. 그럼에도 왜 유럽 사회가 마녀라는 기이한 존재를 만들어냈는가, 왜 유럽 문명은 마녀를 필요로 했는가 하는 원래의 질문에 잠정적인 답이라도 제시해야 할 것 같다.

다시 강조하지만 악마의 하수인이라는 지극히 사악한 존재는 지고의 선을 지탱해 주는 역할을 했다. 신앙과 이성의 담당자인 교회와 국가는 자신을 정립하고 지배력을 강화해야 했다. 그러한 목적을 실현하기 위한 방법은 역으로 악을 규정하여 모든 사람이 영혼 내부로부터 악을 스스로 억압하고, 또 사악한 세력을 적발하여 처벌하는 것이다. 죄를 내면화하여 계속 참회하도록 하고, 여기에 복종치 않는 세력을 발본색원하겠다는 것이다. 마녀사냥의 초기 형성 과정에서 교회의 지지를 받은 국가가 중요한 역할을 한 사실을 이런 틀에서 이해할 수 있다.

그러나 국가 권위를 정당화하는 과정에서 중앙정부는 더 이상 마녀사냥을 필요로 하지 않았지만 오히려 그 아래의 지방 권력체들이 이런 방식을 악용했고, 때로 공동체 내의 갈등과 맞물려 폭발적인 양태를 띠기도 했다. 극단적인 마녀사냥이 일어났던 지역들은 대개 독일이나 스위스 등 아직 근대적 국가 권력이 자리 잡지 못한 곳들이었다.

'중세' 국가와 교회의 정당화 과정에서 악을 재정립하는 데에 악마화가 매우 중요한 역할을 했다. 그러나 '근대' 국가가 강화되는 데에는 과거와는 다른 새로운 방식의 정당화가 작동했다. 프랑스, 잉글랜드 같은 곳에서 근대 국가의 사법 체계가 일찍 마녀사냥 종식에 나선 것이 그런 까닭이다. 마녀사냥은 근대 국가 발전에 뒤처진 후진국에서 극심하게 터져 나온 현상이다.

자신의 정당성을 위해 악을 필요로 하는 현상은 초역사적으로 존재했으며, 현대까지도 이어진 것이 사실이다. 나치에게는 유대인이, 파시스트들에게는 공산당이, 스탈린주의자들에게는 미제美帝 스파이가 마녀 역할을 했다. 그렇지만 그런 상징적 의미가 아니라 문자 그대로 악마의 사주를 받아 인간 사회 전체를 위험에 떨어뜨리는 마녀를 창안하고 동원한 것은 근대 초기 유럽 문명의 특이한 현상이었다. 근대 문명을 어둠의 세계로부터 역으로 규정하는 자신의 역할을 마친 후 마녀는 서서히 역사의 무대에서 사라져갔다.

주석

들어가며

1 *Magic, Ritual, and Witchcraft*, 2006년 창간.
2 연구 결과는 논문으로 출판했으며(주경철 2013; 2014; 2015), 그 내용의 일부가 이 책에 반영되었다.

II 기독교화와 마술: 서기 1000년까지

1 http://www.tertullian.org/fathers2/ANF-04/anf04-34.htm (The Octavius of Marcus Minucius Felix, e-book).
2 예컨대 로마제국시대 초기의 역사가이자 정치가인 수에토니우스Gaius Suetonius Tranquillus (69~130년 이후)는 기독교를 '미신적인 해악maleficia superstitio'이라 불렀었다. 그런데 기독교가 정통과 주류로 올라서자 반대로 다른 신앙을 '사악한 술수maleficia', '마술

magia', '미신superstitio'이라 칭했다.(Kors, 41~42)

3 피터 브라운Peter Brown의 논의를 참조할 만하다. 그는 기독교가 정립되는 과정에서 성인 숭배, 특히 성인들의 묘지 숭배가 핵심 요소라고 주장하였다. "성인들은 천상에서 편히 쉬며 누리는 권세와 자비를 자기 무덤 주변에 있는 신자들이 이용할 수 있게 해주기 때문에 신성했다. 성인들의 무덤은 … 이제까지 상반된 것으로 생각되어 왔던 하늘과 땅이 만날 수 있는 특별한 장소였다. … 천상에 있는 성인이 지상에 있는 그의 무덤에 '현존한다'고 믿었기 때문이다."(브라운, 42) 이런 상황에서 비기독교도들이 볼 때, 하늘의 신성한 힘을 지상에서 베푼다는 것은, 구체적인 형식이 다르긴 하지만, 결국 마술과 다르지 않다고 해석했을 수 있다.

4 백민관, 『가톨릭에 관한 모든 것 백과사전』, 가톨릭대학교출판부 2007, '악마' 항 참조. 물론 가톨릭 신부에 의해 편찬된 이 사전은 그런 식의 해석이 타당하지 않으며 "선마라는 것은 있을 수 없다"고 설명한다. "성서에도 마귀라는 것은 악한 것으로 표현된다. 『시편』 91장 6절에 '한낮을 쏘다니는 재앙'을 불가타에서 '한낮의 악마Daemon diurnus'로 번역하고 있다."

5 "신플라톤 학파 포르피리우스는 다음과 같이 구분한다. 주술magica은 세계에 편재하는 위력을 장악하거나 점占이나 별난 효험을 위해 마력을 손에 넣는 것, 마술goetica은 흉악한 효험을 얻기 위해 악령을 동원하는 주술, 신술theurgia은 종교적 목적으로 신의 임재와 보우를 얻어내는 술수"(백민관, 1016 역주)

6 아우구스티누스는 그 구체적인 과정까지 소상히 설명한다. "(그와 같은 환상은) 사람의 신체적 감관들이 마비되거나 억눌린 상태에서 주로 일어난다. 인간의 신체는 어딘가에 누워 있고 아직 살아 있는데도, 보통 잠보다 훨씬 무겁고 훨씬 격하게 그 감관들이 폐쇄된 상태가 된다. 그러면 환상은 무슨 물체처럼 되어, 다른 사람의 감관에 동물의 형상으로 나타날 수도 있고, 본인에게도 자신이 마치 그런 형상이 된 것처럼 보일 수도 있을 것이다. 마치 꿈속에서처럼 자신이 마치 짐승이 된 것처럼 보이기도 하고, 자기가 무슨 짐을 나르는 것처럼 보이기도 할 것이다. 만일 그 짐이 진짜 어떤 물체라면 그것은 정령들에 의해 날라진 것인데, 그렇게 해서 사람들을 착각하게 만들려는 것이다. 그래서 부분적으로는 진짜 물체의 짐처럼 느껴지기도 하고, 또 어떤 면에서는 가축의 가짜 몸처럼 느껴지는 착각이 생긴다."(XVIII: 18.2)

7 아우구스티누스, 김종흡 옮김, 『기독교 교육론』, 크리스챤다이제스트, 1992. 영어로는 On Christian Doctrine 혹은 On Christian Teaching이라 한다. 영어 번역본은 다음 사이트에서 볼 수 있다: http://www.intratext.com/IXT/ENG0137/

8 Kors, no.5. 이 문건은 314년의 안키라 Ancyra(앙카라의 옛 이름 중 하나) 공의회에서

결정된 사항들을 정리한 모음집이라고 알려져 있지만, 그것이 사실인지는 분명치 않다. 이 문건을 자세히 보면 두 종류의 상이한 텍스트를 이어붙인 것을 알 수 있다. 앞부분은 이단 문제에 대해 논의한 9세기 후반의 문건이고, 나머지 부분은 잘못된 신앙을 비난하는 내용으로서 나중에 사바스로 발전하게 되는 현상이 실제 가능한 일인지 아닌지 사실성을 따지는 문건이다. 가장 이른 시기의 판본은 10세기 초에 프륌의 레지노 Regino of Prüm가 편찬한 교회자료집에 들어 있으며, 그 후 이 비슷한 종류의 자료집에 계속 들어가 있다. 레지노의 자료집의 2권 중 371장이 바로『캐논 에피스코피』다.

III 민중 신앙과 마술

1 서울대학교중세르네상스연구소,『중세의 죽음』, 산처럼 2015. 이 중 특히 주경철,「연옥의 탄생, 연옥의 죽음, 죽음의 죽음」을 참고하라.

2 『누가복음』(23.43)은 각 개인의 심판을 말하는 반면『마태복음』(24.3, 25.31~46, 26.29)은 시간 끝에서 일어나는 집단적인 심판을 말한다.

3 기이하게도 이 부부가 이혼하는 것으로 이야기가 끝난다. 아버지가 동시에 대부代父가 되었기 때문이라는 것이 이유다.

4 Carlo Ginzburg, *Ecstasies, Deciphering the Witches' Sabbath*(Penguin Books, 1991), 특히 다음 장들을 참고하라: Part Two, chapter 1. Following Goddess, chapter 4. Disguised as Animals, Part Three, chapter 1. Eurasian Conjectures. 카를로 진즈부르그,『베난단테』; 그리고 같은 저자의『치즈와 구더기』도 참고하라. 주경철,『신데렐라, 천년의 여행』에서 이 내용을 줄여서 소개한 바 있다. 이 글에서 이 부분을 일부 다시 이용하였다.

5 Isidore of Seville, tr. by Stephen A. Barney et. al., *The Etymologies of Isidore of Seville*, Cambridge U.P. (2006), Book VIII, IX. De magis (마술사들에 대하여). 최초의 마술사는 "박트리아의 왕인 조로아스터Zoroaster, Zoroastres"였으며, 그 후 아시리아 인들이 더욱 크게 발전시켜서 동물 내장 읽기, 새 점치기, 번개 읽기, 별자리 점치기 등을 수행했다. 이것이 수세기 동안 세계를 지배했는데, 이는 "사악한 천사들의 가르침"에 따른 것이었다. 이들에 의해 다양한 마술이 만들어졌는데, "때로 그들의 기술이 크게 발달하여 모세처럼 나뭇가지로 뱀을 만들고 물로 피를 만들 정도"라고 설명한다.

6 이와 함께 물을 들여다보며 죽은 영의 그림자를 보고 이야기를 듣는 점복 방식hydromantius이 있는데, 이 두 가지는 페르시아에서 들어왔다고 한다. 같은 책.

IV 권위의 확립과 이단 : 대권大權과 대죄大罪

1 아래에서 설명하는 소위 그레고리오 개혁은 11세기와 12세기 사이, 통상 레오 10세 즉위 (1049)부터 보름스 협약 체결(1122) 그리고 제1차 라테란 공의회(1123)에 이르기까지 진행된 교회와 사회 전반에 걸친 광범위한 개혁을 가리킨다. 역사학에서 이 현상을 보는 두 가지 견해가 있었다. 첫째, 몇몇 교황, 특히 그레고리오 7세(재위 1073~1085년)를 강조하는 견해이다. 이는 교황청이 주도하여 이전 시기 교회의 부패를 혁파한 운동이라는 호교론적이고 도덕적인 주장이며, 특히 프랑스 학계가 지지했었다. 둘째, 독일에서 주로 거론되었던 견해는 이 시기 개혁의 이데올로기, 정치, 제도 문제를 강조했으며, 특히 교황과 황제 간 서임권 투쟁에 집중하였는데, 이는 '세계의 구성 방식'의 변화와 연관되어 있다고 본다. 이 두 학파는 경쟁하는 가운데 서로 영향을 주고받았다. 프랑스 혹은 이탈리아 학계에서도 1950~1980년대를 거치며 교황청 중심의 호교론적 시각에서 많이 벗어났다.

2 사실 이 문건의 작성 경위에 대해서는 논란의 여지가 있다. 그레고리오 7세 자신이 만든 것인지 혹은 그 이후 시기에 교회법을 편집할 때 들어간 것인지 명확하게 밝혀지지 않았다. 다만 문건의 첫 머리에 교황 자신이 이 내용을 받아쓰게dictate 했다고 표현되어 있어서 '교황이 구술한 교서'라는 의미의 「교황교서Dictatus Papae」라 불린다.

3 시작은 11세기 말 피사 도서관에서 동로마제국 황제 유스티니아누스가 명령하여 트리보니아누스가 편찬한 『로마법대전Corpus Iuris Civilis』 전 50권이 발견된 일이다. 6세기 말부터 600년 동안 아무도 내용을 이해하지 못한 채 완전히 파묻혀 있던 서책이 세상에 나왔다. 이제 유럽은 과거 로마제국이 개발했던 정치한 법 개념과 법률 용어를 다시 활용하게 되었다. 로마법을 연구하고 이를 활용하는 작업이 진행되었다.(사사키, 196ff)

4 루터 이후의 종교개혁을 가리키는 Reformation이 이 용례에 속한다. 원래 이 말은 기독교를 부분적으로 변화시킨다는 것이 아니라 구원에 이르는 완전히 새로운 방식을 제시한 것을 뜻한다. 동시에 초기 교회로 되돌아가서 형태를 다시 짠다는 의미도 포함하고 있다.

5 John Bossy, "Moral Arithmetic: Seven Sins into Ten Commandments," in *Conscience and Casuistry in Early Modern Europe*, ed. Edmund Leites (Cambridge, 1981), 214~234, (Kors, 122 주 5.에서 재인용).

6 카타르파 잔존 세력에 대한 연구로는 르루아 라뒤리의 몽타이유Montaillou 연구가 있다. 몽타이유는 남부 프랑스 피레네 지방의 푸아Foix 백작령이었던 인구 200여 명의 작은 두메산골이다. 저자는 1300년경 이곳의 파미에 주교 자크 푸르니에가 남긴 재판 기록

을 이용하여 이 지역 주민들의 종교적 내용을 비롯하여 중세 마을의 삶을 생생하게 밝혔다.(르루아 라뒤리)

7 페르낭 브로델, 『펠리페 2세 시대의 지중해와 지중해 세계』, 주경철 외, 번역 준비 중.

V 마녀 개념의 도약

1 "너희가 자신만만하게 말하는구나. 우리는 죽음과 계약을 맺었다. 저승과 협정을 체결하였다. 부서뜨리는 채찍이 지나가도 우리에게는 미치지 못한다. 거짓말이 우리의 대피소요, 속임수가 우리의 은신처다." (이사야 28:15)

2 둘리아에는 두 종류가 있어서 하나는 아브라함이나 롯 등에 해당하는 인물들에 경배를 바치는 존엄의 헌정이고, 다른 하나는 나탄, 밧세바, 솔로몬의 어머니 등에 해당하는 경우로서 통치권, 사법권, 권력의 표시를 바치는 것이다. 후자는 또한 교황 혹은 정당한 권력을 행사하는 국왕 등의 통치자에도 해당하는데, 이런 인물들에게 바쳐야 하는 경배를 악마에게 바치는 것은 그런 존재들을 하느님의 친구 혹은 중재자로 인정하는 것을 뜻한다. 이런 논리대로 하면 둘리아를 바치는 것은 그런 중재를 통해 결국 악마를 신으로 경배하는 것과 통하게 된다.

3 베링어는 알프스 지역에서 마녀재판이 갑자기 늘어난 원인이 혹시 당시의 기후 변화에 기인한 것이 아닐까 하는 흥미로운 설명을 제기한다. 물론 검증은 되지 않은 설명이다.

4 '사바스'라는 용어가 일찍부터 사용된 것은 아니다. 프랑스에서는 1446년 재판 때 'sabbat'라는 단어가 처음 등장하지만, 16세기에 장 보댕, 레미Remy, 보게Boguet 같은 작가들이 애용하면서 이 단어가 일반적으로 쓰였다. 이렇게 사바스라는 용어는 뒤늦게 일반화되었지만 개념이 형성된 것은 15세기 초의 일이다. 이 시기 문헌에는 사바스라는 용어는 안 나오는 대신 societas, consilium, ludum, 심지어 시나고그 같은 용어들이 사용되었다.(Blécourt, 93)

5 수아송의 이단들의 행태는 지극히 사악하게 묘사되어 있다. 지하 방에 모인 이들은 여성을 벌거벗겨 뉘어 놓고 촛불을 켠다(아마 여자 항문에 초를 넣는다는 의미로 보인다). 곧 촛불을 끄고 '카오스Chaos'라 소리 지른 후 집단 난교를 한다. 이때 생긴 아이는 다음 모임에서 죽이고 재로 만들어 빵을 만들어서 신성모독 행위에 쓴다.(Maxwell-Stuarrt, 42~43)

6 끝까지 마녀의 육체적 이동이나 비행을 인정하지 않는 사람들도 여전히 남아 있었다.

쿠사Nicholas of Cusa(1464년 사망, 바젤 공의회 참가자였다)는 '날아가는 마녀'는 허구이므로 그런 혐의로 처형하는 것에 반대했다. 그가 드는 근거는 『캐논 에피스코피』였다. 15세기에 뱅상Jean Vincent, 16세기에 카시니Samuel de Cassini 같은 학자들은 마녀의 야간 비행의 실제성을 공격하며, 그것은 단지 꿈같은 공상에 불과하지만 마녀 자신도 스스로 속고 있는 것이라고 주장했다.(Broedel 2003, 109~110) 쿠엔카Cuenca 주교도 야간 비행은 허구이며, 그것을 믿는 것은 상식 부족이라고 보았다. 이에 대해 후대의 유명한 악마론 학자 니콜라 자키에는 마녀의 몸이 실제로 날아간다고 주장하면서 『캐논 에피스코피』는 '현대 마녀'에는 맞지 않는다는 주장을 폈다. (Viallet, 44~45)

VI 『개미 나라』

1 주요 정보 제공자로는 세 명이 있다. 베른의 페터는 로잔에서 "수많은 마녀들을 태워 죽이고 또 많은 사람들을 축출한 판사"다. 두 번째 인사는 성 베누아 교단의 수사로서 현재는 빈의 개혁 수도원에서 종교적 삶을 살지만 10년 전에는 네크로만서, 요술쟁이, 배우, 광대였다. 세 번째 인사는 오툉Autun의 이단재판관으로서, 리용의 도미니칸 수도원 소속 수사이며 많은 마술 혐의자를 추적한 인물이다. 이 가운데 가장 중요한 정보를 제공하는 인물인 페터는 한젠Hansen에 의하면 Peter von Greyerz일 가능성이 크다. 그는 베른 지방의 짐멘탈Simmenthal에 사는 블랑켄부르크Blanckenburg 영주였다. 그러나 그의 정체에 대해서는 여러 이설이 가능하다. 짐멘탈에서 고위직을 지낸 인물 중 페터Peter라는 이름을 가진 사람이 적어도 세 명 있었다.(Nider 3,8-10)

2 여성성이 마성과 통한다는 견해가 공식적으로 부인된 것은 제2차 바티칸 공의회(1962~1965년)에 와서의 일이다.(『사목헌장』, 29항) 이후 성차에 근거한 차별은 사라졌다.

3 사실 이는 아주 이른 시기부터 나타난 현상이었다. 599년 그레고리우스 교황은 성녀의 몸 자체가 성스러움을 간직하고 있고, 그것이 외부로 나타난다는 점을 인정한 바 있다. 성녀의 몸 자체가 '진정한 이콘Vera Icon'이라는 것이 베로니카Veronica라는 이름의 기원이다.(Viallet, 184~187)

4 정확히 말하면 최종 선고와 처형 사이에 반전들이 있었다. 선고 직전에 잔다르크가 무슨 이유에선지 자신의 주장을 번복하고 교회에 복종한다는 고백서에 서명하여 종신형으로 감형되어 삭발하고 여자 옷으로 갈아입은 후 감옥에 갇혔다. 그러나 곧 다시 남장을 하고 자신이 신이 보낸 사자라는 주장을 하여 재범 이단 판정을 받고 화형에 처해졌다.

5 결국 양자가 서로 진실 대결을 하는 지경에 이르렀다. 잔다르크와 카트린이 함께 밤새 며 과연 하얀 부인이 오는지 직접 보기로 했다. 첫날 잔다르크가 잠든 새에 '그 분'이 왔다갔는데 깨우지 못했다고 카트린이 말했다. 그래서 다음 날에는 잠을 안 자고 밤을 새며 기다렸으나 이때에는 '그 분'이 찾아오지 않았다. 과연 오는 거냐고 물으니 '물론 조만간 오지요.' 하고 답했으나 결국 성녀를 만나지는 못했다.

6 베르나르디노(1380~1444년)는 1402년 프란체스코파에 입회한 후 40년 동안 이탈리 아를 오르내리며 설교했다. 그의 설교가 워낙 뛰어나서 사제들은 그의 설교를 문자 그 대로 옮겨 이용하곤 했다.

VII 『말레우스』, 악惡의 고전

1 주 저자인 Heinrich Krämer의 라틴어 이름이 인스티토리스이다.

2 브뢰델(Broedel)은 슈프렝어의 명의를 도용했으리라고 추론한다. 심지어 쾰른 대학 승 인서도 위조했을 가능성도 제기한다.

3 토마스 아퀴나스의 『신학대전』에서 사용하는 방법이 대표적인 담론 양식이다. 우리말 로 번역된 『신학대전』의 서론에 소개된 스콜라철학의 방법론을 참고하라. (아퀴나스, 55~57)

4 (Malleus, 15B). 이 주장은 논리적으로 타당할까? 영적 존재인 악마가 물질적 존재에 직접 힘을 미칠 수 없기 때문에 중재자로 마녀를 필요로 한다는 주장을 논리적으로 끝 까지 밀고 나가면 사실 악마는 물질적 존재인 마녀에게도 영향을 미칠 수 없다고 해야 맞다. 『말레우스』는 지극히 논리적인 추론을 하는 것 같지만 극단으로 가면 더 이상 논리적으로 설명할 수 없는 막다른 골목에 이르는데, 이때 저자가 마지막 근거로 삼는 것은 '신의 용인'이다. 『말레우스』에서는 '신의 용인을 받아'라는 표현을 수없이 반복 하면서 결국 이 모든 것이 하느님의 뜻으로 가능하게 되었다는 주장을 할 수밖에 없다. (Mackay, 61, n.205)

5 마녀의 중재 없이 악마가 욥에게 위해를 가했다면 그것은 maleficiales(마법에 의한 사 악한 위해)가 아니라 noxiales(합당한 처벌)여야 하는데, 욥은 선한 사람이므로 이 또한 타당하지 않다. 누군가 이 문제를 끈질기게 제기하여 저자들을 괴롭힌 것으로 보인다. 『말 레우스』에서 저자들은 말꼬리 잡지 말고 핵심을 보라고 책망하고 있다. (Malleus, pt1 q2)

6 저자의 주장의 근거는 마태복음(24:8~13)이다. "거짓 선지자가 많이 일어나 많은 사 람을 미혹하겠으며 불법이 성하므로 많은 사람의 사랑이 식어지리라."

7 『말레우스』의 논증의 중요한 근거이자 모범은 분명 아퀴나스의 『신학대전』이다. 악마는 본래 천사였기 때문에 악마의 속성에 관한 사항들은 많은 경우 천사의 속성을 그대로 물려받은 것으로 보인다. 그러므로 이 문제와 관련하여 『신학대전』 제1부 9장 천사, 즉 문제 50~64를 살펴보는 것이 도움이 될 것이다. 예컨대 제50문제 '천사의 실체 자체에 대하여' 가운데 제1절 '천사는 전적으로 비물체인가', 제2절 '천사는 질료와 형상이 복합되어 있는가', 제51문제 '천사와 물체의 비교에 대하여' 가운데 제1절 '천사는 자연적으로 자기와 일치되는 육체를 가지고 있는가', 제2절 '천사는 육체를 취하는가', 제55문제 '천사의 인식 수단에 대하여' 가운데 제1절 '천사는 모든 것을 자기 실체를 통해 인식하는가' 등이 우리 논의와 관련하여 참고가 될 수 있을 것으로 보인다.(아퀴나스, 7~8권)

8 저자들은 여기에 덧붙여 예수의 음식 섭취와 배변에 대해 설명한다. 예수 역시 앞의 두 과정은 행하되 뒤의 두 가지는 하지 않는다. 예수의 몸은 신성화되어 있으므로 음식을 섭취하는 순간 그것들이 잘게 분해되어 버리는데 이는 마치 불에 물을 끼얹을 때 일어나는 일과 유사한 현상이다.(Malleus, 107D-108A) 이런 논증의 결과 결국 예수는 배변을 하지 않았다는 결론에 이른다. 이는 사실 아퀴나스의 주장이었고, 이 논증에 대해 에라스무스는 논의 자체가 신에 대한 불경이라고 항변했다.(Mackay, 21)

9 이에 대해서는 인간의 마음의 작동에 대한 아퀴나스의 이론을 참고할 필요가 있다. 인간의 감각 기관들은 시각, 청각, 촉각, 후각, 미각 등 다양한 방식으로 외부 현상들을 감지한다. 이와 동시에 이것들을 단지 수용하는 데 그치지 않고 의미를 파악하는 기능이 인간의 뇌 안에 존재한다. 감각기관들이 수용한 현상을 해석하여 공통의 의미를 부여하는 기능, 그것들의 형상을 파악해 내는 상상의 기능, 여기에 개념을 만들어내는 기능, 그리고 마지막으로 그런 개념들을 유지하고 보존하는 기억의 기능 등이 그런 것들이다. 이런 기능들은 우리의 뇌 안에 있는 별개의 '방들cellulae'에 위치해 있다. 악마는 이 가운데 상상의 기능 안에 보존된 이미지들에 영향을 미쳐 실제로 존재하지 않는 사물들을 마치 정말로 보는 것처럼 조작할 수 있는 능력을 가진 것으로 스콜라철학자들은 믿었다. 말하자면 마치 꿈을 꾸는 것과 유사한 상태로 만든다는 것이다.(아퀴나스, I. III. 3; Mackay, 33에서 재인용)

10 이전 시대의 악마는 더 현실적이고 육체성을 띠었다. 심지어 기베르 드 노장이 생각하는 악마는 스스로 육체의 쾌락을 즐기기 위해 인간과 섹스를 한다. 이런 것들은 당대 민속학적인 악마 개념과 유사한 것이었다. 이런 악마들은 예컨대 밤에 문을 두드리고 포도주 통을 두드려 시끄럽게 하고 가끔 주먹질해대는 식의 악행을 하여 정말로 두렵다기보다 성가신 수준이었으며, 말하자면 북유럽의 트롤troll 같은 존재에 가까웠다.

11 외경 중 하나인 『집회서』 25:12의 내용이며, 우리말 번역은 다음과 같다: "고약한 아내와 함께 살기보다는 사자나 공룡과 함께 사는 편이 차라리 낫다." www.holybible.or.kr 중 '공동번역'.

12 "족한 줄을 알지 못하여 족하다 하지 아니하는 것 서넛이 있나니 곧 스올과 아이 배지 못하는 태와 물로 채울 수 없는 땅과 족하다 하지 아니하는 불이니라."(잠언 30:15~20)

13 "공개적으로 강론할 내용은 아니지만" 남자의 '막대기'가 일어나지 않아서 아예 여인을 알 수 없는 것은 육체적 성향(체액이 차갑기 때문이라고 설명한다)일 수 있지만, 발기가 되었는데 일을 완수하지 못하는 것은 분명 마법의 표시다.(Malleus, 54A-B)

14 인스티토리스가 거세와 관련된 사항을 자주 또 집요하게 거론하는 것으로 볼 때 그가 거세공포 같은 종류의 성적 콤플렉스를 가지고 있으리라고 추론하기도 한다. 그의 개인사에 대한 연구도 이 점을 말해 준다. 들뤼모는 서구 문화의 저변에 여성에 대한 공포가 드리워져 있으며 이것이 특히 거세공포로 나타난다는 점을 거론한 바 있다.(Delumeau)

15 많은 경우 마녀는 병의 발생 및 치료와 관련이 깊다. 병을 낫게 할 수 있는 이유는 병을 들게 할 수 있기 때문이라는 논리로 시골의 치료사들이 자주 마녀로 몰렸다. 리에브르 계곡Val de Lièpvre(알자스와 로렌 사이의 보쥬 산악 지역 마을)에서 1571~1618년 사이 일어난 41건의 마녀사냥에 대한 최근 연구를 보면 희생자들은 모두 여성이었고, 대개 치료사 혹은 산파들이었다. 근대 초에 특히 시골 지역에서는 민중의학 치료사들이 많았다. 의사가 태부족인 상황에서 가난한 사람들은 대개 그와 같은 치료사들의 도움을 받았고, 부자들만 정식 의사의 진료를 받았다. 1579년 블루아 칙령으로 시골에서 무면허로 치료 행위를 하고 돈 받는 행위를 금지시키고 정식으로 대학을 나온 의사만 치료 행위를 할 수 있다고 규정하였다.(Viallet, 85~91) 파리 고등법원에서 시행된 마녀재판에 대한 연구를 보면, 적어도 절반 이상의 경우에서 치료사guérisseur들이 문제가 되고 있다. 병을 낫게 하는 주문을 해 주는 사람의 경우 그들 자신이 병들게 하는 주문을 가했다는 혐의를 받은 것이다.(Soman, 43)

16 병과 치료 모두 가능한 마녀가 치료 능력이 없는 마녀에게 "나는 너보다 더 사악하지는 않다"고 주장하여 마녀들 간에 다툼이 벌어진다고 한다.(Malleus, 95D; 155C-156B)

17 르박의 『유럽의 마녀사냥』과 이에 대한 서평(설혜심, 324-331)을 참조하라.

18 가장 고전적인 연구서로는 Norman Cohn, The Pursuit of the *Millennium*: *Revolutionary Millenarians and Mystical Anarchists of the Middle Ages*(Oxford University Press, 1970).

19 "그러므로 하늘과 그 가운데에 거하는 자들은 즐거워하라 그러나 땅과 바다는 화 있

을진저 이는 마귀가 자기의 때가 얼마 남지 않은 줄을 알므로 크게 분내어 너희에게 내려갔음이라 하더라"(계시록 12:12); "이 모든 것은 재난의 시작이니라 그 때에 사람들이 너희를 환난에 넘겨 주겠으며 너희를 죽이리니 너희가 내 이름 때문에 모든 민족에게 미움을 받으리라 그 때에 많은 사람이 실족하게 되어 서로 잡아 주고 서로 미워하겠으며 거짓 선지자가 많이 일어나 많은 사람을 미혹하겠으며 불법이 성하므로 많은 사람의 사랑이 식어지리라 그러나 끝까지 견디는 자는 구원을 얻으리라"(마태 24:8~13)

VIII 재판과 처형의 매뉴얼 : 개념에서 실천으로

1 황제 성 하인리히와 부인 쿠니군트가 자신의 간통 혐의를 벗는 데 이 방식을 사용했다는 사례를 든다. 누가 쿠니군트 황비의 행실에 대해 모함하자 그녀는 남편 하인리히가 보는 앞에서 시뻘겋게 달군 쇠 위를 걸었으나 전혀 상처가 나지 않았다고 한다. 후일 부부 모두 성인·성녀로 축성되었다.(Malleus, 218A-219D)

2 인스티토리스가 쓴 다른 책(*Nurnberger Handbook*)에서는 오히려 증인 없이 재판관의 추측conjecture만으로도 유죄 판결이 가능하다고 주장한다. '마녀의 죄라는 게 성격상 입증이 어렵지 않은가, 그런데 마녀들을 전부 풀어주면 이 세상은 어찌 될 것인가, 사탄이 이 세상을 위협하는 것을 어찌 보고 있단 말인가' 하는 식의 주장을 편다.(Mackay, 75) 이것이 저자의 본심에 가까울 것이다.

3 인스티토리스가 1485년에 조사했던 당시의 일이라고 한다.

4 16세기에 신체를 통해 사람의 성격과 특성 등을 파악한다는 골상학physiognomy이 발전하였는데, 이것이 마녀를 알아내는 기술과도 연결되었다. 심지어 수상학chiromancy 역시 마녀를 알아내고 죄와 싸운다는 목적으로 이용되기도 했다. 한때 손금을 보는 사람을 악마의 힘을 빌려 미래를 예언하는 사악한 인간으로 내몰았던 것을 생각하면 가증스러운 역설이다.(Viallet, 189)

5 Lambert Daneau, *Sorciers* (1564); 영어 번역본은 *A Dialogue of Witches* (1575).

IX 광기의 폭발

1 The Witch of Edmonton (1621), (토마스, 3권 184)에서 인용

2 당시 교도소의 일반 사정이 그러했다. 런던의 일반 교도소 재소자 중 12%가 병사한 것으로 알려져 있다.(Robbins, 500)

3 Wilhelm Pressel, *Hexen und Hexenmeister* (1860), (Robbins, 510)에서 재인용.

4 밤베르크는 고문과 동의어로 통할 정도로 고문이 널리 사용되었다. 이곳에서 일상적으로 사용한 방식들을 정리하면 다음과 같다. '일반적 고문'으로는 1) 엄지손가락 죄기 Daumenstock, 2) 다리 죄기Beinschraube, 3) 채찍질, 4) 스트라파도, '특별 고문'으로는 5) 쇠못이 붙은 목마Bock (야콥 크라우스Jakob Krauss)라는 혐의자는 6시간 동안 묶여 있었다), 6) 특별 스트라파도Zug, squassation, 7) 로프로 목 긁기Schnur(자칫 뼈가 부러질 정도로 심하다), 8) 찬물 목욕, 9) 불타는 깃털Schwefelfedern(불타는 유황을 적신 깃털을 겨드랑이나 가랑이에 끼었다), 10) 기도 의자Betstuh(무릎 꿇고 앉도록 하는데 나무못이 박혀 있다), 11) 소금에 절인 청어 먹이며 물 안 주기, 12) 뜨거운 물 목욕, 여기에 석회 첨가(1630년 차일에서 이로 인해 6명이 사망했다) 등이 있다.

5 Carolina Code: 1532년 신성로마제국의 형법으로 반포되었다. 당시 황제 카를 5세의 이름을 따서 그렇게 불린다. 기본 형법으로 작용하므로 마녀재판도 당연히 이 법전을 따라야 한다. 사법 절차, 범죄 요건, 완화 경감 사항(예컨대 정당방어) 등이 규정되어 있다. 특히 고문을 인정한다는 점, 시죄법 대신 심문을 사용한다는 점 등이 특기할 점들이다. 마녀재판 관련 조항은 109조이다. 그 내용은 위해를 가하는 흑마술과 도움이 되는 백마술을 구분하는 로마법을 따랐으며, 전자는 화형을 규정했지만 후자는 재판관이 형량을 정하도록 했다. 『말레우스』와 같은 악마론 지식이 직접 포함되지는 않았으나 그런 영향이 보이는 부분이 있다. 44조에 '위협 다음의 위해' 규정이 있는데, 당시 사람들이 흔히 저주와 욕을 자주 했으므로 이 법전을 그대로 따르면 이런 행위도 위험할 수 있다. 그러나 실제 사법 절차나 판결은 이 법전의 조항을 그대로 따르지 않았으므로, 이 법전의 영향을 너무 과장해서는 안 된다.(Golden, 'Carolina Code')

X 마녀사냥의 쇠퇴

1 최근 폴란드 학계에서는 이에 대한 이견이 제시되었다. 과거의 설명에 의하면 1775년에 도루후프Doruchów 마을 주민들이 이웃 도시인 그라부프 나트 프로스농Grabów nad Prosną의 사법 당국이 무리하게 시행하던 마녀재판을 중지시켜 줄 것을 중앙 정부에 탄원하였고, 의회가 이를 받아들여 그 다음 해에 고문과 마녀재판 금지 법을 제정했다고 한다. 원래 문제의 발단은 어느 귀족 부인이 병에 걸린 것이었다. 그 원인에 대해

이웃 마을의 여성들이 행하는 마법 때문이라고 판단한 그라부프Grabów 사법 당국이 조사를 벌여 14명의 무고한 여인들을 체포하고 고문했는데, 이 중 3명이 고문 끝에 사망하고 나머지 11명이 화형에 처해졌다는 것이다. 그런데 최근 이를 재조사한 결과에 의하면 이는 사실일 가능성이 거의 없다. 사실 앞의 설명의 근거는 19세기 초의 작가인 콘스탄티 마예라노프스키Konstanty Majeranowski의 저술인데, 그는 많은 부분에서 사건을 조작한 것이 분명해 보인다. 무엇보다 이 사건이 일어난 해는 1775년이 아니라 적어도 1776년 이후임이 분명하다. 사형 선고를 내린 판사들이 1776년의 마녀재판 금지 법령을 위반한 죄로 처벌받은 기록이 있기 때문이다. 따라서 이 사건이 1776년의 법령 제정에 영향을 미친 게 아니라 반대로 1776년 법령이 이 사건에 영향을 미친 셈이다. 폴란드에서 마지막 마녀재판이 일어난 해는 1793년이다. 이 해에 있었던 폴란드 분할 사건으로 포즈난 시가 폴란드 영토에서 프로이센 영토로 바뀌는 것을 이용해 이 시의 판사가 폴란드 의회의 마녀재판 금지 법안 내용을 어기고 2명의 여인이 이웃 주민의 가축을 병들게 한 마술을 부렸다는 고소를 받아들여 화형을 선고했다.

2 현재 우리말 성경에는 다음과 같이 번역되어 있다. "너는 무당을 살려두지 말라."(개역개정, 개역한글, 현대인의성경) "짐승과 교접하는 자는 반드시 사형에 처하여야 한다."(공동번역), "마술을 부리는 여자는 살려 두어서는 안 된다."(새번역)

3 베이어는 De praestigiis daemonum (1563)라는 저서에서 마녀가 날아서 사바스에 간다는 사실에 대해 회의하다가 아예 마녀의 존재 자체를 부인했다. 이는 유럽 지성 중 최초의 사례이다.

4 중하층 민중층의 지지가 없으면 마녀사냥이 성공하지 못했을 것이다. 그렇다면 마녀사냥의 쇠락 때에도 마찬가지가 아닐까? 인구 과잉, 질병, 기근, 전쟁 등 사회 경제적 악조건들이 마녀사냥 현상을 심화시키는 동력으로 작용했으리라 생각할 수 있다. 그렇다면 그런 요인들이 완화되어 마녀재판이 줄어든 것일까? 그럴 개연성은 있으나 그 인과관계를 명확히 파악하기는 힘들 것이다. (Levack 2013, 442)

나가며

1 샤머니즘이 실제 존재한다는 주장의 근거는 동유럽과 북유럽에 샤먼 문화가 존재하며, 유럽 일부 지역에 실제로 샤먼을 찾아볼 수 있고, 민속에 그런 요소들이 잔존해 있다는 것이다. 이에 대한 반론은 그와 같은 요소들이 유럽 주류 문화권 바깥에 있는 부분적인 증거에 불과하고, 또 그 내용들이 진정한 샤머니즘과 다른 양태를 보인다는 것

이다. 한편, 마녀의 샤머니즘 요소는 문화적 의미가 아닌 신경인지적neurocognitive 방식의 샤머니즘이라는 해석도 나왔다. 죽은 혼령과 만나고 날아가는 등의 일은 '인지 과정의 변형에서 오는 인식의 발현'이라는 주장이다.(Bever, 66)

참고문헌

Ankarloo, Bengt and Stuart Clark eds., *Witchcraft and Magic in Europe: The Period of the Witch Trials*, University of Pennsylvania Press, 2002.

Augustine, *On Christian Doctrine*, e-book.

Bailey, Michael D., 'From sorcery to witchcraft: Clerical conceptions of magic in the late Middle Ages,' *Speculum*, vol.76, 2001.

Barstow, Anne Llewllyn, *Witchcraze, A New History of the European Witch Hunts*, Harper, New York, 1994.

Behringer, Wolfgang, 'How Waldensians became Witches: Heretics and theor Journey to the Other World Communicating with the Spirits', in Gábor Klaniczay et al., *Eszter Csonka-Takács*, Budapest, Central European University (CEU) Press 2005 (Demons, Spirits, Witches 1).

Behringer, Wolfgang, 'Kinderhexenprozesse: Zur Rolle von Kinder in der Geschichte der Hexenverfolgung', *Zeitschrift für historische Forschung*, vol.16, 1989.

Behringer, Wolfgang, translated by J.C. Grayson and David Lederer, *Witchcraft Persecutions*

in Bavaria: Popular Magic, Religious Zealotry, and Reason of State in Early Modern
 Europe, Cambridge University Press, 1997.

Behringer, Wolfgang, trns. by J.C. Grayson and David Lederer, Witchcraft Persecutions in
 Bavaria: Popular Magic, Religious Zealotry, and Reason of State in Early Modern Europe,
 Cambridge University Press, 1997.

Bentley, Jerry, Old World Encounters: Cross-Cultural Contacts and Exchanges in Pre-Modern
 Times, Oxford University Press, 1993.

Bever, Edward, 'Popular Witch Beliefs and Magic Practices', in Brian P. Levack ed., The
 Oxford Handbook of Witchcraft in Early Modern Europe and Colonial America, Oxford
 University Press, 2013.

Bever, Edward, 'Witchcraft, female aggression, and Power in the Eary Modern Community',
 Journal of Social History, vol.35, 2002.

Blécourt, Willem de, 'Sabbath Stories: Towards a New History of Witches' Assemblies', in
 Brian P. Levack ed., The Oxford Handbook of Witchcraft in Early Modern Europe and
 Colonial America, Oxford University Press, 2013.

Bodin, Jean, On the Demon-Mania of Witches, Center for Reformation and Renaissance
 Studies, 2001.

Boguet, Henri, Discours exécrable des sorciers. Jamais je ne les épargnerai tant pour leurs
 abominations exécrables que pour le nombre infini qui augmente tous les jours. Il semble
 ainsi que nous soyons déjà au temps de l'Antéchrist, Lyon, 1602 (e-book, Gallica).

Boguet, Henri, edited and with an Introduction by Montague Summers, An Examen of
 Witches, Dover Edition, 2009.

Bois, Guy, Crise du Féodalisme. Economie Rurale et Démographie en Normandie Orientale du
 Début du 14ᵉ Siècle au Milieu du 16ᵉ Siècle, Ecole Des Hautes Etudes en Sciences
 Sociales, 1975.

Borst, Arno, Medieval Worlds, Barbarians, Heretics, and Artists in thr Middle Ages, University
 of Chicago Press, 1991.

Bossy, John, "Moral Arithmetic: Seven Sins into Ten Commandments," in Conscience and
 Casuistry in Early Modern Europe, ed. Edmund Leites, Cambridge, 1981.

Boyer, Paul and Stephen Nissenbaum, Salem Possessed: The Social Origins of Witchcraft,
 Cambridge, 1974.

Briggs, Robin, 'Witchcraft and the Local Communities: The Rhine-Moselle Region', in

Brian P. Levack ed., *The Oxford Handbook of Witchcraft in Early Modern Europe and Colonial America*, Oxford University Press, 2013.

Briggs, Robin, *Witches and Neighbours*, Blackwell, 1996.

Broedel, Hans Peter, 'Fifteenth-Century Witch Beliefs', in Brian P. Levack ed., *The Oxford Handbook of Witchcraft in Early Modern Europe and Colonial America*, Oxford University Press, 2013.

Broedel, Hans Peter, *The Malleus Maleficarum and the Construction of Witchcraft, Theology and Popular Belief*, Manchester University Press, 2003.

Cohn, Norman, *The Pursuit of the Millennium: Revolutionary Millenarians and Mystical Anarchists of the Middle Ages*, Oxford University Press, 1970.

Cornette, Joël, 'Descartes et les Sorcières', *L'Histoire*, 1998.

Daneau, Lambert, *Sorciers*, 1564 = *A Dialogue of Witches*, 1575.

Delumeau, Jean, *La peur en Occident, XIVe-XVIIIe siècles: une Cité Assiégée*, Fayard, 1978.

Felix, Marcus Minucius, *Octavius*, e-book.

Frenkel, F.E., 'Sex-Crime and its socio-historical Background', *Journal of the History of Ideas*, vol.25, no.3, 1964.

Ginzburg, Carlo, *Ecstasies, Deciphering the Witches' Sabbath*, Penguin Books, 1991.

Golden, M. Richard, *Encyclopedia of Witchcraft, The Western Tradition*, ABC Clio, 2006.

Guazzo, Francesco Maria, *Compendium Maleficarum*, Dover Publication, 1988.

Hobbins, Daniel, *The Trial of Joan of Arc*, Harvard University Press, 2005.

Hopkins, Matthew, *The Discovery of Witches: In Answer to severall Queries, By Witch-finder*, 1647, e-book.

Institoris, Henricus and Jacobus Sprenger, edited and translated by Christopher S. Mackay, *Malleus Maleficarum*, Cambridge University Press, c2006.

Iribarren, Isabel, 'From Black Magic to Heresy: A Doctrinal Leap in the Pontificate of John XXII,' *Church History*, 76:1 (March 2007)

Isidore of Seville, tr. by Stephen A. Barney et. al., *The Etymologies of Isidore of Seville*, Cambridge University Press, 2006.

Jacques-Chaquin, Nicole and Maxime Préaud, *Le Sabbat des Sorciers*, Jérôme Millon, 1993.

Kieckheffer, Richard, 'Magic and its Hazards in the Late Medieval West', in Brian P. Levack ed., *The Oxford Handbook of Witchcraft in Early Modern Europe and Colonial America*, Oxford University Press, 2013a.

Kieckheffer, Richard, 'The First Wave of Trials for Diabolical Witchcraft', in Brian P. Levack ed., *The Oxford Handbook of Witchcraft in Early Modern Europe and Colonial America*, Oxford University Press, 2013b.

Kors, Alan Charles and Edward Peters ed., *Witchcraft in Europe 1400-1700, A Documentary History*, University of Pennsylvania Press, 2001.

Lambert, M.D., *Medieval Heresy, Popular Movements from Bogomil to Hus*, Edward Arnold, 1977.

Levack, Brian P., 'Introduction', in Brian P. Levack ed., *The Oxford Handbook of Witchcraft in Early Modern Europe and Colonial America*, Oxford University Press, 2013.

Levack, Brian P., 'The Decline and End of Witchcraft Prosecutions', in Brian P. Levack ed., *The Oxford Handbook of Witchcraft in Early Modern Europe and Colonial America*, Oxford University Press, 2013.

Mackay, Christopher, Institoris를 보라

Maxwell-Stuarrt, P.G., 'The Emergence of the Christian Witch', *History Today*, November 2000.

Mazauric, Simone, *Savoirs et philosophie à Paris dans la première moitiédu XVIIe siècle*, Paris Publication de la Sorbonne, 1997.

Mazel, Florian, 'Réforme grégorienne, Une Révolution Totale', *L'Histoire*, no.381, 2012.

Midelfort, Eric, *Witch Hunting in Southwestern Germany, 1562~1684: The Social and Intellectual Foundations*, Stanford University Press 1972.

Newman, Barbara, 'Possesses by the Spirit: Devout Women, Demoniacs, and the Apostolic Life in the Thirteenth Century', *Speculum*, Vol.73, no.3, 1998.

Nider, Jean, *Des sorciers et leurs tromperies, La Fourmilière Livre V*, Jérome Millon, 2005.

Ostermann, Peter, *Commentaribus Juridicus*, 1629.

Paravy, Pierette, 'Faire Croire: Quelques hyphothèses de recherche basées sur l'études des procès de sorcellerie du Dauphiné au XVe siècle,' in *Faire Croire: Modalités de la diffusion et de la réception des messages religieux du XIIe au XVe siècles*, Collection de l'Ecole française de Rome 51, Rome, 1981.

Pressel, Wilhelm, *Hexen und Hexenmeister*, 1860.

Robbins, Rossel Hope, *The Encycloprdia of Witchcraft and Demonology*, Bonanza Books, 1912.

Robisheaux, Thomas, 'The German Witch Trials', in Brian P. Levack ed., *The Oxford*

Handbook of Witchcraft in Early Modern Europe and Colonial America, Oxford University Press, 2013.

Scarre, Geoffrey, *Witchcraft and Magic in Sixteenth- and Seventeenth Century Europe*, Macmillan 1987.

Scribner, Bob, *Popular Religion in Germany and Central Europe*, MacMillan, 1996.

Shinners John, ed., *Medieval Popular Religion 1000-1500, A Reader*, Peterborough: Broadview Press, 2007.

Smith, Bradford, 'Friedrich Förner, the Catholic Reformation, and Witch-Hunting in Bamberg', *Sixteenth Century Journal*, vol.36, no.1, 2005.

Soman, Alfred, 'The Parlement of Paris and the Great Witch Hunt (1565-1640)', *The Sixteenth Century Journal*, Vol. 9, No. 2, (Jul.,1978), pp. 30-44.

Spee, von Friedrich, translated by Marcus Hellyer, *Cautio criminals, or a book on witch trials*, University of Virginia Press, 2003.

Spoto, Donald, Joan, *The Mysterious Life of the Heretic Who Became a Saint*, HarperColoins, 2007.

Stephens, Walter, 'The Sceptical Tradition', in Brian P. Levack ed., *The Oxford Handbook of Witchcraft in Early Modern Europe and Colonial America*, Oxford University Press, 2013.

Thurston, Robert, 'The World, the Flesh and the Devil', *History Today*, November 2006.

Tremp, Katherin Utz, *Von der Häresie zur Hexerie: 'Wirkliche' und imaginäre Sekten im Spätmittelalter*, Hanover, 2008.

Viallet, Ludovic, *Sorcières, La Grande Chasse*, Armand Colin, 2013.

Voragine, Jacobus de, tr. William Granger Ryan, *Golden Legend, Readings on the Saints*, Princeton UP, 1993.

Wiesner, Merry E., *Witchcraft in Early Modern Europe*, Houghton Mifflin, 2007.

긴즈부르그, 카를로, 조한욱 역, 『마녀와 베난단티의 밤의 전투: 16세기와 17세기의 마법과 농경 의식』, 도서출판 길, 2004.

김동순, 「중세 이단의 성격에 관한 소고: 1000-1150」, 『서양중세사연구』, vol.7. 2000.

르 고프, 쟈크, 유희수 역, 『서양 중세 문명』, 문학과지성사 1992

르루아 라뒤리, 엠마뉘엘, 유희수 옮김, 『몽타이유 : 중세말 남프랑스 어느 마을 사람들의 삶』, 길, 2006

르박, 브라이언, 김동순 역, 『유럽의 마녀사냥』, 소나무, 2003.

뮈샹블레, 로베르, 노영란 역, 『악마, 천년의 역사』, 박영률출판사, 2005.

백민관, 『가톨릭에 관한 모든 것 백과사전』, 가톨릭대학교출판부 2007

백인호, '근대 초 유럽의 마녀사냥: 사바트(sabbat)를 중심으로', 『서강인문논총』 제20집.

버만, 해롤드, 『법과 혁명 1: 서양법 전통의 형성』, 한국학술정보, 2013.

브라운, 피터, 정기문 역, 『성인숭배』, 새물결, 2002.

브로델, 페르낭, 주경철 외 역, 『펠리페 2세 시대의 지중해와 지중해 세계』, 까치 (출판
준비 중)

사사키 아타루, 송태욱 역, 『잘라라, 기도하는 그 손을: 책과 혁명에 관한 닷새 밤의 기록』,
자음과모음, 2012.

서울대학교중세르네상스연구소, 『중세의 죽음』, 산처럼 2015.

설혜심, 「마녀사냥: 복잡한, 너무나도 복잡한 근대 초의 광기」, 『당대비평』 25, 2004

아우구스티누스, 김종흡 옮김, 『기독교 교육론』, 크리스챤다이제스트, 1992.

아우구스티누스, 성염 역주, 『신국론』, 분도출판사 2004.

아퀴나스, 토마스, 정의채 역, 『신학대전』, 바오로딸, 2002.

아풀레이우스, 송병선 역, 『황금당나귀』, 매직하우스

주경철, 「마녀 개념의 형성 연구: 『캐논 에피스코피』에서 『말레우스 말레피카룸까지』」,
『서양사연구』 제48집, 2013.

주경철, 「말레우스 말레피카룸의 악마와 마녀,마술 개념」, 『서양사연구』 51권, 2014.

주경철, 「민중 마술에서 마녀로: 요한네스 니더의 『개미 나라』를 중심으로」, 『서양사연구』
제53집, 2015.

주경철, 「연옥의 탄생, 연옥의 죽음, 죽음의 죽음」, 서울대학교중세르네상스연구소, 『중세
의 죽음』, 산처럼 2015.

주경철, 『신데렐라, 천년의 여행』, 산처럼, 2005.

지라르, 르네, 김진석 박무호 역, 『폭력과 성스러움』, 민음사, 2000.

지라르, 르네, 김진석 역, 『나는 사탄이 번개처럼 떨어지는 것을 본다』, 문학과지성사,
2004.

지라르, 르네, 김진석 역, 『희생양』, 민음사, 2007.

진즈부르그, 카를로, 김정하 · 유제분 역, 『치즈와 구더기: 16세기 한 방앗간 주인의 우주
관』, 문학과지성사, 2001.

코르뱅, 알랭 외, 주명철 역, 『역사 속의 기독교, 태초부터 21세기까지 기독교가 걸어온
길』, 도서출판길 2007,

토마스, 키스, 이종흡 역, 『종교와 마술, 그리고 마술의 쇠퇴』, 나남, 2014.

마녀
서구 문명은 왜 마녀를 필요로 했는가

1판 1쇄 펴냄 | 2016년 5월 4일
1판 3쇄 펴냄 | 2020년 6월 30일

지은이 | 주경철
발행인 | 김병준
발행처 | 생각의힘

등록 | 2011. 10. 27. 제406-2011-000127호
주소 | 서울시 마포구 양화로7안길 10, 2층
전화 | 02-6925-4185(편집), 02-6925-4188(영업)
팩스 | 02-6925-4182
전자우편 | tpbook1@tpbook.co.kr
홈페이지 | www.tpbook.co.kr

ISBN 979-11-85585-24-6 03900

이 도서의 국립중앙도서관 출판예정도서목록(CIP)은
서지정보유통지원시스템 홈페이지(http://seoji.nl.go.kr)와
국가자료종합목록시스템(http://kolis-net.nl.go.kr)에서
이용하실 수 있습니다.(CIP제어번호: CIP2016010288)